KB272186

한일관계의 흐름 2004−2005

Essays on Korea-Japan Relation 2004-2005

지은이 최영호 崔永鎬

성균관대학교 학부과정에서 정치학의 기초 이론을 익혔으며, 도쿄대학 대학원 석·박사과정에서 국제관계학의 이론과 실례에 관한 훈련을 받았다. 현재 영산대학교 교수로 재직 중이다. 해방직후의 한일관계를 중심으로 현대 한일문제에 관한 다양한 주제에 연구관심을 갖고 있다. 특히 해방직후의 일본인, 조선인 귀환문제와 재일동포 민족단체 형성에 관해 사료 발굴과 조사 분석을 하여 다수의 논저를 내놓고 있다. 이와 함께 '한일시평'을 통하여 최근의 한일관계 시사문제에 관한 평론을 지속적으로 발표하고 있다.

지은 책으로는 『재일한국인과 조국광복』(글모인, 1995), 『현대 한일관계사』(국학자료원, 2002) 등이 있으며, 번역한 책으로는 『전향』(논형, 2005)이 있다. 그 밖에 연구 논문으로는 「한반도 국가건설과 관련한 재일본조선인연맹의 활동」, 「한국정부의 대일 민간청구권 보상 과정」, 「해방직후 부산경남지역의 귀환자 원호체계와 원호활동」, 「일본의 해양유탁 방제체제와 방제활동에 관한 연구」 등이 있다.

www.freechal.com/choiygho

한일관계의 흐름 2004-2005

Essays on Korea-Japan Relation 2004-2005

지은이 ｜ 최영호
초판 1쇄 인쇄 ｜ 2006년 2월 20일
초판 1쇄 발행 ｜ 2006년 2월 25일
펴낸곳 ｜ 논형
펴낸이 ｜ 소재두
표지 ｜ 에이디 솔루션
편집 ｜ 에이디 솔루션
등록번호 ｜ 제2003-000019호
등록일자 ｜ 2003년 3월 5일
주소 ｜ 서울시 관악구 봉천2동 7-78 한림토이프라자 6층
전화 ｜ 02-887-3561 팩스 ｜ 02-886-4600

ISBN 89-90618-52-5 04340
값 14,000원

논형출판사와 한림토이북은 한림토이스의 자회사로 출판과
문화컨텐츠 개발을 통해 향유 문화의 지평을 넓히고자 합니다.

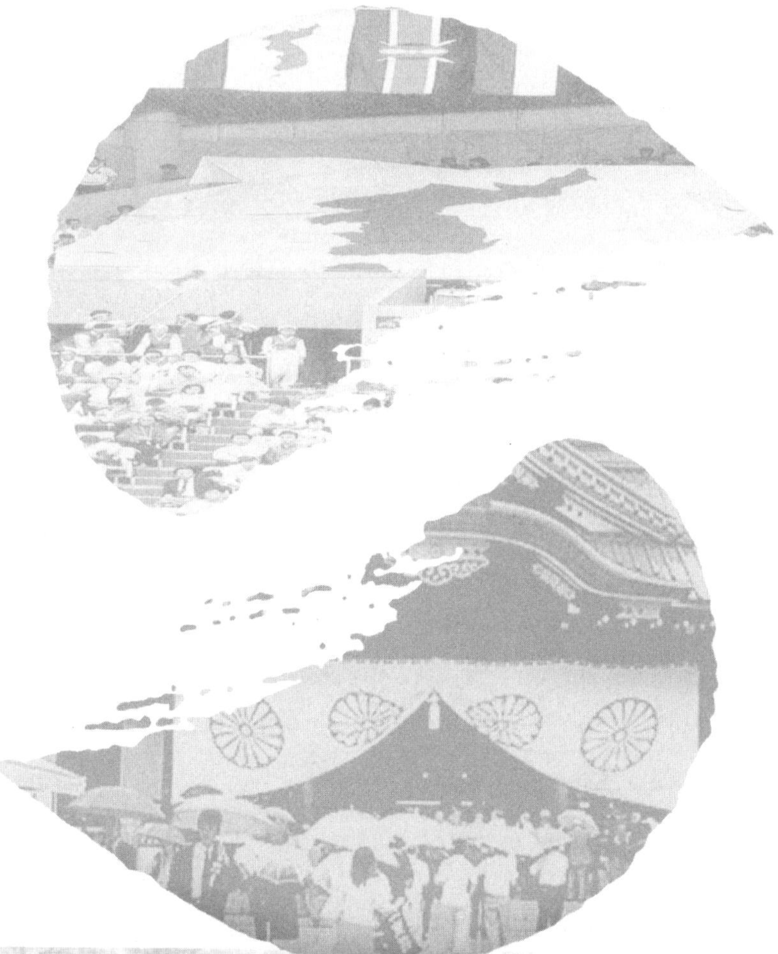

한일관계의 흐름 2004-2005

최영호 지음

Essays on Korea-Japan Relation 2004-2005

논형

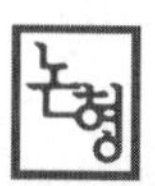

이 책은 2004년부터 2005년까지의 「한일시평」 내용을 재구성하고 보완하여 단행본으로 엮은 것이다. 「한일시평」은 2004년 1월부터 필자가 중심이 되어 한일관계에 관한 시사문제를 에세이 형태로 작성하여 인터넷으로 제공하고 있는 평론 공간이다. 평론 작업을 시작할 때는 이렇게 지속해 갈 것을 예측하지 못했다. 2004년 정월 초하루 고이즈미 수상의 전격적인 야스쿠니 신사 참배에 대한 비판으로부터 가벼운 마음으로 1호를 시작한 것이 2005년 말에는 87호에 이르게 되었다.

초기에는 한일관계 관련 연구자들이 돌아가며 자신의 전공 영역에 관한 시사문제가 발생할 때마다 평론을 쓰게 되면 한 사람에게 지나친 부담이 없이도 꾸준히 평론 공간을 유지해 갈 것으로 생각했다. 이러한 필자의 의견에 공감하여 몇 명의 연구자들이 평론 작성에 동참해 주었다. 최근에 들어 한일관계에 관한 시사문제가 자주 매스컴에 등장하게 되면서 평론 작성의 필요성과 그에 따른 일종의 사회적인 책임을 느끼게 되었다. 마침 필자가 재직하는 대학에서 한일관계를 재조명하는 교양과목 강의를 담당하게 되었고, 학생들이 최근 시사문제 해설을 통한 강의에 관심을 보임에 따라, 필자는 더욱 흥미를 가지고 「한일시평」을 계속 이어나가고 있다. 이

책은 「한일시평」가운데 필자가 작성했던 내용을 수정 보완하여 단행본의
형식에 맞게 편집한 것이다.

지난 2004년과 2005년을 회고해 보면, 한일 양국정부는 광복 60주년
과 한일 국교 정상화 40년을 맞이하면서 우호협력의 분위기를 고양시킬
수 있다고 하는 기대감으로 시작했다. 따라서 2005년을 '한일 우정의 해'
로 정하고 관민 차원의 다양한 이벤트를 계획하면서 이 시기를 맞았다. 그
러나 한국의 정서를 무시한 일본 수상의 야스쿠니 참배, 독도 문제, 역사
교과서 문제가 외교적인 주요 쟁점으로 부상하면서, 이 시기 후반은 화
해와 축제의 분위기보다는 반목과 갈등의 분위기가 팽배한 가운데 지
나갔다.

10년 단위로 특별한 의미를 부여할 경우, 2005년은 우리에게 여러 각
도에서 과거 식민지 역사를 되돌아보게 하는 해였다. 을사조약 체결 및 관
부연락선 취항 100주년, 조선공산당 결성 80주년, 종전과 해방 60주년,
총련 결성 50주년, 한일기본조약 체결 40주년, 무라야마 담화 10주년 등.
따라서 이 시기에는 여느 때보다도 식민지 역사에 관한 연구발표와 심포

지엄이 한일양국에서 단독으로나 공동으로 많이 열렸다. 특히 한국에서는 2004년에 일제시기 강제동원피해 진상규명에 관한 법안이 통과되고 2005년부터 관련 위원회가 피해신고와 진상조사 작업에 착수하면서 식민지 역사에 관한 사회적 관심이 고조되기도 했다.

돌이켜보면 지금부터 60년 전 1946년 1월 1일, 일본의 매스컴들은 일왕(天皇)의 '인간선언'을 일제히 보도했다. 그 내용으로 天皇과 국민과의 관계는 항상 상호 신뢰와 경의로 맺어지며 단순한 신화와 전설에 의해 이루어진 것이 아니라고 함으로써, 종래 신격화된 天皇과 神國化된 일본을 '가공의 관념'으로 여긴 것으로 사실상 부정한 셈이다. 연합국 정령당국과 일본 정부의 합작으로 이루어진 '인간선언'은 비록 天皇의 전쟁책임론에 미치지 못하는 것이었지만, 전후 일본의 민주화를 대표적으로 상징하는 사건임에는 틀림없다. 그해 일본에서는 군국주의자들의 공직 추방, 극동군사재판 개시, 농지 개혁, 현행 헌법의 제정 공포 등 민주화 조치들이 이어졌다.

그런데 오늘날의 일본 사회와 정치권에서는 60년 전의 기억을 망각하게 하는 우경화 현상이 두드러지게 나타나고 있다. 과거 침략 전쟁의 역사를 정당화하려는 우파 지식인들의 주장이 매우 강해졌으며 이들의 주장이 각종 매체를 통해 일본 사회에 확산되고 있으며 그들을 추종하는 사람들도 눈에 띄게 늘어나고 있다. 또 국회에서는 유사시 일본 국민의 권리를 일부 제한할 수 있도록 하는 유사법제가 이미 이루어졌으며 정치권에서는 군대 보유를 현실적으로 인정하는 헌법 개정 작업이 한창이다. 전쟁을 직접 경험하지 않은 세대의 정치가들이 등장하면서 앞으로도 우향우의 행진을 계속할 것으로 보이며, 이에 따라 한일 양국의 외교관계도 2005년에 경험한 불편한 관계에서 완전히 벗어나기는 힘들 것으로 보인다.

필자는 2005년 1월 1일부터 12월 31일까지 한국의 5개 신문 (조선, 동아, 중앙, 한국, 한겨레)에 발표된 사설을 조사하여 그간 한일관계의 추이를 분석해 보았다. 2005년 1월 중순에 한국 정부가 과거의 한일회담에 관한 외교문서를 공개하면서부터 한일관계 관련 뉴스가 국민적인 관심의 대상이 되기 시작했다. 문서 공개의 후속 대책으로 일제 시기 피해자에 관한 보상 문제를 어떻게 풀어나갈 것인가에 관하여 각 신문사가 공통적으로 사설을 내놓았다. 각양각색의 논조를 크게 나누어 보면, 한겨레신문이 일본 정부에 대해 사죄와 배상을 주장한데 비해, 나머지 신문들은 일본 정부에 대한 도의적인 요구와 함께 한국 정부에 대해서 피해 보상을 위한 원칙과 대책 마련을 촉구했다.

2월에 들어서 시마네(島根)현의 '다케시마의 날' 움직임이 가시화되면서 한일관계는 급속하게 차가워지기 시작했다. 여기에다가 3월에 들어서 후소샤(扶桑社)가 문부과학성에 제출한 2005년 개정판 중학교 역사교과서와 공민교과서 신청본이 한일관계를 사실과 다르게 서술했다는 것이 한국 언론에 크게 보도되면서 한일관계는 '우정의 해'를 무색하게 할 만큼 경색 국면에 접어들었다. "과거사 문제를 외교적 쟁점으로 삼지 않겠다"고 공언했던 노무현 대통령이 한국 국민들의 대일 감정 악화를 의식하여 삼일절 기념사를 통해 "일본은 배상할 일이 있으면 배상해야 한다"고 밝힌 것을 비롯하여, 일년 내내 대일 외교는 역사인식을 둘러싼 불편한 분위기에서 벗어나지 못했다. 중앙정부의 외교관계가 극도로 악화되자 지방정부도 이에 발맞추어 일본의 지방정부에 대해 자매결연 파기 및 교류 중단, 항의서한 발송, 교류행사 취소 등 강경조치를 취하기까지 했다.

신문 사설에 나타난 2005년 한일관계의 쟁점은, ① 한일수교문서 공개와 피해자 보상 문제, ② 독도 문제, ③ 역사교과서 문제, ④ 대일외교의 방향 문제, ⑤ 야스쿠니 문제, ⑥ 일본의 우경화 및 역사인식 전반의 문제, 등으로 나누어 볼 수 있다. 이러한 쟁점에 관한 각 신문 사설의 취급 횟수는 다음과 같다. 어떤 사설에는 쟁점이 중첩되는 부분도 있으나 필자가 중심 되는 쟁점이라고 판단한 것으로 산정했다.

【 신문사설에 나타난 2005년 한일관계 쟁점 】

신문명	쟁점①	쟁점②	쟁점③	쟁점④	쟁점⑤	쟁점⑥	계
조선일보	1	2	6	17	1	4	31
동아일보	4	5	5	14	1	10	39
중앙일보	4	6	7	9	2	5	33
한국일보	4	4	11	11	3	6	39
한겨레신문	8	3	9	8	2	15	45
계	21	20	38	59	9	40	187

대체로 모든 신문이 ④ 대일외교의 방향 문제와 ⑥ 일본의 우경화 및 역사인식 전반의 문제를 많이 다루었다는 점에서 한일관계를 악화시키는

문제가 장기적이고 복합적인 성격을 띠고 있다는 점을 알 수 있다. 이를 통해 한국 국민들은 전반적으로 과거사 문제에 대한 일본 측의 성의 없는 태도에 비판적이며, 이 문제를 바라보는 한국 국민의 마음속에는 갈등의 발단을 제공한 일본이 이를 해결해야 한다고 하는 일반적인 정서가 자리 잡고 있다는 것을 알 수 있다.

또한 흥미로운 것은 보수적 성향의 신문과 진보적 성향의 신문이 공통적으로 일본의 우경화에 대한 비판적인 사설을 많이 내놓았다는 점이다. 이것은 한국 국민이 그 성향에 관계없이 일본의 우경화 및 역사인식에 대해서 비판적인 시각을 가지고 있다는 것을 잘 보여주고 있다. 한편 한겨레신문을 제외한 모든 신문이 상대적으로 많은 사설을 통해 대일외교의 방향 문제를 다루었다. 이것은 한편으로는 정부의 대일외교정책에 대한 비판과 주문이 많았다는 것을 의미하며, 다른 한편으로 경제적 문화적으로 한일 양국간에 심화되고 있는 교류의 현실을 토대로 하여 여기에 역사인식 외교를 어떻게 풀어나갈지에 대해 우리가 어려움을 겪고있다는 것을 반증하기도 한다.

한편 고이즈미 수상의 지속적인 야스쿠니 참배 강행으로 한일간 외교 관계가 경색국면에서 헤어 나오지 못하는 가운데에서도, 양국간의 인적 교류는 변함없이 활발하게 이루어지고 있다. 이를 반영하여 2005년 11월 부산 APEC 기간에 열린 한일 양국 외교장관 회담에서 한국측은 일본비자를 한국인에 대해 영구적으로 면제할 것을 요청했으며, 이에 대해 일본측이 긍정적으로 검토하겠다는 의향을 나타냈다.

일본 정부는 아이치 엑스포 개최기간에 맞추어 2005년 3월부터 9월까지 한정적으로 실시해 오던 비자면제 조치를 2006년 2월까지 잠정적으로 연장했고, 그 이후 이러한 조치를 항구적으로 적용하기로 했다. 따라서 90일이내의 단기체재에 한하여 이제 한국인은 비자 없이도 일본에 입국할 수 있게 되었다. 한국정부도 상호적인 입장에서 일본인에 대한 비자면제 조치에 대해 2005년 3월부터 9월까지 한정적으로 무비자로 체재할 수 있는 기간을 종래의 30일간에서 90일간으로 확대하는 조치를 취했다. 이어 이것을 2006년 2월까지 연장했다가 그 이후 항구적으로 이러한 조치를 적용하기에 이르렀다.

이것은 한일간 인적 왕래가 빈번해지면서 나온 조치이다. 2005년 한 해에 한국을 방문한 일본인은 242만명에 달했으며, 한국인의 일본 방문 건수는 역대 최고로 190만 건에 달했다. 이제는 한꾸의 영화관이나 텔레비전에서도 일본의 영화나 드라마를 쉽게 접할 수 있게 되었다. 마찬가지로 한류붐을 타고 한국의 영화와 드라마가 일본에 대거 진출하고 있다. 최근 일본인을 대상으로 하는 한류 문화의 경제적 규모가 10조원에 달한다는 평가가 나오고 있다.

이처럼 최근 한일관계에는 명분을 둘러싼 치열한 대립이 존재하는 상부구조와, 실리를 추구하며 교류를 확대해 가는 하부구조가 병존하고 있음을 알 수 있다. 이 책의 내용은 이 두 가지 구조를 이루고 있는 개별적인 문제들을 해설하는 것으로 이루어져 있다. 필자는 두 가지 구조가 존재하는 한일관계의 현실을 직시하는 것과 함께 명분과 실리의 균형을 잃지 않는 시각이 필요하다고 본다.

필자의 관점과 능력의 한계로 인하여 나타나는 이 책의 문제점은 독자 여러분의 비판적인 시각과 연구를 통해서 보완될 수 있다. 이 책을 계기로 하여 사이버 상에서 계속 이어지고 있는 「한일시평」 공간을 통해서도 활발한 토론이 이루어지기를 기대한다. 이제까지의 「한일시평」 내용은 「한일민족문제학회」 홈페이지에 실려 있다. *www.kjnation.org* 또한 무료로 배포되고 있는 「한일시평」의 수신을 희망하는 사람은 필자에게 직접 이메일로 연락하기를 바란다. *choiygho@hotmail.com*

끝으로 필자에게 따뜻한 격려와 생산적인 비판을 아끼지 않는 한일관계 연구자 여러분과, 이 책이 나오기까지 애써주신 논형 출판사 관계자 여러분에게 감사의 마음을 전하고 싶다.

2006년 2월

해운대 장산기슭에서
최영호

Ⅲ_우경화 하는 일본

VI_한일간 외교적 마찰의 움직임

I
한일 상호 교류협력의 현실과 한계

_1_
한국과 일본은 어느 정도 공동체가 되고 있나

국가간 통합의 현실에서 볼 때 ' 전통적인 통합이론가들이 예견한 바와 같이 유럽지역에서는 가장 진전된 통합 움직임이 나타나고 있으며, 그 밖의 지역에서는 일반적으로 국가 주권에 기초한 낮은 단계의 통합(integration) 혹은 협력(cooperation)의 움직임이 보이고 있다.

한국과 일본의 사이에서는 아직 국가간 통합 단계에 진입했다고 보기에는 적절하지 않은 '협력' 관계가 유지되고 있다. 한일간에 존재하는 다양하고 복합적인 관계 가운데서 국가간의 관계에 한정하고, 세계화(globalization) 현상과는 달리 개별 국가가 주도하는 통합이라는 관점에 국한하여 바라볼 때, 다음과 같이 오늘날 한일관계에 있어서의 통합 및 협력 정도를 가늠할 수 있다.

통합 방향으로서는 대체로 ① '군사' 영역에서의 통합으로서 안보공동체 움직임, ② '경제' 영역에서의 통합으로서 경제공동체 움직임, ③ '문화' 영역에서의 통합으로서 커뮤니케이션 공동체 움직임을 들 수 있으며 이 세 가지 통합 방향이 개별국가의 국가이익에 따라 '정치적'으로 진행되고 있다고 할 수 있다.

① 안보공동체 움직임으로서 한일간에는 안보공동체 수준에는 이르지 못하고 있으나 다양한 형태의 교류와 협력이 이루어지고 있다고 본다. 한일양국은 냉전시기부터 미국을 매개로 하여 안보협력관계를 유지해 오고 있으며 한일양국의 직접적인 군사협력으로서 국교정상화 직후 1966년에 한국이 주일 무관부를 개설하고 1967년에 일본이 주한 무관부를 개설한 이후로 군사교류를 점진적으로 발전시켜 왔다. 1990년 이전에는 군 인사교류 및 군사학교 학생 교환방문 등 주로 인적분야의 교류를 실시했으나, 1990년대부터는 군사관계를 다양화하고 제도화시켜나가고 있다. 특히 1998년 10월에 東京에서 양국정상이 합의한 21세기 새로운 '한일 파트너십 공동선언'은 양국간 군사 분야에서의 협력과 교류를 더욱 강화시키는 계기가 되었으며, 1999년에는 합참·통합막료 사이의 부장급 회의와 한일 해군간 회의가 최초로 실시되는 등 군사적 대화채널이 다양화되었다. 아울러 한국은 1999년부터 미국 러시아 중국과 함께 일본과 정례적으로 국방장관회담을 실시하고 있다. 2003년 국방백서에 의하면 앞으로도 미국과의 동맹관계를 기본 축으로 하여 일본 등과 군사교류협력을 지속적으로 실시해 나감으로써 군사적 신뢰를 증진시킬 뿐만 아니라, 한국 정부의 대북 화해협력정책에 대한 지지를 지속적으로 확보해 나갈 예정이라고 밝혔다.

② 경제공동체 움직임으로서 한일간에는 다른 영역에 비해 통합모색 움직임이 활발하고 통합과정 진입의 전망을 밝게 하고 있다. 한국과 일본

을 포함하는 동아시아 지역에서는 개별국가간의 상이한 경제발전 단계, 미국과 같은 역외국가에 대한 높은 의존도 등이 지역통합을 이루는 데 장애가 되고 있음에도 불구하고, 지역통합기구의 부재로 인한 불이익 문제, 외환위기에 대한 지역적 취약성, 중국 경제의 변화에 따른 역내 경제질서의 재편, EU나 NAFTA에 대한 협상력 제고 필요성 등이 실질적인 동기가 되어 자유무역협정이라고 하는 초기 통합과정에 진입하기 위한 움직임을 가속화시키고 있다. 한일양국은 2003년 10월 방콕에서 개최된 APEC 정상회의를 계기로 2005년 타결을 목표로 FTA 협상을 개시하기로 합의했다. 이에 따라 양국은 2003년 12월 22일에 서울에서 1차 협상을 개최하여 협상체제 및 협상일정 등 협상의 기본골격에 합의했으며, 2개월 간격으로 번갈아가며 협상을 개최한 바 있다. 그러나 농산물을 적용대상으로 하는 문제 등에서 양국의 이해가 대립하면서 FTA 타결에는 이르지 못하고 있다.

③ 커뮤니케이션 공동체 움직임으로서 지난날 식민지시기에 있어서 황민화 정책을 통하여 문화공동체를 추구한 적이 있으나 일본제국이 조선인민들을 정치적으로 포용하지 못하고 차별과 동화를 통하여 억압적으로 강요함으로써 사회적 문화적 통합을 이루지 못했다. 일본제국이 내세우는 통합의 이념(황민화 이념)이 궁극적으로 조선의 문화와 역사를 비하하는 것이었을 뿐 아니라 현실적으로 민족간의 차별을 극복하지 못하고 식민지 통치를 온존하는 이념에 그쳤으며, 나아가 전쟁협력을 위한 비정상적인 슬로건으로 사용됨에 따라 전쟁이 끝난 후 사실상 민족간 대립과 분열을 폭발적으로 증폭시키는 결과를 초래했다. 오늘날 한일간 대중문화의 개방과 함께 민간교류가 심화되고 있기는 하지만 여전히 양국 국민의 역사교육과 인식에서 간격이 크다. 양국 국민이 동일하지는 않더라도 공동의 역사인식과 문화적 아이덴티티를 갖게 될 때 비로소 문화공동체가 시작된다

는 것을 감안할 때, 한일양국 정부가 정책적인 차원에서 문화적 공동체를 논하기에는 앞으로도 기나긴 기간이 필요할 것으로 본다.

　결론적으로 통합의 관점에서 볼 때, 한일양국은 3개 통합방향에서 모두 통합과정에 진입하지 못하고 있으며 오늘날 한일관계에서 보이는 다양한 공식적 교류는 아래 그림에서 삼각형으로 표시한 바와 같이 통합모색 과정에서 이루어지는 제한된 움직임이라고 할 수 있다. *최영호, 「통합이론을 통해 본 오늘날의 한일관계」『한일연구』15집 (2004. 10)*

【한일 국가통합 현실에 관한 개념도】

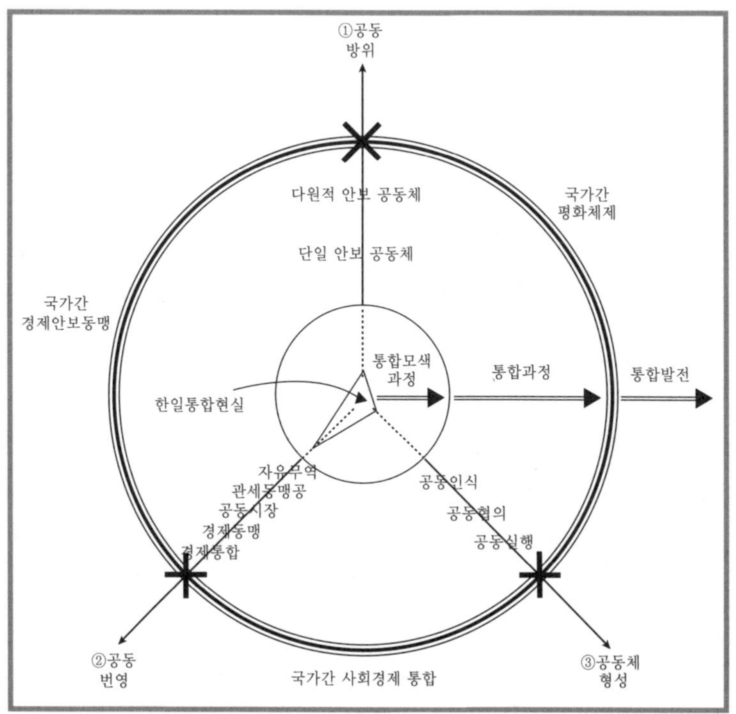

2
2005년 한일정상회담에 대한 기대와 결과

1) 2005년 한일정상회담에 걸었던 기대

2005년에 들어 한일관계가 경색되면서 정상회담을 여느냐 마느냐, 연기하느냐 하는 설왕설래 끝에 결국 한일 정상회담을 6월 20일에 열게 되었다. 2004년 7월에 제주도에서 가진 정상회담을 필두로 하여 반년마다 개최 국가를 번갈아가며 열기로 한 '셔틀외교'는 이렇게 하여 그 명맥을 유지하게 되었다. 항간에 떠돌던 6월 하순 개최 예정설에서 보면 20일에 회담하기로 한 것은 결과적으로 일반적인 예상보다 일찍 당겨서 열렸다는 감이 없지 않다. 한국과 일본의 많은 사람들이 희망하는 것처럼, 필자는 일본과의 심화된 대화와 교류를 바라는 입장에서 이렇게 정상회담이 무리 없이 개최된 것을 다행으로 생각한다.

사실 2005년 2월에 시마네현이 '다케시마 조례'를 상정한 것을 계기로 한국 국민과 대통령이 부정적인 대일감정을 갖기 시작하여 정상회담이 열리는 시기까지 독도문제와 역사교과서문제로 양국관계가 '우정의 해'를 무색하게 할 만큼 경색 국면에 접어들었다. 3월에 한국정부는 NSC상임위원회를 통하여 한일관계에 관한 4대 기조와 5개 대응방향을 결정하고 "독도 및 과거사 관련 일련의 행태를 과거 식민지 침탈을 정당화하려는 의식이 내재해 있는 엄중한 사안으로 보고 단호히 대처해 나가겠다"는 의지를 국내외에 선언한 바 있다. 여기에 그치지 않고 대통령은 '한일관계 관련 국민에게 드리는 글'을 발표하여 기존의 온건한 외교방침에서 선회하여 과거사 문제를 단호히 거론하지 않을 수 없게 된 이유를 설명하면서 일본 정부에 대한 강경한 자세를 피력하기에 이르렀다.

이러한 앙금이 가시지 않은 상태에서 열린 모임인 만큼 회담 결과에 쏠리는 양국 국민의 관심도 따라서 크지 않을 수 없었다. 이례적으로 개최 날짜를 일주일밖에 남겨놓지 않은 시점에서 회담일정을 발표한 것이나, 제주도나 이부스키(指宿)와 같은 지방도시를 택하지 않고 굳이 이미지가 딱딱한 청와대를 택하여 회담을 열게 된 배경에는 이러한 석연치 않은 국민감정이 깔려있었기 때문이다. 따라서 과거 두 차례에 걸친 양국 정상회담에서 보였던 가벼운 노타이 차림은 이때 정상회담의 분위기로는 걸맞지 않다고 간주되어 연출되지 않았다.

그렇다고 해도, 아니 오히려 그렇기 때문에 양국 정상은 이번 회담을 통하여 허심탄회한 대화를 나누어야 했다. 필요하다면 비공개 대화를 통해서라도 두 정상이 넉넉한 시간을 가지고 충분하게 의견을 교환하는 일이 중요했다. 아무리 국민감정이 일시 격앙되었다고 하더라도 양국간의 전반적인 분위기는 여전히 우호와 협력의 기조에서 벗어나 있지 않기 때

청와대 상춘재에서 가진 2005년 한일정상회담　　　정상회담 후 기자회견

문이다. 따라서 이러한 기조 위에 서서 양국 정상은 격 없는 대화를 통하여 각자 상대방 국민의 감정을 충분히 이해하고 상대방 정부의 정책방향과 역사인식을 확인하기를 기대했다.

한일간 뒤틀린 관계를 풀기 위하여 이번 정상회담에서는 단기적인 과제로 몇 가지 현안에 대한 합의가 이루어질 것으로 기대했다. 예를 들어 양국이 역사공동연구 제2기를 출범하면서 대체로 새롭게 쌍방의 역사교과서 기술 내용을 연구대상으로 하자는데 의견이 좁혀지고 있는 것으로 알려졌다. 또한 일제시기에 강제연행 당한 한국인 노동자의 유골을 송환하는 문제나 한국에 거주하는 원폭피해자에 대해서 지원을 강화하는 문제에서도 대체로 진전된 형태로의 합의가 이루어진 것으로 알려졌다.

이와 함께 국민들은 양국 정상에게 있어서 회담을 통하여 평화로운 동아시아 지역질서에 관한 장기적인 비전에 대하여 논하기를 기대했다. 일본측이 우려하는 한국정부의 '동북아 균형론' 이 어떠한 사고에서 나온 것인지, 반면에 일본의 군국주의화에 대한 한국측의 우려를 일본정부가 어떻게 불식시킬 수 있는 것인지, 이에 대한 설명과 의견교환이 충분히 이루어지기를 기대했다. 그런 가운데 자연스럽게 북핵문제에 대한 접근방법이나 10일 전에 가진 한미정상회담에서의 합의를 기초로 하여 6자회담 조기 재개를 위한 방안이 논의되고, 고이즈미 '개인' 의 야스쿠니 참배문제나 일본의 역사교과서문제에 관한 견해가 상호간에 잘 전달되기를 기대했다.

2) 2005년 한일정상회담의 결과

예정대로 청와대에서 열린 한일 정상회담은 무엇보다도 반년마다 열기로 했던 셔틀외교를 여전히 중단하지 않고 열었다는 데서 그의미를 찾을 수 있다. 아무리 외교관계가 경색되어 있다고 하더라도 우호와 협력의 기조에 흔들림이 없다는 것을 양국의 정상이 대내외적으로 확인시킨 것도 의미를 갖는다. 또한 양국 정상이 6자회담 문제 등 현안문제에 관한 의견을 나누고 북핵문제를 평화적으로 해결하자는 원칙과 한미일 간의 공조를 통하여 지역안보를 유지해 가자는 원칙을 확인한 것도 의미가 있다. 여기에다가 양국의 외교 장관을 중심으로 하는 실무 차원의 협의가 짧은 일정 속에서 밀도 있게 이루어진 것에서도 이번 회담의 의의를 발견할 수 있다.

그러나 이번 회담에서 아쉬운 점은 양국 정상의 빠듯한 정치일정에서 어렵사리 마련되었기 때문이기도 하겠지만 두 사람이 충분한 대화를 나누기에는 2시간이라는 시간이 너무 짧았다는 점이다. 한국측이 과거사 문제에 대해 할 말이 많았던 까닭에 이 문제로 거의 대부분의 시간을 사용했으며, 그러다보니 양국 정상이 동아시아의 지역적인 비전이나 역사인식과 같은 보다 큰 문제에 대해 의견을 교환하는 여유를 갖지 못했다.

과거사 문제와 관련하여 서로의 입장 차이를 확인하는데서 그친 것은 이번 회담의 가장 큰 한계였다. 한국측은 바람직한 관계 구축을 위하여 외교와 교류도 중요하지만 과거사 인식의 공유도 중요하다는 점을 강조했다. 이에 대해 일본측은 모든 국가에서 인식의 차이는 있는 것이며 이를 좁혀가기 위해서는 상호교류를 확대해 가야 한다는 입장을 밝혔다.

역사교과서 문제와 관련하여 노무현 대통령은, 일본정부가 검정제도에 개입할 수 없다고 하는 것을 한국 국민은 이해하기 어렵다고 하며 과거 식민지 지배를 정당화하는 서술에 대해 우리 국민이 우려하고 있다고 했다. 이에 대해 고이즈미 수상은 일본이 반성할 것은 반성하고 그 위에서 미래를 위해 솔직하게 대화해 가는 것이 중요하다고 하면서도 검정제도에 관한 일본 정부의 입장을 밝히지 않고 논의를 회피했다.

야스쿠니 참배에 대해서는 수상은 자신의 참배가 과거전쟁을 미화하고 정당화하기 위한 것이 아니라 전몰자들을 추도하고 앞으로 전쟁을 일으키지 않겠다는 다짐을 하기 위해 참배한다고 하는 지론을 굽히지 않았다. 이에 대해 대통령은 야스쿠니 신사에는 과거의 전쟁을 자랑스럽고 영광스럽게 묘사한 전시물이 있지 않느냐는 것을 지적하고, 이처럼 과거의 전쟁을 미화하는 것에 대해 우리 국민들이 불안감을 갖지 않을 수 없다고 했다. 대통령이 야스쿠니 신사에 대체할 제3의 추도시설 문제를 거론한 데 대해 수상은 그저 검토하겠다고 짧게 대답하는데 그쳤다.

이와 같은 한계에도 불구하고 이번 회담에서 한일양국은 실무적인 차원에서 몇 가지 합의점을 도출했다. 제2기 역사공동연구위원회를 발족시킴과 동시에 그 산하기구로써 '교과서위원회'를 신설하기로 했다. 양국 교과서에 대한 공동연구를 제도화하자는 한국측의 주장을 일본측이 받아들인 결과로 보인다. 다만 공동연구결과를 활용하는 면에 있어서 일반에 널리 주지시키기로 한 것과, 교과서 편수과정에 각각 참고하게 하는 선에서 그친 것은, 역사공동연구위원회의 역할에 관한 전망을 흐리게 한다.

이밖에도 양국간 실무자들에 의해 협의되어 온 한인 피징용자들의 유골 송환 문제, 한국에 거주하는 원폭피해자에 대한 지원 문제, 사할린 거주 한인 피징용자에 대한 지원 문제 등에 대해 일본정부가 적극 대응할 것을 약속했다. 그리고 김포와 하네다(羽田)를 연결하는 항공편을 현재의 하루 4편에서 8편으로 증편 하자는 데도 합의를 보았다.

이번 회담을 앞두고 많은 사람들이 과거사 인식과 관련하여 적어도 고이즈미의 야스쿠니 참배 행태가 바뀌기를 기대했다. 그러나 이러한 기대에 부응하지 못하고 이번 회담은 대단히 미흡한 결과를 낳았으며 결국 과거사 문제로 인해 생긴 양국 국민감정에 있어서의 앙금을 해소하지 못했다.

어차피 일본의 정치가들이 주변국 국민의 감정을 해치는 경거망동을 삼가지 않는 한 단 한번의 정상회담이 뒤틀린 국민감정을 쉽사리 해소하기는 힘들다. 나아가 한국을 외교적으로 배려하지 않는 야스쿠니 참배가 계속되는 상황으로 인하여 양국 정상의 모임조차 어색한 분위기를 면치 못하는 결과가 초래되었다. 바라건데 분위기가 호전되어 양국 정상이 격식을 차리지 않고 동아시아 지역질서에 관한 비전을 논하고 양국의 이해와 협력을 증진하기 위한 실무적인 방안을 협의하는 모습을 기대한다.

_3_
부산 APEC과 한일관계

2005년 11월 18일부터 이틀간에 걸쳐 21개국 정상들이 부산에 모여 APEC회담을 개최했다. 19일에 발표된 '부산선언'에서 APEC 정상들은 대체로 다음과 같은 방침에 합의했음을 국제사회에 천명했다.

① 지난 1994년 보고르선언에서 제시한 무역과 투자의 자유화를 향한 목표를 달성하기 위하여, 자유무역협정 등을 적극 이행하자고 하는 '부산 로드맵'을 승인했다. 로드맵에는 2010년까지 APEC회원국간 거래비용을 5% 추가 감축하고 지적재산권 보호를 강화하며 부패반대를 실천하자는 내용 등이 담겨있다.

② 전 세계적인 원유가격 급등에 대한 우려를 공유하고 에너지 절약과 에너지 공급원 확대를 위해 공동으로 노력해 나가자는데 합의했다.

③ 조류 독감과 대형 자연재해에 대한 국제 협조를 강조하고, 휴대용 지대공 미사일에 대한 공항시설 안전 확보 등, 새로운 테러 공격에 대한 대책을 마련하자는데 합의했다.

2005 부산 APEC을 통하여 한국은 많은 외교적 성과를 거두었다. 무엇보다 안전하고 무사하게 APEC 주최국 역할을 수행했으며 원만한 기획과 회의 주재로 외교적 역량을 국내외에 충분히 내보였다. 여기에는 세계적인 행사의 안전한 진행을 위해 일시적인 불편을 감수한 부산시민과 관련 공무원들의 협조와 노력이 주효했다. 또한 한국은 이번 APEC을 통해 경제적인 효과를 거두는데도 큰 성과를 거두었다. IT강국으로서의 진면목을 세계에 알리는 한편, 외국 투자자들에게 한국경제의 안정성을 알리는 기회로 적절하게 활용했다.

다만 한국은 의장국으로서 경제의 세계화에 따른 부작용으로 발생할

부산 APEC 정상회의 기념사진

수 있는 국가간 계층간 빈부 격차 심화에 대한 대책에 대한 문제 제기를
하면서도 이 문제를 '부산선언'에 담지 못했다. 농산물 개방에 따른 농민
들의 반대 투쟁이 전개되고 있는 가운데 열린 회의인 만큼, 과도한 자유무
역 추진에 따른 부작용을 완화 내지 해소시켜가자고 하는 방향 제시가 있
었더라면 하는 아쉬움이 남는다.

한편 일본측으로서는 이번 APEC을 통하여 얻은 외교적 성과가 미미
하다. 굳이 성과라고 한다면, 조류 독감에 대한 대책을 위해 일본측이 세
계보건기구WHO에 200만 달러 상당의 지원금을 내놓겠다고 표명하고 조
류독감 대책에 관한 행동계획을 결정하는데 주도적인 역할을 담당했다는
점을 들 수 있다. 조류독감은 조류동물로부터 인간으로 전염될 뿐 아니라
인간끼리도 감염될 수 있다는 우려에 따라, APEC 가맹국들이 2006년 11
월까지 조류독감에 대한 대응계획을 세우고 실시할 것을 확인했다. 그 외
에 감염에 대한 감시태세의 강화와 신속한 실태 보고, 조류독감 예방 치료
약의 연구 개발 및 확산을 지원하기로 했다. 일본은 이미 동남아시아 국가
들에게 조류 독감 대책을 위해 200만 달러 이상의 경제협력을 제공해 왔
는데, 이번 APEC에서도 세계적 규모에서 조류독감 대책에 관한 적극적인

부산 APEC 각료급 회의

의지를 다시 천명한 것이다.

한일 양국은 공통적으로 이번 APEC을 통하여 자유무역 증진이라고 하는 세계적인 맥락 가운데서 양국관계를 증진시켜 나가야 한다는 것을 새삼 확인하게 되었다. 이번 회의에서는 2004년 11월 이후 중단된 FTA 협상을 재개하자는 문제가 거론되지 않았으나, 부산선언에서 밝힌 무역자유화 목표는 FTA 협상 재개를 촉구하는 대외 조건으로 작용할 소지가 많다.

이번 회의 기간에 한국이 개별적인 정상회담에서 중국과는 시종 화기애애한 분위기에서 회담을 이끌어간 것에 비해 일본과는 역사인식 문제로 인하여 서먹서먹한 분위기 가운데 회담을 진행했다. 한달 전 10월에 고이즈미 수상이 야스쿠니 참배를 강행한 이후 처음으로 만난 자리였던 만큼, 노무현 대통령은 일본의 정치가들이 다수 야스쿠니 참배를 거듭하고 있는 것을 강하게 비판했다. 이에 대해 고이즈미 수상은 참배의 이유로써 "과거의 전쟁을 반성하고 두 번 다시 전쟁을 하지 않겠다는 결의"라고 종래의 주장을 굽히지 않았다. 결국 양국 정상은 연내에 다시 만나 셔틀외교를 이어갈 것인지에 관한 언급도 없이 회담을 끝냈다.

2005년 12월에는 말레이시아에서 동아시아 정상회담이 예정되어 있어 또 다시 지역 국가 정상들 틈에 끼어 한일 양국의 정상이 회동하게 되었다. 그러나 야스쿠니 참배 문제로 심기가 불편해진 한국정부로서는 역사인식 외교에 있어서 일본의 특단의 방향 전환 제시가 없는 가운데, 연내에 양국 정상이 다시 따로 모이자고 하는 의견을 제시하기가 어려웠다. 결국 반년마다 열기로 했던 셔틀외교는 이로써 중단되기에 이르렀다.

_4_

한일 자유무역협정의 추진과정과 경제적 효과

1) 한일 FTA 추진과정

한일간 자유무역협정은 민간연구단체에 의한 공동연구로부터 공식 논의되기 시작했다. 1998년 12월에 일본의 무역진흥기구(JETRO) 및 아시아 경제연구소가 한국의 대외경제정책연구원(KIEP)과 「21세기 한일경제관계 연구회」를 설치하고 자유무역협정의 경제적 효과를 중심으로 공동연구를 실시하면서부터이다. 이 연구회는 2000년 5월에 공동연구 결과를 발표하고 같은 해 5월과 9월 서울과 도쿄에서 공동 심포지엄을 개최했다. 이때 일본측은 자유무역협정의 긍정적 효과를 강조하면서 시장의 단일화 과정에서 양국의 기업구조 및 무역구조 변화에 따른 긍정적인 창출효과가 관세철폐에 의한 일시적 부정적 효과보다 훨씬 클 것이라는 내용의 연구결과를 발표했다. 반면에 한국측은 단기적으로 관세철폐에 의한 대일무역적자가 61억 정도 발생할 것이며(2002년 대일무역적자 150억달러), 특히 중

화학공업분야에서 마이너스 효과가 클 것으로 보는 한편 장기적으로는 한일 양국 모두 기업의 경쟁력이 강화되고 경영자원의 효율적인 재배분이 이루어지고 투자가 촉진될 것이라는 조심스러운 전망을 내놓았다.

2000년 9월 한일 정상회담에서 이 문제가 공식적인 의제로 채택되었으며 이를 계기로 한국과 일본의 재계가 「FTA비지니스포럼」을 형성하고 본격적인 논의에 들어갔다. 일본측에서는 우시오전기(電機) 회장이 한국측에서는 대한상공회의소 회장이 각각 좌장을 맡아 두 차례에 걸친 합동회의를 거친 끝에 2002년 1월 자유무역협정을 포괄적인 협정으로서 조속히 추진하도록 양국 정부에 제안하는 공동선언문을 발표했다. 그 해 3월 한일 정상회담에서는 정부가 주도하는 「산관학공동연구회」를 설치하기로 합의했으며 이 연구회는 그 해 7월부터 이듬해 10월까지 총 8차례에 걸친 회합을 가졌다. 이 연구회는 조속한 시일 안에 정부 차원의 교섭을 개시할 것을 촉구하고 자유무역협정이 기본적으로 관세, 비관세, 투자, 서비스, 경제협력 등을 포함하는 포괄적인 성격의 협정이 되어야 한다고 제안했다. 한일 양국 정부는 작년 10월 방콕에서 개최된 APEC 정상회의를 계기로 2005년 타결을 목표로 FTA 협상을 개시하기로 합의했다. 이에 따라 양국은 2003년 12월 22일에 서울에서 1차 협상을 개최하여 협상체제 및 협상일정 등 협상의 기본골격에 합의했으며 2개월 간격으로 번갈아 가며 협상을 개최하기로 했다.

2004년 2월 우여곡절 끝에 한국 국회가 칠레와의 자유무역협정(Free Trade Agreement) 비준안을 통과시켰다. 마침 같은 달 23일부터 25일까지 도쿄에서 자유무역협정체결을 위한 2차 협상이 열렸기 때문에 일본과의 자유무역협정 협상 추진과정이 언론의 관심사가 되었다. 칠레와는 비교할 수 없을 정도로 경제적 교류 규모가 큰 만큼 일본과의 자유무역협정이 가져올 경제적 파급 효과도 매우 클 것으로 전망되기 때문이었다. 2차 협상에 한국측에서는 외교통상부 통상교섭조정관을 수석대표로 하여 외교부, 재경부, 산자부, 농림부 등 17개 관계부처에서 50명 정도가 참석했으며 일본측에서는 외무성 외무심의관을 수석대표로 하여 외무성, 경제산업성, 농림수산성, 재무성 등에서 100명 정도가 참석했다.

2차 협상에서 양국은 전체회의에서 상품양허안 교환 방식 및 일정, 협정문안 작성방향 등의 향후 작업계획을 협의하고, 6개 분과 가운데에서 ① 상품무역, ② 비관세조치(Non-tariff Measures), ③ 투자 및 서비스 무역, ④ 기타무역규범(정부조달, 경쟁, 지적재산권), ⑤ 경제협력 등 5개 분과별 협상을 통하여 분야별 주요 쟁점을 논의했다. 특히 2차 협상에서는 양국의 법률 및 제도를 분석하고 양국이 이미 체결한 자유무역협정문을 비교 검토했다.

이어 2004년 4월 26일부터 28일까지 서울에서 제3차 협상이 개최되었다. 3차 협상에서 양국은 처음으로 협정문 초안을 교환하고 이에 기초하

한일 FTA교섭에 반대하는 일본인

한일 FTA 포럼

여 논의와 협상을 진행했다. 종래의 협상에서는 주로 협정문 마련을 위한 전체적인 틀과 구성에 관하여 논의해 왔는데 이때부터는 협정문의 내용에 관한 구체적 논의를 시작하게 되었다. 이를 위해 양측은 협상 10일 전에 협정문 초안을 미리 상호 교환하여 회의 참석 대상자들에게 회람하도록 했다. 이 초안에 기초하여 이번에 전체회의에서 논의를 진행했으며 2차 협상 때 추가된 상호인정협정MRA 분야를 포함하여 7개 분야로 나누어 분과별로 협상을 진행했다. 3차 협상에서 농업과 서비스를 포함하여 포괄적이고 높은 수준의 자유무역협정을 목표로 한다는 기본방향에 관하여 양측이 공감하면서도 상호인정협정MRA 범위를 의료분야 등에까지 확대하자는 한국측의 의견에 대해 의료기기 및 의약품을 포함시키는 것은 곤란하다는 일본측 반론이 제시되는 등, 분야별 협상에서는 다양한 의견이 제시되었다.

3차 협상에서 가장 주목되는 것은 한국 정부가 관세철폐 양허안에 관한 내용을 협상에서 제외시켰다는 점이다. 당시 평균 실행 관세율 면에서 한국이 7.9%, 일본이 2.9%로서, 한국은 일본보다 3배 이상의 높은 관세율을 유지하고 있었다. 그리고 한국측은 대일본 수출 품목의 56.3%에서 1% 이하의 관세밖에 물고 있지 않아 상대적으로 일본에 비해 관세철폐에 대하여 취약한 무역구조를 가지고 있었다. 여기에다가 전국경제인연합회가 협상 개시 직전인 4월 23일에 FTA협상을 신중하게 추진하도록 요청하는 등, 일본에 비해 상대적으로 무역경쟁력이 떨어지는 전자 기계 자동차 등 관련 산업계에서 단계적인 관세철폐를 요청해 왔다.

원칙적으로 장기적으로 전면적인 관세자유화 방향으로 나아가자는데 양국이 공통점을 보였음에도 불구하고 단기적인 자유화 방안에 있어서는 의견 차이를 보이면서 2004년 11월의 6차 협상 때부터 회의가 난항을 겪게 되었다. 기본적으로 한국 측은 농수산물 시장을 포함하여 산업기술, 서비스 및 투자의 자유화, 정부조달에서의 제도적 장벽 철폐, 비관세 장벽의 철폐 등, 포괄적인 FTA를 원했다. 이에 반하여 일본 측은 공산품의 관세 철폐에만 관심을 보였다. 일반적으로 FTA를 맺게 되면 품목별로 시장을 개방하는 수준인 양허율을 90%로 정하고 있는데 일본 측은 농수산물 분야에서 50% 정도의 양허율만을 제시했다. 그러면서도 일본 측은 한국에 대해 기술적으로 비교우위에 있는 공산품 시장을 단기적으로 99%까지 개방할 것을 요구했다. 한국 측으로서는 농수산물 시장의 개방이 이루어지지 않는 한 FTA의 실익이 없다고 보았으며 때마침 2005년 초에 일본이 야기한 독도 영유권 주장과 역사교과서 문제로 대일 국민감정이 악화되면서 FTA 협상 재개에 적극 나서지 않게 되었다.

2) 한일 FTA의 경제적 효과

자유무역협정의 체결 시행을 통하여 다음과 같은 긍정적인 경제적 효과를 기대할 수 있다. 무엇보다도 한국과 일본간에 관세와 비관세 장벽이 철폐됨으로써 무역과 투자가 대폭 확대될 것이며 산업내 무역(intra-industry trade)이 활성화될 것이다. 전 세계 GDP의 17%를 차지하며 인구 1억 7천만명을 대상으로 하는 단일시장이 형성됨으로써 '규모의 경제'와 시너지(synergy)효과를 거둘 수 있다. 또한 통관수속이 신속해지고 인증절차가 간소화되어 양국 기업의 거래비용이 대폭 절감될 것으로 보이며 양국 업계의 자연스러운 구조조정을 통하여 양국 산업이 경쟁력을 높이고 제3국에 대한 공동 진출 기회를 확대해 갈 것으로 보인다.

그러나 이번 칠레와의 협정 비준과정에서 나타난 바와 같이 자유무역 협정에 따른 단기적인 피해를 우려하는 목소리가 높은 가운데, 일본과의 자유무역 추진을 통해 상대적으로 경쟁력이 약한 자동차업계나 가전제품 업계, 기계생산업계들로부터 거센 반발이 있을 것으로 예상되는 만큼 신중하고 주도면밀한 협상 교섭이 이루어져야 한다. 또한 FTA가 한국경제에 긍정적인 효과를 가져오도록 하기 위해서는 다음과 같은 부분에서 한국 산업계의 자구적인 노력이 필요하다.

① 기계산업

한국의 기계산업과 자동차산업 관련 기업들은 일본과의 FTA체결에 가장 소극적인 자세를 보였다. 일본의 산업에 대한 상대적인 취약성이 그만큼 크기 때문이다. 2002년 말 현재 일반기계의 수출입에 있어서 일본이 관세를 부과하고 있지 않은 반면, 한국은 7.9%에 달하는 관세를 부과하고 있다. 여기에다가 일본 시장에는 일반기계 수입에 대한 비관세장벽도 거의 존재하지 않는다. 이것은 FTA 체결을 통해 관세와 비관세장벽을 철폐한다고 하더라도 현 상황이 지속되는 한 한국이 전반적으로 수출경쟁력을 확보하기 어렵다는 것을 말한다. 한국이 현상 타개를 위해서는 시장분할을 위한 산업조정과 상품경쟁력 제고, 일본과의 기술협력 노력을 해야한다.

② 자동차산업

1999년에 IMF의 요구에 따라 수입선 다변화 조치가 이루어진 이후로 한국시장에 일본산 자동차가 대거 판매되기 시작했으며 2002년에 5,800대 가량의 차량이 수입되었다. 한편 한국의 자동차도 일본 자동차시장에서 점유율을 늘려가고 있기는 하지만 2002년에 3,400대 가량에 머물렀다. 이러한 결과는 일본의 경우 한국산 자동차와 부품 수입에 대해 관세를 부과하고 있지 않은 상황에서, 반면에 한국의 경우에는 8% 이상의 관세를 부과하고 있는 상황에서 일어나고 있다. 따라서 이러한 상황을 전제로 한다면 FTA가 체결되면 한국의 자동차 산업에 타격이 막대할 것은 불 보듯 뻔하다. 자동차 관련 핵심부품에 있어서의 기술격차를 해소하지 않고서는 풀어나갈 수 없는 문제임에 틀림없다.

③ 철강금속산업

철강금속산업에서도 2002년 말 현재 한국의 관세율을 보면 반제품이 4%, 열연제품이 4~8%, 냉연, 도금, 조강류가 8%로, 평균관세율이 6%에 달하고 있다. 반면에 일본의 관세율로는 반제품 0%, 열연, 냉연, 도금 1.6~1.8%, 조강류가 1.6%로, 평균관세율이 1.2%에 지나지 않는다. 그러나 철강분야는 대일수입량이 적을 뿐 아니라 어차피 WTO협정에 따라 한국도 점차 무관세를 적용해 가는 추세임으로 FTA체결이 대일수입이나 대일수출에 별로 효과를 주지 못할 것이다. 다만 무관세를 적용할 경우에는 가격면에서 경쟁력을 가진 중국산 철강제품의 수입량이 늘어날 것으로 보인다. 한국산업연구원이 2004년에 발표한 바에 의하면 철강제품을 무관세로 할 경우 조강류 제품의 수입이 10.8% 증가하는 등, 전체 품목의 수입이 5.8% 늘어날 것으로 전망했다. 무관세로 할 경우 단기적으로는 한국 내 철강산업에 악영향을 끼치겠지만 현실적으로 비교적 수입비율이 적은데다가 관세가 그다지 높은 편이 아니기 때문에 한국 내 경제 전반에 끼치는 영향은 크지 않을 것으로 보인다. 한편 무관세로 철강제품의 수입가격이 낮아지면 일반기계, 자동차, 조선, 금속제품가공 등의 수출산업분야에서는 플러스 효과를 기대할 수 있다는 견해도 나오고 있다.

④ 전자산업

2002년 말 현재 전자제품의 수출입에 있어서 일본의 관세율은 0%인 반면 한국의 관세율은 8%를 나타내고 있다. FTA에 의한 수출증대 효과는 단기적으로 일본 측에 유리하게 나타날 것이다. 한국이 일본과 같이 무관세를 적용할 경우 이제까지 한국의 수출 주력분야였던 컬러TV와 전자렌지, VCR, 에어컨, 냉장고, 오디오 등에서 일본산 가전제품의 수입이 증대할 것으로 보인다. 따라서 FTA에 앞서 전자산업에 있어서 표준설정과 기술규정, 인증문제 등 기술장벽을 뛰어넘는 노력이 필요하며 기존의 유통관행 등에서 나타나는 비합리적인 측면을 제거해가야 한다.

⑤ 섬유산업

2002년 말 현재 섬유제품의 수출입에 있어서 일본이 관세율을 9.3% 부과하고 있으며 한국은 9.8%를 부과하고 있다. 이 분야는 한국과 일본 모두 전반적으로 중국 등의 저임금 국가들의 제품에게 가격경쟁에 밀려 사양산업화하고 있다. 다만 한일 간 무역에 국한할 경우 세부 분야별로 상대적인 경쟁력이 달라서 FTA로 인한 수출증대 효과에 대한 전망도 분야별로 각각 다르게 나타난다. 대체로 FTA로 무관세를 적용할 경우, 섬유나 의류제품 분야에서는 한국이 상대적으로 유리할 것으로 보이며, 섬유사와 직물 분야에서는 일본이 상대적으로 유리할 것으로 보인다. 일본제품에 비해 상대적으로 경쟁력이 떨어지고 있는 화학섬유사, 모직물, 면직물 생산업체가 일본과의 적극적인 기술제휴 등을 통하여 경쟁력을 확보하는 일이 필요하다.

⑥ 농수산업

2002년의 농수산물 교역에 있어서 한국은 대일 수출이 11억 3천만 달러였으며 대일 수입이 2억 8천만 달러였다. 관세율에 있어서도 한국이 6.8%인데 반하여 일본은 11.1%를 적용하고 있다. 양국의 농수산물 수입선이 다변화되면서 점차 전체 교역량이 줄어가고 있는 실정이지만 한국이 전반적으로 상대적으로 경쟁력을 가지고 있는 분야임에는 틀림없다. 따라서 협상과정에서 농수산물을 FTA의 적용대상이 될 수 있도록 힘을 쏟고 있다. 이와 함께 일본은 자국 산업의 보호를 목적으로 수입할당제나 기술검사 등을 실시하고 있을 뿐 아니라 식품안전이라는 명목으로 수입창구를 제한하거나 통관검역을 까다롭게 하는 등, 비관세장벽을 시행하고 있다. 따라서 협상과정에서 한국 측은 농수산물 수입에 관한 관세철폐는 물론 비관세장벽의 실태조사 및 제거요구를 관철시켜 가야한다. 이와 함께 한국의 농수산물에 대한 일본인들의 신뢰도와 선호도를 높이기 위한 노력을 지속해가야한다.

_5_
초대형 한국 영화, 일본 진출에 대한 기대와 결과

1) 초대형 한국 영화의 일본 진출에 대한 기대

2004년에 들어 한국 영화의 국제 시장 진출이 괄목할 만한 움직임을 보이기 시작했다. 「라이언 일병 구하기」에 못지않은 실감나는 전쟁 장면으로 세계 영화시장 진출을 노리고 있던 「태극기 휘날리며」는 150억원을 투입한 초대형 작품으로 화려한 홍보 속에 일본 극장가에 진출했다. 강제규 필름은 2003년 5월에 열린 제56회 칸 영화제 마켓에서 일본의 영화배급 업체 Universal Pictures Japan과 이 영화의 일본 배급에 관한 계약을 체결한 바 있다. 영화를 완성하기도 전에 시나리오와 프로모션 화면만으로 일본에 수출하는 성과를 거둔 것이다.

영화는 어디까지나 대중성에 어필해야 하는 종합예술이다. 「태극기를 휘날리며」와 「실미도」는 모두 한국의 현대사에서 비극적인 사건을 소재로 하고 있으면서도 다큐멘터리에 머무르지 않고 각색과 재구성을 통하여 보다 많은 대중에게 어필하고 결과적으로 보다 많은 관객의 관심을 현대사 영역으로 끌어들이고 있는 것만으로도 시대적 기능을 충분하게 수행하고 있다고 본다. 해당 사건의 진실을 세세하게 밝히는 일은 연구자나 전문가들이 담당해야 할 몫이며 영화의 제작자에게 궁극적으로 요구할 사항은 아니다. 두 영화가 공통적으로 의도하는 것처럼 완벽한 '역사 재현'을 추구하지 않고 오히려 과감한 픽션과 재구성을 시도하고 연출 효과를 극대화하여 암울한 시기에 있어서 국가권력에 의해 희생당하는 개개인들의 삶을 영상으로 드러내고 인류의 보편적인 휴머니티와 감성에 호소함으로써 스크린에 보다 많은 관객을 끌어들이고자 한 것이다.

「태극기를 휘날리며」는 6·25 전사자 유해를 발굴하고 있는 충북대 유해발굴단의 실화를 중요한 소재로 삼은 것이다. 교수 10여명과 인근 부대원들로 구성된 발굴단이 2000년 3월에 대구시 칠곡면 왜관리 다부동 고지에서 한 구의 유해와 함께 만년필, 호루라기, 숟가락, 빗, 삼각자 등의 유품을 발견했다. 이 가운데 삼각자에 적힌 「최승갑」이라는 이름을 근거로 미망인 엄정호씨와 유복녀 최학수씨, 동생 최중배씨를 찾게 된다. 전쟁 후 재혼에도 실패하고 오로지 행방불명된 남편을 기다리며 살아온 엄씨는 발굴단으로부터 남편의 유골을 발견했다는 소식을 듣고 군인들의 등에 업혀 다부동 고지에 올라가 남편의 유품을 확인한다. 이 장면이 KBS의 2000년 6·25 특집방송으로 방영됐으며 강제규 감독이 이 프로그램에 힌트를 얻어 「태극기를 휘날리며」의 시나리오로 고쳐 쓰게 되었다. 영화 시나리오에서는 삼각자가 아닌 만년필에 사망자의 이름이 적혀 있는 것으로 설정되었고 동생 중배씨도 함께 군에 입대하는 것으로 대폭 각색되었다.

강제규 감독은 이미 일본에서도 흥행에 성공한 「쉬리」때문에 일본에 널리 알려져 있었다. 또한 이 영화 주인공 배우 중의 하나인 원빈은 한일 합작 드라마 「프렌즈(Friends)」의 주인공이었던 이유로 일본에 널리 알려졌으며 이미 많은 일본인 팬들을 확보하고 있었다. 일본에서 상영된 영화의 제목으로는 영어 타이틀인 「브라더후드(Brotherhood)」로 결정되었으며, 영화 홍보를 위하여 제작진과 주인공 원빈과 장동건이 일본을 방문하기도 했다.

한편 한국에서 최초로 천만 명의 관객을 동원한 「실미도」도 같은 시기에 일본에 진출했다. 이 영화 역시 82억원이라는 거액의 제작비를 들인 초대형 작품으로 2003년 12월에 개봉된 후로 나날이 한국영화 관객동원 기록을 갱신했다. 「실미도」의 일본 상영을 위해 일본측 수입회사로서 어뮤즈(Amuse)가 선정되었으며 배급회사로는 도에이(東映)와 함께 후지TV와 TV 아사히가 공동 참여했다. 이 영화는 당시 최고의 계약금을 받고 일본에 수출되었다. 일본측이 계약금으로 300만 달러를 지불하기로 합의한 것으로 알려졌다. 그때까지 일본으로부터 가장 높은 계약금을 받은 작품은 2003년에 수출계약을 맺은 「올드보이」로 당시 220만 달러를 받은 바 있다. 「실미도」 제작회사인 한맥영화는 일본측이 영화 홍보비만으로 300만 달러를 사용하기로 하고 일본 전국의 영화관 200곳 이상에서 상영하기로 했으며, 매출액의 50%를 한국측에 지불하기로 합의했다고 밝혔다.

「실미도」는 청와대 습격을 목표로 남파됐던 1968년의 「김신조 사건」직후 당시 권력기관이 북한에 대한 보복 차원에서 조직했다가 국제정세의 변화에 따라 3년 후 폐기하는 북파 부대를 다룬 작품이다. 1971년 서울 대방동 유한양행 앞에서 인천시내버스를 타고 나타난 군인들이 군경합동진

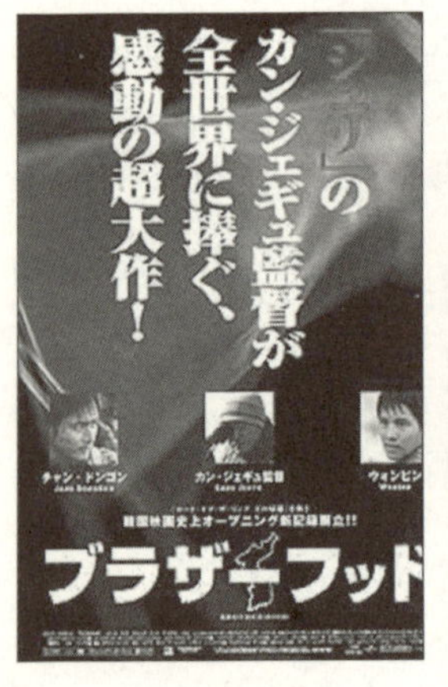

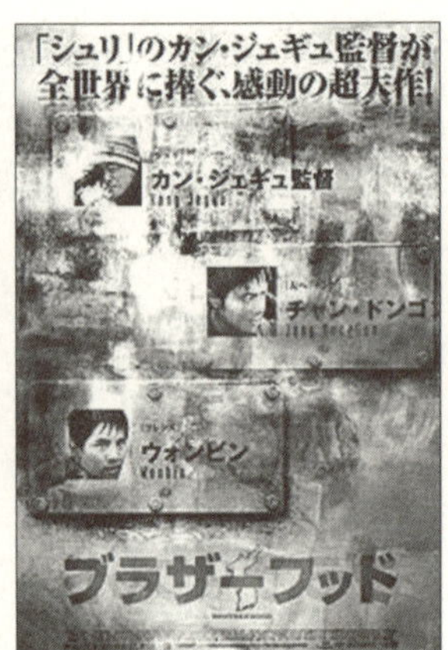

'태극기를 휘날리며' 일본홍보 자료와
'실미도' 일본홍보 자료

압군과 총격전을 벌이다 자폭한 사건을 소재로 하여 한국 현대사에 감추어졌던 사건을 강우석 감독이 각색하여 영상으로 재구성한 것이다. 이렇게 실화를 소재로 하고 있는 작품인 만큼 영화 상영에 맞추어 한국의 국방부가 뒤늦게 36년 전에 집단적으로 행방불명이 된 청년 7명을 실미도에 동원한 사실을 발표하는 등 사회적으로 큰 영향을 끼치기까지 했다.

냉전시대 남북한의 대치상황에서 국가의 권력 앞에 철저하게 유린당하는 개인의 존재를 부각시키고 국가권력과 개인권리의 팽팽한 긴장관계를 극적으로 연출하고 있는 이 영화는 일본인 관객들에게도 신선한 감동을 전달할 수 있을 것으로 기대되었다. 한국에서 「실미도」를 관람한 어느 일본인은 일본 진출에 커다란 기대를 걸고 다음과 같은 영화 관람평을 내놓았다. *東洋經濟日報 (2004. 2. 20)*

"충격적인 내용과 함께 안성기 설경구 등 초일류 연기파 배우의 열연에 매료되어 관객들은 숨 돌릴 틈도 없이 스크린 안으로 빨려 들어간다.

마지막 부분에 군대에 의해 완전 포위된 훈련병들이 버스 인질들을 석방한 후 모두 자폭하는 장면은 눈물 없이 볼 수 없다. 영화 상연이 끝나고 나면 쏟아낼 곳 없는 분노와 공허함이 관객들의 마음에 남는다. 자폭한 훈련병이나 훈련병들의 반란으로 살해된 기간병도 모두 다름 아닌 국가권력의 희생자들이며 나아가 남북의 불행한 역사가 낳은 비극이다"

2) 초대형 한국 영화의 미흡한 성과

이렇게 기대가 컸던 「실미도」와 「태극기 휘날리며」는 결과적으로 일본에서 미흡한 성과를 거두었다는 평가가 지배적이다. 이 두 영화가 2004년 6월에 잇따라 일본의 극장가에서 상영되기 시작했지만 애초의 기대에 훨씬 미치는 못하는 성과를 거둔 것으로 나타났기 때문이다. 몇몇 스타들에 대한 일본 팬들의 환호와 배우들이 일본 현지 TV 드라마에서 성공했던 일도 이러한 한국 영화들을 흥행에 성공시키지 못했다.

관례에 따라 일본 영화사들이 개봉 영화의 관객 수나 흥행 수입을 공개하고 있지 않기 때문에 정확하게 파악하기는 어렵다. 「실미도」의 경우 대체로 50만명 가량의 관객을 동원했으며 6억엔에서 7억엔 정도의 흥행 수입을 기록한 것으로 알려졌다. 또한 「태극기 휘날리며」의 일본 흥행 성적은 대체로 90만명 가량의 관객 동원에 10억엔 정도의 수입을 기록한 것으로 알려졌다. 그러나 이러한 성과는 일본에서 250개 이상의 스크린을 이용한 영화로 한국 영화로서는 가장 많은 극장에서 상영되었으며 출연배우들의 잦은 일본 방문 등 막대한 홍보비용을 지출했던 것을 감안하면 흡족할 만한 것은 아니었다. 이것은 일본에서 이미 4년 전에 「쉬리」와 「공동경비구역 JSA」가 세웠던 기록에도 이르지 못하는 것이다. 「쉬리」는 130만명의 관객을, 「공동경비구역 JSA」는 100만명의 일본 관객을 끌어들인 바 있다.

초대형 한국 영화가 일본 현지 흥행에 실패한 요인으로, 영화 전문가들은 무엇보다도 할리우드 블록버스터들의 상대적인 강세를 꼽고 있다. 「스파이더맨2」, 「투모로우」, 「해리 포터와 아즈카반의 죄수」 등이 한국 영화와 같은 시기에 개봉되어 박스오피스 상위권을 석권했기 때문이다. 또한 기본적으로 전쟁 영화가 갖고 있는 흥행에서의 한계를 극복하지 못했기 때문이라는 지적도 있다. 여기에다가 시나리오에 있는 한국 전쟁이나 박정희 군사정부의 역사가 일본인 대중에게 익숙하지 않을 뿐더러 이해하기도 어려웠을 것이라는 해석도 있다.

막대한 홍보비를 들여 개봉한 두 영화가 기대에 미치지 못하는 성과를 거둔 것에 비하면, 같은 시기에 조용하게 일본의 극장가에 등장한 「스캔들」은 오히려 상대적으로 내실 있는 성적을 거둔 것으로 알려지고 있다. 홍보비를 적게 들이고 스크린을 118개밖에 사용하지 않았지만 65만명 이상의 관객에 8억엔 정도의 짭짤한 흥행 수입을 올렸기 때문이다. 이는 TV 드라마 「겨울연가」의 히트로 일본의 대중적 인기를 얻고 있는 부드러운 이미지의 배용준이 주인공으로 등장한 덕택이다. 이러한 현상은 2005년에 일본에서 개봉된 「외출」이 한국에서보다도 좋은 흥행 실적을 거두고 있는 것에서도 잘 나타나고 있다.

다만 위에서 언급한 초대형 영화처럼 시나리오 내용과 소재가 일반적으로 일본인들이 선호하지 않는 이념적이고 딱딱한 성격을 가지고 있다고 해서 흥행 실패로 이어지는 것은 아니라고 본다. 결국 연출과 마케팅의 문제가 아닌가 싶다. 두 시간도 채 안 되는 짧은 시간에 제한된 공간에서 대중적인 감성을 좌우해야 하는 한계 가운데서 한국 영화의 특성은 오히려 일본 영화보다 일본인 대중에게 좋은 평가를 받을 수도 있다. 이미 「쉬리」와 「공동경비구역 JSA」등을 통하여 남북한의 분단을 소재로 하는 무거운 테마를 가진 한국 영화가 일본에서 높은 호응을 받았던 것은 좋은 선례가 되고 있다. 이렇게 한국영화의 특성을 잘 살린 작품들이 앞으로도 더욱 더 많이 수출되어 외화를 벌어들이고 이를 계기로 하여 한국의 영화산업이 더욱 강화되고 대외적인 경쟁력을 키워나가게 되기를 기대한다.

_6_
부산에서 보는 한일관계

2004년 10월에 일본 내각부가 실시한 일본국민의 여론조사에서 한국에 대해 「친근감을 느낀다」는 응답이 56.7%로 과거 최고를 기록한 바 있다. 이는 「겨울연가」를 비롯한 한류 열풍에 따른 문화적 영향이 크다. 이와 함께 양국간에 일어나고 있는 활발한 민간 교류도 상대방 국민에 대한 인식을 좋게 하고 있다. 한국인의 대일 인식에 관한 조사 결과를 보더라도 국가로서의 일본에 대해서는 한국인의 과반수가 「친밀감을 느끼지 않는다」고 대답하면서도, 외국인으로서의 일본인에 대해서는 50% 이상이 「친밀감을 느낀다」고 대답한 것에서 잘 알 수 있다.

지리적으로 일본에서 가장 가까운 도시 부산에서는 특히 민간교류의 역동적인 현장을 체험하기 쉽다. 매년 열리고 있는 부산국제영화제에 일본인 관객이 해마다 늘어나고 있으며 부산항과 일본의 항구를 오가는 승

객수도 근래에 들어 급증하고 있어 선편을 증편하고 있는 실정이다. 이제는 부산에서 열리는 대형 연극과 유명 연예인들의 콘서트에 일본인들이 팬클럽을 조직하여 단체로 관람하는 일이 많아지고 있다.

2005년 11월에 개최된 APEC 정상회의도 일본의 언론에 부산을 세계적인 도시로 널리 알리는 좋은 기회가 되었을 것이다. APEC 유치와 관련하여 새롭게 조성되고 있는 시설과 공원 등은 흔히 일본인들이 부산에 와서 볼거리가 없다고 하는 실정에서 어느 정도 유인책으로 작용할 수 있을 것이다. 게다가 2005년은 부산과 시모노세키(下關) 사이의 항로에 연락선이 개통된 지 100년째를 맞는 해였다. 이와 관련한 연구 모임과 다양한 이벤트가 부산에서 열렸으며 이를 계기로 하여 부산의 근현대사에 대한 연구자들과 일반인들의 관심이 높아졌다.

서울과 도쿄와 같은 중앙 도시 사이를 잇는 한일관계의 중심 내용이 정

오늘날의 부산 국제여객터미널

일제시기 부산관광 홍보자료

부에 의한 외교관계라고 한다면, 부산과 큐슈(九州)와 같이 지방 도시 사이를 잇는 한일관계의 중심 내용은 민간에 의한 상호교류 관계라고 할 수 있다. 일본과의 인적 교류에 있어서도 중앙 도시간의 관계와는 달리 부산과 일본 지방과의 관계에서는 홈스테이 교류나 어린이들의 교류가 활발한 점이 그 특징으로 나타나고 있다. 이는 외교적인 인적 교류에서 보기 힘든 친밀함과 자연스러움을 그 특징으로 하고 있으며, 바람직한 한일관계의 미래상에서 볼 때, 지역간 교류가 국가간 교류의 성격을 변화시킬 수 있는 좋은 사례가 되고 있다.

다만 한일관계에서 마련된 이러한 호조건들을 지역 발전을 극대화하는 기회로 만들기 위해서는 지역 주민들의 지혜와 노력이 필요하다. 구체적인 과제로서 이 지역에 일본인들이 장시간 머물고 싶어 하도록 하는 일을 들 수 있다. 이를 위해서는 궁극적으로 자연친화적인 공간을 확대하거나 역사적 시설을 복원해 가는 일이 중요하다. 다만 평화적인 도시로서 부산은 자연과 유적을 훼손하는 가운데 성장 발전해 왔다고 하는 근본적인 한계를 가지고 있다. 이러한 한계를 극복하는 일은 결국 장기적인 과제가 될 수밖에 없으며 단기적으로는 지역적 특성인 역동성을 창의적으로 이용하여 다양한 이벤트와 프로그램들을 끊임없이 개발하는 것이 중요하다고 본다

또한 부산지역의 관공서와 주민들은 민간 차원의 대일 문화교류에서 더욱 개방성과 적극성을 보여야 한다. 고금을 막론하고 부산지역은 한반도에서 한국 문화의 주된 유출 통로이자 일본 문화의 주된 유입 관문이 되어 왔다. 부산에서 세계에 내놓을 만한 문화 행사를 되도록 많이 개최하여 지역의 문화 수준을 끌어올리는 것이 중요하며 이에 못지않게 이러한 행

사들을 일본에 널리 홍보하는 일도 중요하다. 큐슈지역의 일본인들이 비용상의 문제로 도쿄나 교토 오사카와 같은 대도시에서 열리는 문화 행사에 참관하지 못하는 데 따르는 문화적 갈증을 부산이 대신 해소해 줄 수 있기 때문이다.

2004년말에 부산일보와 니시닛폰(西日本)신문이 부산 울산 경남 지역의 주민과 큐슈지역 주민들을 대상으로 조사한 「한일 공동의식 조사」에 의하면, 한일 양국에서 민간 교류가 확대되어 가고 있음에도 불구하고 여전히 부산지역과 큐슈지역 주민들 가운데 70% 가량이 상대 국가 지역에 한 번도 가 본 일이 없다고 한다. 이것은 지역간에 있어서 아무리 지리적으로 근접하다고 하더라도 지역 주민들에게 문화적 차이를 극복하려는 적극성 없이는 현실적인 교류가 쉽게 이루어지지 않는다는 것을 잘 말해 주고 있다. 이제 한일양국의 비자가 면제되는 추세에 있는 만큼 더욱 많은 부산의 지역주민들이 가까운 일본의 지역 주민들과 보다 활발한 인적 네트워크를 구축해 가기를 기대한다.

_7_
부산의 '일본인 거리' 논란

과거 초량왜관이 있었고 일제시기에 대다수 일본인들이 거주하던 부산광역시 중구 광복동 일대에 '일본인 거리'를 조성하기로 하는 계획이 발표되면서 네티즌 사이에 찬성 반대 움직임이 뜨거웠던 일이 있다. 2004년 3월에 이 계획을 부산의 국제신문과 서울신문 부산 지방판이 크게 보도하면서 부산광역시 중구청이 운영하고 있는 홈페이지에는 연일 이 문제로 공방이 뜨겁게 전개되었다. 중구청이 현실적인 적용 가능성에 관한 충분한 검토도 없이 관광협회나 관광관련학회에서 제기되어 오던 일본인 관광객 유치를 위한 아이디어를 지역경제 활성화 방안의 하나로 채택하려고 했던 것이 논란을 불러일으킨 것이다. 결국 빗발치는 반대여론에 밀려 중구청은 이 계획을 유보하게 되었다.

당시 보도기사에 따르면 중구청은 일본인 관광객 유치방안의 하나로 용두산 공원을 중심으로 옛 미화당백화점에서 광복로를 지나 부산호텔,

동광초등학교, 부산근대역사박물관을 잇는 'ㅁ'자 모양의 일본인 거리를 조성하겠다는 계획을 내놓았다고 한다. 일본식 건물이 아직 많이 남아있는 동광로에 한일 양국의 전통음식점을 대거 유치하고 산업은행과 부산데파트 사이의 도로에는 '후쿠오카타운'을 조성하여 세계적인 음식문화 거리로 만들겠다는 것이 있다. 또한 대청로는 초량왜관을 일부 복원하여 한일 교류와 역사를 상징하는 거리로 조성하고 광복로는 세계의 다양한 문화를 접할 수 있는 '패션의 거리', 밤이면 신비로운 빛을 체험할 수 있는 '빛의 거리'로 만들겠다고 했다. 또한 많은 일본인 학생들이 수학여행을 통해 방문하고 있는 용두산 공원에는 문화예술회관 등을 건립하여 한국의 문화를 알리는 공간으로 활용하겠다는 계획도 포함되어 있었다.

선박과 항공기를 통해 매년 100만 명이 넘는 일본인 관광객이 부산을 방문하고 있음에도 불구하고 뚜렷한 관광 상품을 개발하지 못하여 지역경제 활성화에 직접 연계시키지 못하고 있는 상황에서, 계획이라기보다는 아이디어라고 할 수 있는 이러한 방안이 해당지역 행정기관에서 나온 것은 고무적인 현상으로 이해된다. 그러나 경제적인 관점에서 이러한 방안이 지역경제를 활성화할 수 있을지에 관하여 신중하게 검토해야 하는데 지극히 낙관적인 전망으로 이 방안을 내놓은 것이 아닌가 생각된다. 근래에 들어 부산광역시가 대형 프로젝트를 경쟁적으로 추진하는 가운데 지방재정이 악화되고 있는 것이 사실이다. 이러한 상황에서 하부 지역단체에서까지 대규모 재정이 소요되는 계획들을 남발하고 있는 것이 아닌가하는 생각이 든다. 지역의 재정상황을 맞추어 어설프게 계획을 추진하다보면 자칫 문화적인 내용을 담지 못하는 일본식 음식점만이 즐비한 저급한 거리로 전락시킬 우려가 있기 때문이다.

　게다가 '일본인 거리'를 조성한다고 해서 일본인 관광객이 많이 머물 것이라는 발상도 지극히 단순하다. 일본인이나 외국인 관광객을 많이 유치하기 위해서는 오히려 우리의 전통 문화를 잘 전달할 수 있는 거리를 꾸미는 것이 효과적이라고 본다. 오늘날 부산에 방문하는 일본인 학생들이 수학여행의 행선지로 부산보다는 경주나 독립기념관을 선호하고 있는 것은 이를 반증하고 있다. 결국 부산이 관광객을 유지하는데 실패하고 있는 궁극적인 이유는 한국의 전통문화를 보존하고 전시하는 공간이 지극히 적기 때문이라고 본다.

　이러한 관점에서 초량왜관을 복원하겠다는 아이디어는 바람직한 것이 아닌가 생각한다. 그것이 과거에는 일본인들만의 공간이었다고 하더라도

초량왜관도

초량왜관이 있던 부산 중구 일대

한반도 역사의 일부분이자 한일교류사의 상징으로서 이를 복원하게 되면 일본인 관광객만을 위한 공간이 아니라 한국인과 세계인을 위한 관광 상품이 될 수 있기 때문이다. 하지만 역사적 복원 사업을 추진함에 있어서 중구청 단위의 지방행정기관이 소규모 프로젝트로 진행해서는 졸속적인 결과를 가져오기 쉽다. 역사적인 개념이 없이 이미 난립 상태에 빠진 지역을 제대로 된 역사공간으로 복원하는 데는 막대한 재원과 철저한 고증이 필요하기 때문이다.

한편으로 이러한 행정기관의 아이디어가 마치 '일본인에게 지역을 내어주는' 것으로 보고 무조건 비판하는 자세도 바람직하지 않다. 명칭이나 구체적인 계획 내용도 정해지지 않은 단계에서 일본인 관광객을 겨냥한 아이디어에 대해 '역사성' 이나 '순수성' 문제를 논하는 것은 섣부른 감이 있다. 또한 부산에 얼마 남지 않은 일본인 가옥과 같은 역사적 잔재를 '청산' 이라는 이름 아래 없애자고 하는 것도 신중하지 못한 주장이다. 한 때 한국인보다 일본인이 더 많이 거주했던 부산지역으로서는 일본인의 거주의 잔재 역시 역사적 유물이기 때문이다. '자랑스러운' 것도 아니지만 '없애버려야 하는' 것은 더욱 아니다.

한일교류의 역사는 그것이 긍정적이든 부정적이든 한국사의 일부분이며 일본에게 역사적 반성을 촉구하기 위해서나 우리 자신을 돌아보기 위해서도 복원 가능한 관련 유적은 복원하여 교육 자료로 활용하는 것이 마땅하다. 이렇게 볼 때 단기적인 경기부양 대책의 관점이 아니라 장기적인 문화관광 정책의 관점에서 한일교류의 역사적 문화공간을 복원하고 조성하는 사업을 계획하고 추진하는 것이 바람직하다고 생각한다.

_8_
일본지진피해 복구를 위한 한민족의 지원

2004년 10월 23일 니이가타(新潟)현을 중심으로 발생한 대지진으로 이 지역이 커다란 피해를 입었다. 그해 11월 12일까지 집계된 피해액에 관하여 일본의 언론 보도에 의하면 그때까지 농수산관계 또는 공공토목 시설 등에서 입은 피해가 금액으로 산정하면 3,300억엔에 달하며, 일부 조사되지 않은 지역과 중앙정부 관할 지역에서 입은 피해를 포함시키면 피해 총액은 더욱 더 많았을 것으로 보인다. 이 가운데 농수산 관계 피해 총액이 1,305억엔에 달하며 이는 지난 1995년에 한신(阪神) 지역에서 발생한 피해액 911억엔을 넘는 전후 최대의 피해로 기록되었다.

특히 농업용 시설에서 532억엔에 달하는 큰 피해를 입었으며 파손된 농업용 댐과 저수지 피해 지역이 17,000 곳에 이르렀다. 여기에다가 대지진 이후에도 태풍과 여진이 겹쳐서 이 지역 주민들의 피해를 가중시키고 원상복구를 지연시켰다. 지진 발생으로 인하여 주택 가옥에 피해를 당한 주민이 대거 발생했으며 지진 발생 직후 인근 공공장소로 대피하여 인명 피해를 최소화했다. 점차 복구 작업이 진행되는 가운데 3,700 가구를 수용할 수 있는 가설주택이 건설되었으며 여기에 거주지를 옮기기를 희망하는 사람들이 입주를 서둘렀다.

이러한 지진 피해자들을 대피시키고 구호하기 위해서 일본의 중앙정부와 지방정부가 다각적인 대책을 마련했다. 하지만 피해자들을 따뜻하게 원호하는 일은 일본 전국에서 찾아오는 자원봉사자들이 담당했다. 예를 들어 일본인 자원봉사단체 겐키무라(元氣村) 회원들은 10월 30일부터 피해자들에게 캠프용 천막을 제공하기 시작했다. 많은 피해자들이 집단수용소에서의 스트레스를 회피하기 위하여 자신의 차에 대피하여 개인적으로 불편하게 잠을 자고 있는 상황에서, 각지에서 제공받은 천막을 학교 운동장 등에 세우고 보다 편안하게 잠을 잘 수 있도록 도왔다.

① 니이가타 지진 피해
② 니이가타 현지사에게 의연금을 전달하는
　 민단 단장

여기에 피해자들에게 따뜻한 음식을 제공한 재일동포 아주머니들의 자원봉사활동도 주목할 만하다. 민단신문과 통일일보의 보도에 의하면 10월 31일 나가오카(長岡)시에 있는 도요타(豊田) 초등학교와 아시히오카(旭岡) 중학교에 설치된 이재민 수용시설에서 민단 부인회 회원 자원봉사 아주머니들이 끓여 내놓은 따뜻한 쇠고기 갈비 국물이 일본인들에게 호평을 받았다고 한다. 주먹밥이나 라면으로 요기를 하고 있던 지진 피해자들이 야채가 듬뿍 담겨 있으며 따끈하고 맛있고 영양 많은 음식에 감탄하지 않을 수 없었을 것이다.

니이가타 지역에는 2,500명이 넘는 재일동포들이 거주하고 있어 이들 가운데에서 지진 피해를 입은 사람들이 나왔다. 민단에서는 지진 발생 다음날 니이가타 본부에 대책본부를 마련하고 재일동포들의 피해상황을 조사했다. 그 결과 11월 6일까지 정리된 조사결과에 따르면 다행히 인명사고는 발생하지 않았으나 가옥 전체가 파괴된 곳이 2건, 일부 파손된 곳이 38건으로 밝혀졌다. 니이가타 민단 지방본부는 지진 발생 다음날에 대책본부를 설치하고 원호활동을 전개했으며 민단중앙본부는 민생국을 중심으로 하여 전국적인 모금운동을 전개하면서 피해지역에 의연금을 보냈다. 한신 대지진의 경우와 마찬가지로 재일동포들이 일본인 한인 등의 민족을 가리지 않고 피해자 원호를 위하여 자원봉사활동과 의연금 모금활동을 전개한 것은 일본 사회에 잔잔한 감동을 주었음에 틀림없다.

이웃 나라의 자연재해에 대해 한국도 도움의 손길을 내밀었다. 한국정부는 10월 27일 10만 달러의 의연금 지원을 결정했으며 이날 노무현 대통령은 일한의원연맹 모리(森喜朗) 회장을 접견하는 자리에서 대지진과 23호 태풍으로 인한 피해에 대해 위로의 뜻을 전하고 적절한 지원을 하겠다는 의향을 표명했다. 마찬가지로 같은 날 외교통상부 대변인은 "한국정부와 국민들은 지진피해자 여러분이 하루 속히 슬픔과 고통으로부터 벗어나 일상생활에 복귀할 수 있기를 진심으로 기원한다"라고 하는 성명을 발표했다. 또한 10월 30일 대한항공이 인천과 니이가타를 잇는 직항편을 통해 피해지역에 1.5리터 들이 생수 7,200병과 담요 1,000장을 보낸 것으로 보도되었다.

벚꽃 콤플렉스 유감

2005년에는 예년에 비해 벚꽃이 대체로 열흘이나 늦게 만개했다. 그래서 진해의 군항제를 비롯해서 벚꽃이 피지 않은 가운데 벚꽃축제를 시작한 곳이 많다. 행여나 언제 꽃이 피나 하면서 애타게 기다린 사람들에게 뒤늦게 핀 벚꽃은 유난히 아름다워 보였을 것이다. 필자는 흐드러지게 핀 벚꽃을 즐기면서도 혹시나 주위의 반일감정이 벚꽃문제로까지 비화하지는 않을까 우려했다. 공교롭게 꽃이 필 무렵 독도문제와 역사교과서문제로 우리 국민들의 대일감정이 악화되다 보니 일본과 연상되는 것에 대해서 곱게 보지 않는 시선이 적지 않았기 때문이다. 다행스럽게 우리 사회에서 불필요한 벚꽃 논쟁은 크게 일어나지 않았다.

돌이켜보면 5-6년 전만 해도 일본에 대한 좋지 않은 감정을 애꿎은 벚꽃에까지 퍼부어대는 사람들이 많았던 것이 사실이다. 일간신문의 유명한 칼럼 작가가 태연하게 옛날 우리 조상은 민족정서에 맞지 않아 벚꽃을 감상하는 일이 없었다고 써댔던 것도 오랜 일이 아니다. 한꺼번에 피었다가 동시에 지는 경박한 꽃이라 하여 우리 선조들은 거들떠보지도 않았다고 했다. 나아가 일제가 천박한 문화 가운데 하나로 들여와서 강제로 보급했다는 주장이 반일 감정에 편승하여 대중매체에서 여과 없이 나돌기까지 했다.

그런데 지금은 어떠한가. 전국 방방곡곡에서 각종 벚꽃을 볼 수 있고 일본에서와 마찬가지로 기상보도에서 개화전선을 예보하거나 중계하는 일도 흔하지 않다. 꽃피는 계절에 서울과 부산을 오가면서 열차 안에서 어디까지 벚꽃이 올라왔는지를 확인하는 일도 여행의 즐거움 중 하나가 되었다. 벚나무는 따뜻한 기후에서 번식력이 강하고 쉽게 꽃을 피우는 특성을 갖고 있다. 더욱이 공해에도 잘 견디고 저비용으로 조성하기 좋은 수종이다. 따라서 온난화 되어가는 우리 국토의 기후와 사회 경제적 수요에 알맞은 나무인 까닭에 이렇게 짧은 기간에 전국적으로 널리 확산될 수 있었다.

경주 벚꽃 풍경

여의도 윤중로의 벚꽃 풍경

　　다만 우리 주변에서는 여전히 벚꽃에 대한 콤플렉스를 벗어버리지 못하는 사례가 발견되기도 한다. 예를 들면 벚꽃의 원산지가 제주도라고 하는 주장이 그것이다. 한라산에서 100년생 왕벚꽃나무가 발견된 것을 계기로 제주도가 벚꽃의 '자생지'였을 가능성이 높다는 주장을 그 근거로 삼고 있다. 이 주장은 일본의 식물학자가 1901년에 벚나무에 학명(Prunus Yedoensis Matsumura)을 붙인 것에 대한 반론으로 제기된 것이다. 학명에서 벚나무가 마치 일본 도쿄에서만 자라는 식물인 것처럼 알려지기 쉽기 때문이었다. 제주도 성당에서 근무하던 프랑스 신부 에밀 타게가 한라산 북쪽 기슭에서 왕벚꽃나무를 발견하고 1908년에 유럽에서 보냈으며 이를 계기로 학계에서 기존 학명 명명(命名)의 문제점이 제기되고 있다. 그런데 우리 사회에는 이 '자생지' 주장을 확대하여 제주도가 벚꽃의 원산지이며 나아가 일본의 벚꽃은 본래 한반도에서 건너간 것이라며 단호하게 잘라서 '과감하게' 해석해 버리는 사람들이 있다.

　　또 하나의 사례로 벚꽃이 일본을 상징한다고 하여 민족감정을 내세우며 그 이미지에 대해서까지 비판하는 주장이 있다. 2005년 4월에 서울시에서 주관하는 축제 행사 가운데 벚꽃 화면이 시청 건물에 투영되고 있다고 하여 문제를 삼는 일이 있었다. 일제 잔재 건물을 시청 청사로 사용하고 있는 것도 석연치 않은데 거기에다가 일본 나라꽃 이미지를 마구 쏘아대는 것이 문제가 있다고 여겼기 때문이다. 거대한 이미지를 투사하는 피지PIGI 영상쇼는 「하이서울 페스티벌」의 축하행사의 일환으로 저명한 프랑스 영상미학 작가 장미셸 껜느가 연출했다. 청계천 복원을 주제로 하고 물을 소재로 한 영상들 속에 벚꽃 피는 이미지가 투사된 것인데 아무래도 이것을 과민하게 받아들인 것 같다.

　　마찬가지로 2005년에 나온 컬럼 중에 여전히 벚꽃이 일본을 대표하는 꽃이라고 하여 벚나무 심기를 계속해서는 안된다는 주장이 나오기도 했다. 역사 인식 문제를 일으키고 있는 일본에 대해 비판하면서, 벚꽃에 대해서까지 파격한 언사로 묘사한 것이다. 예를 들어 거의 동시에 피었다가 일제히 져 버리는 벚꽃이 가미카제식 폭격의 섬뜩함을 연상시킨다고 한 것은 지나친 컴플렉스의 표출이라고 생각된다. 일본인이 좋아하는 꽃이라고 해서 한국인이 좋아해서는 안된다는 발상은 아무리 생각해도 지나친 발상이며, 전국으로 확산되어가는 벚꽃과 '우리 현대사를 망쳐놓고 조금도 반성할 줄 모르는' 일본을 연계시키는 것은 지나친 피해의식의 발로라고 생각된다. *한겨레신문(2005. 4. 5)*

　　물론 보란 듯이 활짝 피었다가 현란하게 지는 벚꽃만이 아름다운 꽃은 아니다. 봄꽃 가운데는 개나리 진달래 산수유와 같이 다소곳하게 피어 우리 눈을 즐겁게 하는 꽃도 있으며 어쩌다 눈에 띄는 조그만 들꽃들도 또 다른 깊은 감동을 준다. 꽃은 꽃일 뿐이다. 구태여 어느 나라 국화라고 따져가면서 가려서 꽃을 즐길 필요가 있겠는가. 문제시해야 할 것은 꽃나무가 아니라 일본인의 역사인식이다.

_10_
한류와 함께 식민지 비애의 역사도 널리 이해되기를

최근 일본에서는 한국의 드라마와 영화에 관한 대중적인 선풍이 끊이지 않고 있다. 공영방송에까지 한국의 탤런트와 배우가 자주 등장하게 되었으며 한국의 대중문화에 관한 서적들이 베스트셀러에 오르고 있다. 또한 많은 일본인들이 한국 드라마와 영화 촬영무대를 방문하고 있는 가운데 이를 테마여행 상품으로 개발한 일본의 관광회사가 높은 수익을 올리고 있다. 한편 한국에서는 일본의 대중문화가 선풍적이라고 할 수는 없지만 다양한 장르에서 한국인의 기호가 일본문화에 친숙해지고 있는 것이 사실이다.

그러나 이처럼 대중문화의 교류에 있어서는 한국과 일본 사이에 간격이 좁아지고 있는 반면에 정치권이 보이는 양국의 상호 역사인식에 있어서는 여전히 거리를 두고 있다. 일본에서는 전후보상을 비롯한 역사인식

문제에 소극적인 태도를 보이고 있는 정치가들이 국정을 주도하고 있다. 또한 한국에서는 여당 정치가들이 과거사 문제에 관한 진상규명에 적극적인 자세를 보이고 있으나 친일파 인사의 조사와 선정이라고 하는 정치적 성격의 작업이 지나치게 강한 반면에 식민지 지배로 인한 피해자에 대해서 이를 조사하고 보상하려는 움직임은 미약하다.

오늘날 한일관계의 문제점으로 한국과 일본의 정치 지도자와 대중들에게 공통적으로 식민지시기의 피해자에 대한 인식이 결여되어 있다는 것을 지적할 수 있다. 과거 식민지 지배로 인하여 다양한 측면에서 피해자들이

영화 '호타루'

영화 '겨울연가'

겪었던 비애(悲哀)의 역사가 오늘날 한일양국에서 소홀히 간주되고 있는 현상이 문제인 것이다. 이런 관점에서 비록 조선인 특공대원을 실례로 한 논평이기는 하지만, 지난 2005년 9월 26일자 아사히(朝日)신문에 실린 글 일부를 번역하여 소개하고자 한다. 논객은 한일관계에 관한 의견을 자주 발표하고 있는 와카미야(若宮啓文) 논설주간이며 그는 이 신문의 논평란(風考計)의 집필을 담당해 오고 있다.

- '겨울연가' 와 '호타루' 를 잇는 것 -

1982년. 문부성 검정에 의해 전시기 일본의 아시아 침략을 '진출' 로, 한국의 3.1독립운동을 '3.1폭동' 으로 바꾸어 표기하게 한 일본의 고등학교 역사교과서가 한국에서 심하게 규탄 받을 때의 일이다. 연일 TV와 신문에 '왜곡' 이라는 단어가 등장했다. '일본인 사절' 이라는 식당과 택시까지 나타났다. 한국어를 배우려고 서울에 유학하고 있던 나는 "일본어로 말하지 말라"고 술집에서 다른 손님에게 혼나기도 했다. 자국 일본에 대한 창피함과 지나친 반일감정에 대한 분함. 가시방석에 앉은 것 같은 나날이었다.

그로부터 20여년이 흘렀다. 일본에서는 '겨울연가' 로 한류 선풍이 거세게 불고 있다. 한국에서는 일본씨름이 상륙하고 아무로나미에(安室奈美惠)의 콘서트가 대성황을 이루기도 했다. 월드컵축구 공동개최가 크게 성공한 것도 분명하다. '쉬리' 등 한국영화가 점차 일본인들의 마음을 사로잡더니 그 결과 지금 '욘사마' 열기가 대단하다.

최근까지 어떤 형태로든 비바람이 멈추지 않았던 한일관계를 생각하면, 더욱이 거슬러 올라가서 식민지시기의 일을 생각하면, 혁명적인 변화임에 틀림없다. 일본인이 한국인들을 동경하는 마음을 갖게 된 것은 고대 도래인들이 대륙에서 최신문화를 갖고 들어온 이후 처음이라고 말하는 사람도 있다. 북한에 대한 국민감정이 납치문제나 핵문제로 냉각상태에 있는데 그런 의미에서도 이러한 한류 선풍의 현상은 다행스런 일이다. 만약 지금 한일관계까지 나쁘다면 양 민족간의 미움으로 확대될 수 있기 때문이다.

이렇게 감개무량한 마음으로 지내고 있는데 한국에서 생각지 않은 법률이 생겼다. 식민지시기 일본제국에 적극 협력한 사람들을 찾아내는 '친일 반민족 행위 진상규명특별법' 이라는 것이다. 왜 이제 와서 이러는가. 요전에 시모노세키(下關) 시에서 열린 제12회 '한일포럼' 에서도 화제가 되었다. 양국의 정치가와 경제인, 학자, 저널리스트가 모여 자유롭게 의논하는 자리였다.

"일제 협력자가 광복 후에도 지배층이 되어 민주화를 억압하는 역할을 수행해 왔다. 그런 전후정치를 청산하려는 것이다" "정의 실현을 위해서는 피할 수 없는 길이다"라고 한국측 멤버가 설명했다. 광복 후에 강렬하게 반일자세를 견지한 이승만 정권조차도 일제시기의 공무원이나 군인을 기용하여 국가건설을 추진했다. 이 점에서 일제의 잔재를 완전히 추방한 북한에 대한 민족적 열등감도 있는 듯하다.

국민통합을 추구하지 않고 의도적으로 자극적인 과제를 던져서 정치적 지지를 이끌어내려고 하는 노무현 정권의 정치적 수법의 일환이라고 하는 비판적인 분석도 나왔다. 이처럼 한국측 멤버 사이에서는 찬반 의견이 크게 나뉘었는데 "일본을 표적으로 하는 반일(反日)법은 아니다"라는 점에서 일치를 보였다.

틀림없이 그럴 것이다. 그러나 나는 오히려 일본인들이 책망 받는 것 이상으로 견딜 수 없는 기분이 들어서 3년 전에 만들어진 일본영화 '호타루' 의 이야기를 꺼냈다. 거기에 등장하는 조선출신 특공대원 가네야마(金山) 소위는 출격 전날에 유언을 남긴다. "나는 대일본제국을 위해 죽는 것이 아니다. 조선민족의 긍지를 가지고 죽는 것이다. 조선민족만세"...

그 시대 일제 협력자라고 해도 사정이나 심정이 각양각색이었을 것이다. 민족의 장래에 뜨거운 희망을 가지고 역경을 참고 이겨낸 사람도 있었을 것이다. 사람들의 마음, 과연 죽은 자들의 마음을 깊은 부분까지 미루어 헤아릴 수 있을까...

이런 이야기를 꺼낸 것에는 이유가 있었다. 대선배 저널리스트인 한국의 권오기 전 부총리가 나와의 대담 가운데에서 이이오 겐시(飯尾憲士)의 넌픽션 소설 「가이몬다케(開聞岳)」에 관하여 말한 적이 있다. '호타루'의 모델이 된 조선출신 특공대원들을 묘사한 이 책에서 어느 대원의 형이 이런 증언을 했다고 가르쳐 준 것이다.

"도망쳐라, 일본을 위해 죽을 필요는 없다". 마지막으로 아우를 만난 형은 그렇게 하기를 권했다. 그러나 아우는 고개를 저었다. '나는 조선을 대표하고 있다. 도망치면 조국이 비웃음거리가 된다. 많은 동포들이 더욱 굴욕을 당하게 된다"

마침내 조선의 해방자가 될 미군 군함을 향해 돌진하여 죽게 되는 그들이 한국에서 축복을 받을 까닭은 없다. 그렇다고 해서 그들을 반민족적이라고 간단히 지탄해 버릴 수 있을까. 식민지시기라고 하는 것은 이런 애달픔이 계속해서 쌓이는 시기가 아니었는가. 언제나 냉정함을 잃지 않는 권씨가 형제의 주고받는 대화를 이야기하면서 눈물을 머금던 것을 나는 기억한다.

일본의 '겨울연가' 붐은 결코 나쁘지 않다. 일제시기의 정신적 충격(trauma)에서 벗어나고 싶어 하는 한국인의 심정도 이해할 수 있다. 그러나 어느 쪽 사람이든 때로는 과거에 있었던 이러한 비애를 생각해 보는 것이 어떨까.

_11_
2005년 한일 역사연구자 회의를 마치고

2005년은 을사조약 100주년, 일본 패전과 한반도 해방 60주년, 한일 수교 40주년으로 한일관계와 재일한국인의 역사에 있어서 기념할만한 해였다. 여기에다가 8월은 한일 양국 사람들에게 전쟁과 평화 그리고 해방을 생각하게 하는 달이다. 이러한 역사적 함의를 지니고 있는 시기에 한일 양국에서 재일한국인과 한일관계의 근현대 역사에 관하여 연구해 오고 있는 연구자들이 한일관계의 역사적 거점도시 부산에 모여 연구관련 정보와 의견을 교환하게 되었다.

일시 : 2005년 8월 6일 13시반 ~ 8월 7일 14시
장소 : 해운대 B&B호텔, 부산 시내 견학

공동회의 안내 팜플렛

2005 한일역사연구자 공동회의

　　이번 공동회의는 한일민족문제학회가 주최하며 협력학회로서 일본의 재일조선인운동사연구회 관동지부와 관서지부가 이 회의에 공동으로 참여했다. 주최학회와 협력학회는 지난 2003년 여름에 일본 시가현립대학에서 첫 모임을 가진데 이어 이번에 두 번째 모임을 한국에서 개최하게 되었다. 70여명의 참석자 가운데 일본에서 30명가량이 참가했으며 그 중에 부산을 처음으로 방문하는 일본인과 재일동포도 있었다. 기본적으로 숙박비와 참가비를 자비로 부담하게 했음에도 불구하고 이처럼 많은 인원이 참가한 것은, 한일관계 현실에서 의의가 깊은 8월이라는 시기, 한일관계 역사에서 의미가 있는 지역으로서의 부산, 그리고 역사연구자들의 교류와 친목에 대한 강렬한 관심이 조화를 이루었기 때문에 가능했다.

　　마찬가지로 한국의 언론들도 이 회의를 주목했다. 회의 개최일을 전후

동래별장을 견학하는 회의 참가자들

하여 연합통신, 동아일보, 오마이뉴스 등 중앙 일간지와 국제신문, 부산일보와 같은 지역 일간지가 회의 내용과 의미를 보도했다. 아울러 중앙 및 지역 라디오 방송국과 TV 방송국도 이 회의내용을 취재했으며 연구자들과 개별적으로 인터뷰하여 방송으로 내보냈다. 세미나 시간에는 언론사의 열띤 취재로 인하여 회의장이 붐비기까지 했다.

공식적인 회의 모임으로는 6일 오후의 연구발표 토론회와 7일 오전의 부산지역 견학을 가졌으며 식사를 겸한 의견교환과 친목의 시간도 가졌다. 중요한 의견 교환 가운데 하나로 한일관계의 현안과 관련하여 역사교과서 채택 현황에 관한 정보를 나누었다. 그 가운데 도쿄도 교육위원회의 인사문제에서 관청의 입김이 점차 강화되고 있다는 보고와 중고등학교 일관(一貫)학교에 대해서 강제적으로 자유주의 사관의 역사교과서를 채택하도록 하고 있다는 보고를 들을 수 있었다. 이들 연구자들의 채택반대 운동에도 불구하고 지난해에 비해 전반적으로 우익성향의 교과서가 많이 채택될 것이라는 우려 깊은 전망이 지배적이었다.

우선 첫째 날에 이루어진 4건 연구발표 내용을 간략하게 요약하면 다음과 같다. 첫째는, 일제강점하강제동원피해진상규명위원회의 남상구 연구원이 「전후 일본과 전몰자 유골문제」에 관하여 발표했다. 그는 전후 일본 정부와 유족회가 실시한 해외전몰자 유골 수습 사업을 소개하고, 아울러 한반도 및 대만 출신자 전몰자 유골에 대한 처리 과정을 소개했다. 유골 처리 문제를 소재로 전후 일본이 식민지 지배와 전쟁으로 인하여 발생시킨 문제라는 인식이 부족하다는 것을 지적했다.

둘째는, 일본의 '조선인강제연행진상조사단' 연구자 츠카자키 마사유키(塚崎昌之)씨가 「조선인 징병제도의 실태」에 관하여 발표했다. 그는 다년간 징병문제를 연구해 온 연구자로, 이번 발표에서는 1945년 4월 이후에 '노무자'로 일본에 동원된 조선인 제1보충병 문제를 중심으로 그 숫자와 임무 실태를 관련 자료 발굴을 통해 밝혔다.

셋째는, 광운대학교 김광렬 교수가 「패전을 전후한 시기 일본의 조선인 도항 규제」에 관하여 발표했다. 이 발표에서 그는 전쟁 말기에 국민동원계획에 따라 조선인 노무자를 일본에 끌어들이기 위해 일본정부가 어떠한 절차와 과정으로 도항정책을 풀어나갔으며, 패전 이후에 연합국 점령하에서 일본정부와 점령당국이 어떠한 도항 정책을 실시했는지를 규명했다. 그는 패전 이전과 이후의 정책에서 일본은 국가적 이익에 따른 도항관리를 주도했다는 점에서 일관성을 보였다고 지적했다.

넷째는, 릿교대학의 야마다 쇼지(山田昭次) 교수가 「조선여자근로정신대의 동원방식」에 관하여 발표했다. 그는 일본 본토 철강업에 동원된 조선인 남자 동원방식과 비교하여 여자근로정신대 동원에서도 다음과 같은 유사점이 발견되었다고 했다. ① 동원대상자를 국민학교 졸업정도의 학력이 있는 여성으로 했다는 점, ② 동원대상 지역을 주로 도시로 했다는 점, ③ 동원방식이 주로 취업사기 형태로 탄광이나 토목노동자 동원방식에서 보이는 노골적인 강제 납치방식과는 달랐다는 점을 밝혔다.

이어 둘째 날에는 부산에 남아 있는 식민지 시기 시설들을 견학하며 참가자들이 일제의 정책과 사회 상황에 관하여 의견을 교환했다. 여기에는 식민지 시기의 부산에 관하여 지속적인 연구를 해 오고 있는 부산대학교 민족문화연구소 차철욱 박사가 인솔 및 안내를 담당했다. 40명가량의 참석자들은 식민지 시기의 유적으로서 동래 별장과 금강공원 내의 각종 시설, 그리고 현재 임시수도기념관으로 일반에게 개방하고 있는 경상남도 도지사 관저 등을 돌아보았다.

일본에서 참가한 재일동포 연구자 최석의(崔碩義)씨는 개인적인 감상을 기행문 형태로 남기고 있다. 그는 이번 학회가 국제적인 의미를 갖는 재일조선인 및 한일관계 역사의 재검토라고 하는 점에서 획기적인 일이었으며 그 이상으로 최근의 일본 우익분자들에 의한 '조선인 강제연행 허구론'에 일침을 가하는 역할을 담당했다는 점에서 큰 의의가 있다고 평가했다. 『在日朝鮮人史研究』35号 (2005. 10)

II

한일관계 역사의 기억

_1_
일본 안의 윤봉길

　필자는 2004년 8월 5일부터 11일까지 보훈교육연구원이 주관하는 「일본지역 독립운동 사적지 탐방」 프로그램에 지도교수로서 참가했다. 연구원에서 보훈연수에 참가했던 초중고 교사 가운데 우수한 평가를 받은 사람을 중심으로 30여명을 선정하여 도쿄에서 큐슈에 이르기까지 민족운동과 관련한 지역들을 돌아보는 프로그램이었다. 유난히 무더위가 심했던 여름에 이루어졌음에도 불구하고 모든 참가자들이 호기심과 관심을 보였으며 운영진이 순조롭게 프로그램 일정과 내용을 관리함으로써 매우 보람 있는 시간을 보낼 수 있었다. 특히 처음 일본을 방문하는 교사들에게는 형무소나 재일동포 관련 시설을 중심으로 돌아다니며 설명하는 프로그램이 딱딱하고 지루할 것으로 생각했으나, 모든 참가자들이 학생들에게 들려줄 이야기 소재로서 적극 받아들이고 일정 진행에 적극 협조했으며 지도교수의 '재미없는' 설명에도 적극 호응을 보였다.

연수단 일행에게 행선지와 숙식시설을 안내한 관광 안내원은 이와 같이 조금은 어두운 사적지를 탐방하는 프로그램에 대해 생소하다는 느낌과 함께, 일본의 유명한 관광지로 판에 박은 여행을 하는 것에 비해 독특하고 새롭다는 감상을 전해 주었다. 일반적으로 잘 알려진 관광지를 여행하면서도 우리와의 역사적 관계를 되새기며 사적지를 돌아보는 것이 중요하다는 것을 새삼 지적한 것이다. 고대 및 중세의 한일관계에 관한 사적지에 관해서는 그런대로 일반 대중들에게 널리 소개되고 있음에도 불구하고, 근대 한일관계에 관한 사적지는 아무래도 우리에게 암울한 기억이 많아서인지 그리 관심의 대상이 되고 있지 않다. 될 수 있는 한 많은 한국 사람들이 전후 일본의 고도성장에 의해 가려지고 지워진 일본제국의 역사를 들추어내고 그 가운데서 조선 식민지와의 관계를 되새기는 일은 오늘날 우리의 역사교육과 연구를 강조하는 시점에서 매우 필요하다고 생각한다.

식민지 시기 조선민족의 운동과 관련하여 일본 지역에서 전개된 민족운동의 특징을 어떻게 보아야 할 것인가에 대해서, 남달리 이 문제에 대해 깊이 연구해 온 김인덕씨는 그 특징으로 다음 두 가지를 들고 있다. 첫째는 청년학생 특히 유학생들이 운동의 중심에 있었다는 점. 둘째는 조선공산당과 대중단체가 유기적인 관계 가운데 조직적인 운동이 전개되었다는 점. 『한국민족운동사연구』23집 (1999. 12)

이처럼 일본에 장기적으로 체류하던 조선인들에 의해 생활투쟁과 정치투쟁이 전개되었던 것에 비하면, 이봉창, 백정기, 윤봉길, 이강훈 등과 같이 일본에 생활기반을 가지지 않은 청년들이 목숨을 걸고 임시정부의 지시에 따라 폭력투쟁을 전개하거나 계획하다가 일본 본토의 형무소에 복역한 사실은 민족운동 연구가나 일반 대중에게 그리 주목을 받지 못하고 있다. 그러나 이들의 투옥 현장을 돌아봄으로써 우리의 국가관과 역사인식을 새롭게 하는 것은 뜻 깊은 일이 아닐 수 없다. 이런 의미에서 이번 일본 탐방 일정 가운데 이봉창의 투옥장소였던 도쿄의 이치가야 형무소 터를 어렵사리 찾아간 일이나, 백정기와 이강훈의 투옥장소였던 나가사키의 이사하야 형무소를 허물어지기 전에 답사한 일은 연수단 구성원에게 매우 보람 있는 일이었다고 생각한다.

　다만 이 프로그램에서 빠듯한 일정상 윤봉길과 관련한 시설에 대한 답사는 편성하지 못했다. 필자는 이 부분에 대해 문장으로라도 정보를 공유하게 하는 것이 지도교수로서 해야 할 마땅한 과제라고 생각했으며 뒤늦게 이렇게 다듬어지지 않은 형태로 생각을 정리하게 되었다. 윤봉길의 행적에 대해서는 일본의 재야연구자 야마구치(山口隆)가 두 권의 저서에서 비교적 상세하게 기술하고 있다. ①『尹奉吉暗葬の地金澤から』(1994). ②『4月29日の尹奉吉』(1998).

　윤봉길은 1932년 4월에 상해에서 폭탄을 투척하고 체포된 후, 그 해 5월에 상해파견군 군법회의에서 사형판결을 받고 11월에 일본으로 이송되었다. 윤봉길의 일본 행적으로서는 11월 20일 고베항에 도착하여 오사카 위수형무소에 수감, 12월 18일 가나자와의 육군 9사단본부에 이송, 12월 19일 총살형 및 암장, 이라는 죽음에 이르는 과정이 알려지고 있다. 따라서 일본 안에 있는 윤봉길 관련 시설로서는 아마도 그가 1개월가량 수감되어 있던 오사카 위수형무소와 1946년 3월에 시신이 발굴될 때까지 묻혀 있던 가나자와 9사단 암장터를 들 수 있을 것이다.

1) 오사카 위수형무소와 윤봉길

먼저 오사카 위수형무소를 소개하고자 한다. 윤봉길의 폭탄 투척 당시 상해에는 육군 9사단을 주축부대로 하는 일본군이 주둔하고 있어서 체포된 후 그는 일본에 있는 9사단 본부로 이송되었다. 이는 육군형법이 해당 사단의 소재지에서 사형을 집행할 것을 규정하고 있어 이 규정에 따른 것으로 판단된다. 때마침 상해사변에 관한 정전협정 조인을 앞두고 9사단이 점차 부분적으로 상해에서 철수하고 있었기 때문에 철수하는 군부대 병력과 함께 윤봉길의 신병도 일본으로 넘겨진 것이다. 고베항에서 위수형무소에 이송되는 과정에 대해 한 신문은 다음과 같이 기록하고 있다. *大阪朝日新聞 (1932. 11. 20)*

헌병에 호송되어 고베에 도착한 윤봉길은 고베 헌병분대와 미나카미(水上) 경찰서가 준비한 쾌속정에 실려 미츠비시(三菱) 조선소 도크 안으로 들어갔으며 비밀리에 준비된 차량 3대로 빠른 속도로 오사카를 향했다. 오사카에 들어서 교차로에서 정차하자 헌병들이 사진을 찍지 못하도록 방해했으며 윤봉길은 약간 기분 나쁜 미소를 보이면서 얄미울 정도로 침착함을 보였다.

평소에 열리는 일이 없는 오사카성 玉造門을 통해 3대의 차가 성 안으로 들어갔으며 오사카 육군위수형무소 비상문에 도착하여 곧 바로 독방에 수용되었다. 형무소장은 다음과 같이 말했다.

"특별히 취조할 것도 없기 때문에 그저 편히 자는 것이 좋다고 전하고 독방에 수용했다. 어쨌든 소중한 것을 떠맡았으니 특별 경계를 하고 있다. 보통 죄수들은 형무소 안에서 교련을 시키고 있는데 尹은

군인이 아니기 때문에 그와 같은 일은 시키지 않고 앞으로 형 집행이
있을 때까지 일체 독방에서 나오지 못하게 할 계획이다. 형 집행은
육군대신의 명령에 의한 것인데 그 시기는 전혀 알 수 없다".

12월 가나자와 9사단에서 윤봉길이 총살형을 당하는 현장을 지켜본 사
람 가운데는 오사카 위수형무소 소장인 미야이(宮井眞武)도 끼어 있었다.
오사카 위수형무소는 군법회의에서 판결을 받은 군인이 복역했던 형무소
였다. 윤봉길은 군인의 신분이 아니었음에도 불구하고 군법회의 판결을
받은 자로서 형 집행을 받을 때까지 이곳에 갇혀 있었던 것이다.

이 형무소는 오사카성의 누각들 가운데 문화재로 지정되어 있는 一番
櫓 근처에 있었으며 지금은 형무소 부지가 대부분 공원으로 조성되어 울
창한 나무들이 아름답게 자라고 있으며 그 가운데 일부는 경찰학교의 운
동장으로 사용되고 있다. 오늘날 일반인 관광객 할 것 없이 많은 사람들이

오사카 위수형무가 있던 공원

가나자와 윤봉길 암장터

찾는 오사카성 공원은 일본 패전 이전에는 대부분 육군 군용지였다. 그 안에 위수형무소가 자리를 잡고 있었으나 현재는 과거 형무소 건물의 흔적을 하나도 남기고 있지 않다.

2) 가나자와에 암장된 윤봉길

이어 가나자와에 있는 윤봉길 관련 시설을 소개한다. 필자는 1999년 7월에 학과 학생들과 가나자와 노다야마(野田山)의 전몰자 묘지 근처에 있는 암장터를 탐방하고 그 장소의 의미를 정리하고 기행문을 기록한 바 있다. 그 가운데 일부를 발췌하여 옮긴다. 『한국민족운동사연구』24집 (2000. 4)

윤봉길은 사형 집행을 위해 1932년 12월 18일 오사카에서 가나자와로 이송되었다. 이송 이유 가운데, 첫째는 당시 일본의 육군 형법이 사형 집행 장소를 관할 사단의 소재지로 규정하고 있었기 때문이며, 둘째는 오사카보다는 가나자와가 일본의 매스컴에 노출되기 어렵고 따라서 사형 후 시체의 처리가 용이했기 때문이다. 아무튼 12월 19일 오전 7시 20분에 가나자와 9사단 육군 작업장에서 사형이 집행되었다.

육군 당국은 윤봉길의 시신을 형법규정에 맞지 않게 마음대로 처리했다. 묘표를 세우기는커녕 육군묘지에 묻히는 것조차 허용하지 않았으며 육군묘지의 외곽에 있는 통로를 파내어 그곳에 시신을 암장해 버렸다. 암장터가 있는 통로를 중간 지점으로 하여 위쪽에는 육군묘지가 있었고 아래쪽에는 일반인 묘지가 있었다. 또한 이 통로는 산길로서는 비교적 넓은 공간이었기 때문에 때때로 주변의 쓰레기를 모아서 태우는 장소로 사용되었으며 그런 이유로 훗날 소각로가 이곳에 설치되기도 했다.

오늘날에도 그대로 존재하는 이 산밑 통로는 육군묘지에서 벗어나 있는데다가 육군묘지보다 3미터 정도 낮은 지대에 있었다. 따라서 매장하는 과정에서 일어날 수 있는 실수를 아무리 인정한다고 해도 이는 도저히 실수로 간주할 수 없으며 의도적으로 이곳에 암장함으로써 통로를 왕래하는 수많은 사람들에게 짓밟히도록 하기 위해 한 짓으로 볼 수밖에 없다. 또한 묘지관리소에서 훤히 내려다보이는 장소에 묻음으로써 시신에 대한 감시를 용이하게 했다.

해방 직후 가나자와의 재일동포 청년들이 수차례에 걸친 탐문 조사와 발굴 시도 끝에 1946년 3월 6일에 암장터를 발견하고 유해 발굴에 성공했다. 발굴 직후 유해는 가나자와의 재일본조선인연맹 이시카와현 본부에 안치되었다가 도쿄, 시모노세키, 부산을 거쳐 서울에 이송되었다. 그 해 7월 7일 서울운동장에서 국민장을 마친 후 효창공원에 안치되었다.

1992년 4월에 한국의 '윤봉길 의사 기념사업회'는 윤봉길 의거 60년을 기념하는 행사로 암장터 근처에 '순국기념비'를 건립했다. 그 후에 암장터를 보존하자고 하는 운동이 재일동포 단체와 일본의 시민단체에 의해 전개되었으며 윤봉길 사형일 60주년이 되는 1992년 12월 19일에 암장터에서 기념비 제막식이 열렸다. 암장터가 소재한 노다야마(野田山)는 표고 176미터의 작은 산이며, 가나자와 중심으로부터 남쪽 방향으로 4킬로 정도 떨어진 곳에 위치하고 있다.

가나자와에는 관광지로 겐로쿠엔(兼六園)의 정원이 유명하며 오사카에는 오사카성의 누각들이 유명하다. 이곳에는 한국인들을 포함하여 일본 내외에서 많은 관광객들이 사시사철 방문하고 있다. 필자는 이곳을 둘러보는 관광객들 가운데 식민지시기에 민족의 독립을 위해 투쟁하다가 만 24세의 꽃다운 나이에 처참하게 죽어간 윤봉길을 잠시라도 생각하는 사람들이 많아지기를 바란다.

2
일본인 A급전범 문제

아사히신문사가 발행하는 주간 시사잡지 『AERA』2005년 7월 25일호
에는 「야스쿠니 돈의 실태」라는 제목의 고발성 기사가 실렸다. 이 기사는
A급전범 14명이 합사(合祀)되는 과정에서 일본정부와 전범 피소자들이 관
여한 사실과 함께, 합사를 결정한 야스쿠니 회의에 참여한 10명의 실명 명
단을 처음으로 공개했다.

일본의 후생성은 1965년 5월에 각 지방의 민생과장 앞으로 육군관계
전사자의 야스쿠니 합사에 협력하도록 하는 통지서를 보냈으며, 이듬해 2
월에는 도조(東條英機) 등 A급전범 12명의 이름을 제신명포(祭神名票)에
기입하여 야스쿠니 신사에 송부함으로써 합사를 요청한 것으로 드러났다.
이들은 1948년 11월에 극동국제군사재판의 판결을 받아 사형을 당한 전범
들이다. 판결 이전에 옥사한 2명의 A급전범 피소자도 1978년에 야스쿠니

에 합사되었는데 그 과정은 이번 자료에 나타나 있지 않다.

이와 함께 야스쿠니 신사는 1971년에 의사결정기구인 숭경자(崇敬者) 대회를 열어 전원일치로 A급전범의 합사를 의결했으며, 의결한 사람 가운데는 A급전범으로 기소된 바 있으며 당시 유족회 회장을 하고 있던 가야(賀屋興宣)가 포함된 것으로 밝혀졌다. 아사히신문 2005년 6월 27일자 칼럼 가운데 가야가 유족회 회장으로서 전쟁에 대한 자책감을 계속 유지했으며 A급전범의 합사에 대해서는 부정적인 생각을 가졌을 것이라는 뉘앙스의 문장이 있는데, 그것과는 다르게 이번에 공개된 자료로 그도 A급전범의 합사 결정에 동조했음이 밝혀졌다.

그럼, A급전범 문제란 무엇인가. 사이버 백과사전 'Wikipedia'의 설명을 중심으로 간략하게 그 내용을 살펴본다. *http://ja.wikipedia.org/wiki*

우선 A급전범의 정의로, 극동국제군사재판소 조례(Charter of the International Military Tribunal for the Far East) 제5조 A항에 다음과 같은 정의가 있다. "평화에 대한 죄, 즉 선전을 포고하거나 포고하지 않은 침략전쟁, 또는 국제법, 조약, 협정 그리고 서약을 위반하는 전쟁의 계획, 준비,

① 도쿄 전범재판 법정
② 1957년에 출범한 내각
　　수상 기시

개시. 수행, 이와 함께 이러한 행위를 달성하기 위한 공통 계획 또는 공동 모의에 참가하여 극동국제군사재판에 의해 유죄판결을 받아 전쟁범죄인이 된 사람".

A급이라는 용어는 이처럼 제5조 A항에 정의되었기 때문에 붙여진 것이며 태평양전쟁에서 군사작전이나 국가정책의 지도적 역할을 수행한 사람들을 가리킨다. 따라서 용어상 'A급전범'보다는 '분류A 전범'이 보다 정확하다고 할 수 있다. 뉘른베르크재판에서는 이러한 중대한 전쟁범죄자를 A급전범이라고 하지 않고 '주요전범'(major war criminals, Hauptkriegsverbrecher)이라고 불렀다.

극동국제군사재판에 기소된 A급전범은 다음 28명이다. 荒木貞夫, 板垣征四郎, 梅津美治郎, 大川周明, 大島浩, 岡敬純, 賀屋興宣, 木戸幸一, 木村兵太郎, 小磯國昭, 佐藤賢了, 重光葵, 嶋田繁太郎, 白鳥敏夫, 鈴木貞一, 東鄕茂德, 東條英機, 土肥原賢二, 永野修身, 橋本欣五郎, 畑俊六, 平沼騏一郎, 廣田弘毅, 星野直樹, 松井石根, 松岡洋右, 南次郎, 武藤章. 이 가운데 大川周明은 정신이상자로 인정되어 소추 면제를 받았으며, 永野修身과 松岡洋右는 판결 전에 병으로 죽었다. 따라서 이를 제외한 나머지 25명이 A급전범으로 판결을 받게 되었다.

야스쿠니 신사는 1978년에 다음 14명을 '수난자'(受難者)로서 합사했다. ① 사형판결을 받고 교수형에 처해진 전범 7명 : 東條英機, 板垣征四郎, 木村兵太郎, 土肥原賢二, 松井石根, 武藤章, 廣田弘毅. ② 종신형 판결을 받아 복역 중 사망한 전범 4명 : 梅津美治郎, 小磯國昭, 平沼騏一郎, 白鳥敏夫. ③ 금고형 20년 판결을 받아 복역 중 사망한 전범 1명 : 東鄕茂德.

④ 판결 전에 병으로 사망한 전범피소자 2명 : 永野修身, 松岡洋右.

한편 A급전범 혐의자로 지정되었으면서도 재판을 받지 않은 사람으로 다음 6명이 있다. ① 일본 패전 직후 자살한 사람 2명 : 近衛文磨, 本庄繁. ② 불기소로 석방된 사람 4명 : 岸信介, 笹川良一 , 兒玉譽士夫, 正力松太郎.

1952년 4월 샌프란시스코 강화조약 발효에 의해 일본의 피점령이 끝나기까지는 이들 전범들은 일본 국내법상 수형자들과 동등하게 취급을 받았으며 따라서 유족연금이나 은급(恩級)의 대상이 되지 못했다. 그러나 강화조약 이후 일본정부는 이들의 명예를 착착 회복시켜 갔다. 일찍이 52년에 유족원호법 개정을 통해 이들 유족에게 보조금을 지급하기 시작했으며, 53년부터는 수형자들을 사면하기 시작하여 56년까지 모두 석방했다.

A급전범으로 금고형 7년 판결을 받은 시게미츠(重光葵)는 석방 후 하토야마 내각에서 부총리와 외상을 역임했으며, 종신형 판결을 받은 가야(賀屋興宣)는 이케다 내각에서 법무상을 역임했다. 잘 알려진 대로 A급전범 혐의자 기시(岸信介)는 57년부터 60년까지 수상을 역임했다. 이러한 A급전범에 대한 명예회복 과정에서 야스쿠니 신사에 의한 합사도 이루어졌다.

전범자들의 명예회복 문제는 어디까지나 일본의 주권에 속하는 사항이지만 한국이나 중국, 나아가 일본의 전쟁 책임을 추궁하는 일본 시민단체로부터 비판을 받아왔다. 오늘날에도 일본수상의 야스쿠니 참배에 반발하고 A급전범의 분사(分祀)를 요구하는 목소리가 높다.

_3_
한국인 BC급 전범 문제

BC급 전범이라 함은 A급전범과 마찬가지로 극동국제군사재판소 조례 제5조 B항과 C항에 의해 분류된 전쟁범죄를 말한다. 제5조 B항에는 통례의 전쟁범죄, 즉 전쟁법규 또는 전쟁관례의 위반이라고 간단히 규정되어 있다. 그러나 C항에는 다음과 같이 길게 규정되어 있다. "인도에 대한 죄, 즉 전쟁 전 또는 전쟁 중에 행하여진 살육, 섬멸, 노예적 학대, 추방 등의 비인도적 행위, 또는 정치적 혹은 인종적 이유에 기인한 박해행위로서, 범행지 국내법 위반 여부를 불문하고 본 재판소에 관할에 속하는 범죄의 수행 또는 이에 관여하여 행한 것".

일본 패전과 함께 일본 군인을 대상으로 연합국에 의한 전쟁범죄자 체포가 각지에서 이루어졌다. 이때 A급전범과 함께 BC급 전범으로 약 5,600명이 투옥되었다. 실제로 BC급 전범으로 체포된 사람은 주로 포로 관리를 둘러싼 불법행위를 한 사람으로, B급은 포로 관리의 지휘 감독을 맡았던 장교나 부대장이었으며, C급은 직접 포로 관리업무를 맡았던 하사관, 병사, 군속이 대부분이었다. 연합국 부대는 일본 이외에 상하이, 싱가포르, 라바울, 마닐라, 마누스 등, 일본군이 진주했던 지역의 50여개 감옥에 이들을 투옥시켰다. 그리고 일본군에 포로가 되었던 군인들의 증언을 중심으로 하는 간단한 군사재판을 통하여 1,000명가량의 BC급 전범들을 처형시켰다.

이들 BC급 전범 가운데에는 식민지 청년으로 한국에서 모집에 응한 군속이 포함되어 있었다. 이들은 일본 패전 후 일본인 전범과 함께 연합국으로부터 보복적인 형벌을 받았다. 그러나 일본정부는 이들이 일본의 군인 군속으로서 형벌을 받았지만 한국인이기 때문에 보상할 수 없다는 입장을 견지하고 있다. 2005년 말 현재 한국과 일본에서 이 문제에 관심을 갖고 있는 사람들이 뜻을 모아 다큐멘터리 영화를 제작하고 있다. KBS 1TV에서도 이와 관련한 다큐멘터리 프로그램을 제작하여 2005년 8월에 방영했다. 이 문제에 관하여 일찍부터 연구관심을 갖고 연구와 시민운동을 계속해 오고 있는 우츠미(內海愛子) 교수는 일찍이 80년대 초반에 이에 관한 연구서를 펴냈으며 이 가운데 하나가 나중에 한국에서 번역되었다.

1943년 부산에서 훈련받는 군속 지망생

1999년 패소 판결 직후

①『赤道下の朝鮮人叛亂』(1980). ②『朝鮮人BC級戰犯の記錄』(1982). 이현희 번역, 『적도하에서 한국인의 항일투쟁』(1986).

그러나 여전히 한국과 일본의 사회에서 전반적으로 한국인 BC급 전범 문제에 대한 인지도가 낮다. 여기에다가 한국 사회에는 이들을 일제 침략전쟁의 희생자가 아니라 전쟁의 협력자로 곱지 않게 보는 시각이 강하다. 1991년에 일본에서는 '일본의 전쟁책임을 대신 짊어진 한국 조선인 BC급 전범을 지원하는 모임'이 결성되어 이들의 억울한 사정과 일본정부 정책의 부당성을 일본 사회에 알리고 있으며 이 문제와 관련한 전후보상청구소송을 지원하고 있다. 이 모임의 홈페이지에는 한국인 BC급 전범 문제의 경위에 관한 정보가 이미지와 함께 실려 있다. 이를 요약하여 간략하게 소개한다. *http://www.ne.jp/asahi/nadja/bc*

1941년에 일본은 진주만 공격으로 태평양전쟁을 일으키고 동남아시아로 전투지역을 확대하면서 수많은 연합국 포로들을 끌어안게 되었다. 1942년 5월에 조선총독부가 한반도 전역에 걸쳐 포로감시원을 모집했으며 지원자 가운데 3,223명을 선발하여 6월부터 2개월 정도의 훈련에 들어갔다. 훈련을 담당한 부대는 부산의 서면에 주둔하고 있던 임시군속교육대, 통칭 노구치(野口) 부대였다. 그해 8월부터 포로감시원이 태국, 말레이반도, 자바섬 등에 있는 포로수용소에 배속되었다. 당시 전쟁포로를 강제노역 시키는 일이 국제조약으로 금지되었음에도 불구하고 일본군은 영국, 미국, 호주, 네덜란드 등, 연합국 포로들을 건설현장 등에 투입했다.

1945년 일본의 패전과 함께 동남아시아 각지에서 연합국에 의한 전범의 적발과 군사재판이 시작되었다. 군부대의 말단 지위에 있던 포로감시원들로서는 자신들이 전범으로 체포되리라고는 예상하지 못했다. 그러나 포로들과 일상적으로 접하고 있어서 얼굴이 알려진 포로감시원은 일차적으로 원한과 보복의 대상이 되었으며 포로들의 증언만으로 간단히 체포, 구금, 처형되기에 이르렀다. 각지에서 산발적으로 이루어진 군사재판에서 한국인 포로감시원 148명이 유죄판결을 받았으며, 이 가운데 23명이 사형판결을 받고 처형당했다. 나머지 125명은 현지 형무소에서 복역하게 된다.

1950년부터 51년 사이에 동남아시아에서 복역하고 있던 일본군 전범들이 도쿄에 있는 스가모(巢鴨) 형무소로 이송되어 미군 점령군의 관리를 받으며 수감 생활을 했다. 1952년 4월 샌프란시스코 강화조약 발효로 일본의 점령이 종결되었으며 이날을 계기로 재일한국인은 일제히 일본국적을 상실하게 되었다. 이에 한국인 BC급 전범들은 옥중에서 자신들의 석방을 청구하는 소송을 제기했으나 3개월 후 일본의 최고재판소는 "형을 받았을 때는 일본인이었다"는 이유로 이들의 청구를 기각한 일이 있다.

1952년부터 56년 사이에 한국인 전범들은 가석방 또는 만기석방이 되어 형무소를 나왔다. 이들과 유가족들은 1955년에 「한국출신전범자동진회(同進會)」를 결성하고 일본정부에 대해 생활보호와 함께 국가보상을 요구하기 시작했다. 「동진회」는 오늘날에 이르기까지 일본 내각이 바뀔 때마다 처형당한 전범의 유족에 대한 보상을 포함하여 BC급 전범 전원에 대한 국가보상을 요구해 오고 있다.

그러나 일본정부는 1965년의 한일 청구권협정에 의해 보상문제는 완전히 그리고 최종적으로 해결되었다고 하며 이들의 요구를 묵살해 오고 있다. 피해 당사자들이 점차 타계해 가는 가운데 1991년부터 이들은 일본 사법부에 국가보상을 요구하는 소송을 제기했으나, 1996년 9월의 도쿄지방법원 판결, 1998년 7월의 항소심 판결, 1999년 12월의 상고심 판결에서 모두 '청구 기각'이 되어 패소했다.

_4_
사할린 강제동원 한국인 피해자 문제

2005년 4월 7일 반기문 외교통상부 장관은 이슬라마바드에서 일본의 마치무라(町村信孝) 외상과 회의를 갖고, 독도와 역사교과서 문제에 관한 한국민의 분노를 전하고 일본측의 성의 있는 태도 변화를 촉구했다. 이 자리에서 일본 외상은 최근 경색된 양국관계를 해소하기 위하여 몇 가지 방안을 제시했으며 한국측은 이에 호응을 보이기도 했다. 일본측이 제시한 방안에는 양국의 역사공동연구를 계속하자는 것과 함께, 일제 시기 징용되어 사망한 한국인 유골의 수습 및 반환 문제와, 사할린에 징용되어 잔류한 한국인 문제에 대해 일본 정부가 적극 지원하겠다는 것 등이 있었다.

이 가운데 사할린 동포 문제는 일본이 전쟁수행과정에서 한국인 노동자들을 대거 사할린으로 강제동원하여 노동자로 이용하다가 패전 후에 방치함으로써 발생한 문제다. 일본의 패전 당시 사할린에는 일본인 약 29만

명과 함께 한국인 약 43,000명이 동원되어 거주하고 있었다. 일본정부는 점령당국에 요청하여 1946년 12월 '소련 지구 귀환에 관한 미소 협정'을 맺게 하고 일본인들의 본국귀환을 적극 추진했다. 이때의 일본인(Japanese Nationals)은 일본국적을 가지고 있는 자를 의미하기 때문에 당시 독립된 정부를 가지지 못한 한국인도 이에 포함시켜 귀환하도록 했어야 마땅하다. 그러나 일본 정부는 사할린 노동자의 귀환 문제에 소극적인 소련과 일본 점령당국에게 일본인들의 귀환을 적극 요청하면서도 한국인의 귀환문제는 철저하게 외면하고 말았다. *高木健一, 『サハリンと日本の戰後責任』(1990)*

1958년에 박노학(朴魯學)씨는 부인(堀江和子)과 함께 일본인 틈에 끼어 다행히 귀환 길에 올랐다. 그는 일본에 도착한 직후 「사할린귀환 재일한국인회」를 조직하고 사할린 잔류 한국인의 귀환 운동을 전개하면서 이 문제를 일본사회에 알리기 시작했다. 박씨 부부의 부단한 노력으로 1975년에 이 문제를 둘러싸고 일본정부를 상대로 하는 재판이 제기되기에 이르면서 한일 양국에 커다란 반응을 불러 일으켰다. 그러나 이 운동이 결실을 맺기 시작한 것은 90년대 중반에 들어서이다. 무라야마(村山富市) 수상을 비롯하여 각 정당이 이 문제에 관하여 관심을 갖게 되었으며 일본정부가 사할린 한국인 귀환자들을 위한 아파트와 요양소 건립비용으로 32억엔을 부담하기에 이르렀다. 한편 한국정부는 건립 부지를 조성하고 이들의 생활비를 지원해 오고 있다. 2005년 말 현재 한국에 영주 귀국한 사할린 동포는 합계 약 1,600명에 이르며 1,100명가량이 생존해 있다.

어렵사리 고국에 돌아온 이들에게는 새로운 문제들이 생겼다. 무엇보다 사할린에 남은 자녀들과 떨어짐으로써 야기되는 이산가족 문제가 그것이다. 이들이 국적으로 인해 왕래하는데 불편이 없도록 하기 위해 한국정

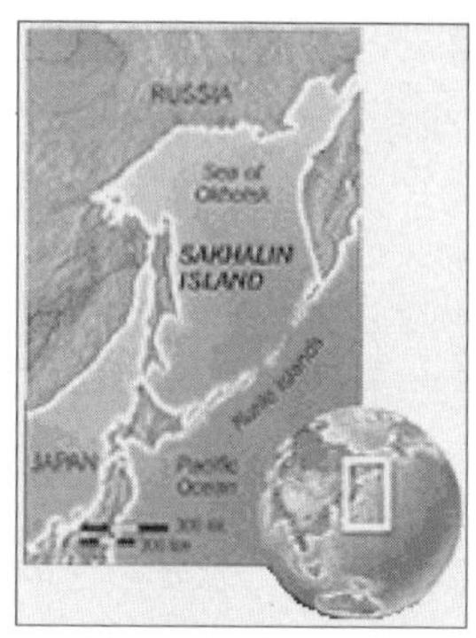

사할린의 지리적 위치

사할린에서 영주 귀국한 노인들

부는 이들의 이중국적을 묵인해 주고 있지만 경제적으로나 건강상의 이유로 자유왕래를 하기는 그리 쉽지 않다. 여기에 한국정부가 지원하는 생계비로는 이들이 적절한 의료혜택을 받기에 충분하지 않다. 2004년 말에 보도된 바에 따르면, 경기도 안산시 고향마을에 사는 860명의 동포 가운데 91%인 785명이 고혈압이나 뇌혈관 질환 등 각종 노인성 질환을 앓고 있으며, 이들이 제대로 치료를 받지 못하고 있는 실정이라고 한다. *인터넷한겨레 (2004. 12. 28)*

그러나 이들은 그래도 다행인 편이다. 아직도 사할린에는 수 천 명의 동포들이 한국으로 영주 귀국할 수 있는 날을 간절하게 기다리고 있다. 이들의 귀국을 지원하고 한국에서 정착할 수 있도록 생활을 보조해야 하는 일은 한일 양국 정부가 안고 있는 중요한 현안 과제가 되고 있다. 이를 위하여 한국 정부는 2005년 3월 17일 '대일 독트린' 직후 외교통상부를 중심으로 하는 실무단을 구성하여 실태 조사와 적절한 지원방안을 모색한 것으로 알려지고 있다. 사할린 거주 한국인에 대한 피해 보상 문제는 지난 한일수교협상과정에서 논의 대상조차 되지 않아서 한일 양국이 풀어나가

야 하는 과제가 되고 있다. 사할린에 이중으로 징용되어 동원된 피해자들
이 일본 정부를 상대로 하여 현재 미지급 임금과 예금 등에 대한 소송을
제기하고 있다.

일단 일본측은 외무장관 회담을 통해 사할린 동포의 영주 귀환 지원문
제에 대해 적극적으로 임하겠다는 자세를 표명한 것으로 보인다. 그러나
앞으로 단기적으로 한일 양국이 관계를 개선해 가면서 이들에 대해 어떤
규모로 어떻게 지원할 것인지, 나아가 장기적으로 이들의 보상요구에 대
해 어떻게 대응할 것인지 미지수이며 그 귀추가 주목된다.

_5_
일제하 강제동원 피해조사의 문제점

2004년 9월에 발효된 특별법에 의거하여 2005년 2월 1일부터 일제강점하강제동원피해진상규명위원회가 피해신고를 접수받고 있다. 특별법은 3년간의 효력을 갖는 한시법이며, 그 핵심 내용은 위원회를 통하여 1930년대부터 1945년까지 일제가 일으킨 전쟁에 강제로 끌려간 한국인의 각종 피해 상황을 조사하고 국내외 관련 자료의 수집 분석과 유해 발굴 및 수습, 희생자와 유족의 심사 결정 등을 하도록 하는 것이다.

위원회는 강제동원피해 대상자를 군인 군속 위안부 노무자 등으로 나누고 한반도 안에서의 국내 동원과 일본 중국 동남아시아 등 국외동원으로 나누어 조사해 오고 있다. 아울러 피해 생존자를 직접 방문하여 인터뷰를 통해 피해 사실을 확인하는 작업을 병행하고 있다. 위원회가 접수업무를 시작하여 5개월에 걸쳐 실시한 제1차 피해신고 접수 결과, 총 20만 건에 달하는 신고가 이루어진 것으로 집계되었다. 서울의 위원회 중앙부서와 각 지방단위의 실무부서에는 피해 관련 문의가 끊이지 않았으며 또한 위원회가 운영하는 홈페이지 게시판에는 1,000건이 넘는 피해자 명단 확인 문의가 올라왔다. *http://www.gangje.go.kr*

그런데 피해 조사과정에서 다음 두 가지 큰 문제점이 발견되고 있다. 첫째는 피해신고 결과가 매우 저조하다는 것이다. 지난 한일수교회담 과정에서 한국측은 일본측에 대해 피해자 규모가 103만명을 넘는다고 했으며 관련 연구자들은 강제동원 피해자가 적어도 200만명을 넘을 것으로 추정하고 있다. 이러한 숫자에 비하면 현재까지 피해자로 신고한 사람들이 지극히 적으며 2005년 12월부터 제2차 피해신고 접수를 시작했지만 앞으로도 크게 늘어날 것 같지 않다. 이것은 무엇보다도 피해 당사자들 대부분이 이미 사망했기 때문이다. 이는 진작부터 진상조사 작업에 착수하지 않은 것을 반성하게 한다.

둘째는 강제동원 피해의 진상규명보다는 피해자 보상에 대해 사회적 관심이 지나치게 높다는 것이다. 피해 신고결과가 저조한 이유 가운데는 피해 관련자들이 보상 여부를 판단하여 피해신고나 진상조사에 응하려는

피해보상을 요구하는 피징용자 유가족

일본대사관에서 수요일마다 열리는 '일본군위안부' 시위

일본기업에 대한 징용피해 보상요구 운동

움직임을 보이고 있기 때문이기도 하다. 일부 피해자 관련단체들은 위원회의 진상규명에 적극 협조하기에 앞서 처음부터 보상여부와 보상 금액을 추궁하며 위원회 활동을 곤란하게 하고 있다. 따라서 위원회에서는 피해자 당사자와 유가족들에게 아직 보상 방침이 결정된 일이 없으며 몰지각한 단체에 현혹되어서는 안 된다고 공지까지 하기에 이르렀다.

물론 강제동원에 의해 개인적인 권리를 훼손당한 것에 대해서는 어떠한 형태로든 보상이 이루어져야 한다. 국무조정실 산하 한일협정 문서공개 대책기획단이 보상 문제에 관한 대책을 강구하고 있으나 현재 보상 논의의 기초가 될 수 있는 피해자 규모 파악이 전혀 되어 있지 않은 상황이다. 적정한 보상 방법과 보상 금액을 결정하기 위한 기초 자료를 제공하기 위해서도 피해의 실태에 대한 진상규명이 선행되어야 하며 관련 단체들의 적극적인 협조가 필요하다.

강제동원 피해에 관한 진상규명작업은 일제의 만행을 우리 스스로가 밝혀내고 정리하려고 하는 역사적인 과업이라고 할 수 있다. 이제까지 일본 정부나 일본 기업은 1965년의 한일 청구권협정에 의해 한국인의 대일 청구권이 모두 해결되었다는 것을 이유로 하여 피해보상을 거부해 왔으며 한국 정부는 이에 대해서 방관적인 태도를 취해 왔다. 일본 정부로부터 피해자 보상을 명목으로 해서 청구권 자금을 받은 한국정부가 이제까지 자국민의 피해 실태에 관한 적극적인 조사를 하지 않았던 것은 직무유기로 밖에 보이지 않는다.

따라서 참여 정부에 들어서 정부와 국회가 이를 반성하고 뒤늦게 진상규명을 위한 특별법을 마련하고 현재 중앙 부처와 지방자치단체가 이 문제에 대해 행정적인 배려를 하고 있는 것이 시대의 변화를 느끼게 할 만큼 획기적인 일로 여겨진다. 이렇게 의미 있는 작업이 시작된 이상, 일제에 의한 과거의 부정적인 역사를 청산하고 피해 관련자들에게 적절한 보상이 이루어지는 방향으로 진상규명이 원만하게 진행되기를 희망한다.

_6_
징용공 낙서는 연출된 것

일본제국이 강압적으로 체결한 을사조약 100주년을 맞아 「6. 15 공동선언 실천을 위한 남북해외공동행사」 준비위원회는 2005년에 서울과 평양, 그리고 해외 각지에서 공동사진전을 개최했다. 그 가운데 남측 위원회는 2005년 11월 17일부터 3일간에 걸쳐 국회 헌정기념관에서 「기억 36년, 한민족의 삶」이라는 주제로 사진전을 열었다. 이 행사에 앞서 위원회는 "일제의 침탈과 민족의 수난의 실상을 생생한 자료전시회를 통해 널리 알리며 통일시대를 대비해 남북이 공동의 역사인식을 마련하는 계기로 삼고자 한다" 라고 하며 행사의 취지를 설명한 바 있다. 통일뉴스 (2005. 11. 10)

필자는 이러한 행사의 취지에 전적으로 공감한다. 일제의 침략성과 강제성을 밝힐 수 있는 자료들을 발굴하고 공개하여 일본정부에 대해 역사

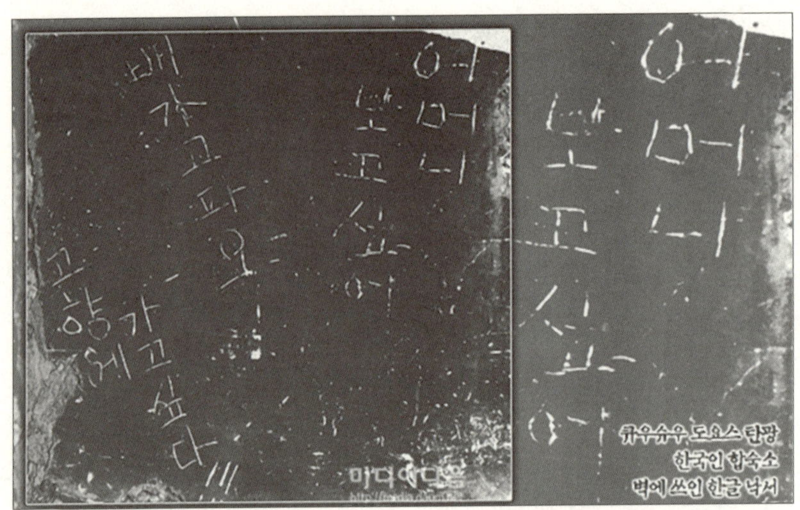

한 언론에 보도된 문제의 전시 사진

적 책임을 묻고 다시는 한민족이 그러한 역사적 전철을 밟지 않도록 하자는 취지이기 때문이다. 그런데 이 행사에서 전시된 사진 가운데는 자칫 행사 자체의 진실성을 훼손할 수 있는 사진이 들어있어 이를 알리고 바로잡고자 한다.

문제의 사진은 '어머니 보고 싶어', '배가 고파요', '고향에 가고 싶다'고 한글로 적힌 일본 큐슈 호슈(豊州) 탄광 합숙소의 낙서가 그것이다. 이 낙서는 신빙성에 문제가 있다고 하는 것이 이미 관련 학계에서 밝혀져 널리 알려졌다. 그런데 이 낙서가 또 재생되어 일반에 전시된 것이다. 필자는 사진자료들을 충분히 검증하지도 않은 채 국회에 전시품으로 내놓은 관련자들의 무성의하고 무지한 행태에 대해 아쉬움을 금할 수 없다. 이 낙서의 문제점에 대해서는 치쿠호(筑豊) 지역의 향토 사학자 김광렬(金光烈)

국회 헌정기념관 전시장 전경

씨가 그의 저서에서 비교적 상세하게 논하고 있다. 『足で見た筑豊 : 朝鮮人炭鑛勞動の記錄』(2004)

　　이 낙서는 총련 산하 단체인 「재일본조선문학예술가동맹」이 한일수교에 대한 반대 운동의 일환으로 1965년에 제작한 영화 「을사년의 매국노」를 촬영하는 가운데 연출된 것이다. 이 영화에 강제연행의 흔적을 담기 위해 제작진 4명이 치쿠호 탄광촌에서 현장 촬영을 시도했다. 그때 폐허가 된 징용공 합숙소에서 제작진 가운데 녹음을 담당한 여성이 나무를 꺾어 벽에 문제의 낙서를 새긴 것이다. 나중에 위조 사실을 상세히 밝힌 니시닛폰(西日本)신문의 취재에 대해, 영화 제작진 가운데 한 사람은 당시 폐허가 된 합숙소에서 촬영할 것이 없어서, 제작진이 모두 합의하여 낙서를 새기도록 했으며, 부드러운 필체로 하기 위해 여성에게 쓰도록 했다는 사실을 자백했다.

영화 촬영 이후 의외로 이 낙서에 관한 사진이 마치 사실인 것처럼 일본 사회에 확산되어가자, 영화 제작진은 고민 끝에 연출 사실을 밝히기로 했다고 한다. 강제연행 조선인에 관한 연구의 권위자로 널리 알려진 박경식(朴慶植)씨는 일찍부터 이 낙서가 위조된 것임을 알고 있었으며 김광렬씨에게 문제의 낙서에 대해 다음과 같이 말했다고 한다. "낙서의 내용은 당시 징용공들의 마음이나 처해진 상황을 아주 잘 표현하고 있다. 그러나 그렇다고 해서 그것을 당시 수용된 징용공이 썼다고 하는 것은 역사의 날조다."

역사에 관한 안목이 있다면 낙서 사진에서 기본적으로 다음과 같은 의문점을 발견할 수 있다. 어떻게 40년대에 그처럼 현대 문법에 정확하게 맞는 한글 표기가 가능했겠는가? 더욱이 학문과 거리가 멀었던 탄광노동자들이 그렇게 정확한 표기를 할 수 있었겠는가? 강제로 징용공들을 가두어 놓고 혹사시키던 합숙소에서 그런 낙서가 용납될 수 있었겠는가? 탄광 징용공으로 일했던 재일동포의 진술을 빌리면, 그토록 엄한 시대에 그렇게 보이는 곳에 한글로 낙서를 썼다가는 당사자는 물론 그 합숙소에 들어있는 한국인들이 모두 혼났을 것이다, 혹시 적고 싶은 것이 있으면 아무에게도 보이지 않는 곳에 적었을 것이라고 한다.

끝으로 문제의 낙서 사진에 대한 관점으로 니시닛폰신문의 기사를 재인용하고자 한다. "연출 사실이 밝혀졌다고 해서 그것으로 강제연행 사실마저 부정할 수는 없다. 그러나 역사를 검증할 때에 어떠한 하찮은 것이라고 해도 허위를 용납해서는 안 된다. '연출의 사실(事實)'도, '강제연행의 사실(史實)'과 마찬가지로 직시해 가는 일이 무엇보다도 중요하다고 생각한다." 西日本新聞 (2000. 1. 3)

_7_
한일수교회담 자료 일반공개의 파급효과

2005년 8월 26일에 외교통상부는 한일 양국이 1951년에서 1965년까지 14년간 끌어온 수교회담 관련 문서를 전면적으로 일반 공개했다. 그해 1월에는 청구권 협정과 관련한 외교문서 일부만을 공개했는데 이번에는 기본조약과 4개의 부속협정 전반에 걸친 문서들을 일괄적으로 모두 공개한 것이다. 공개 문서의 분량은 총 156권으로 3만 5천쪽이 넘는다. 이와 함께 1965에서 1973년에 걸친 베트남전 관련 외교문서 가운데 대부분에 해당하는 총 49권, 7천여쪽의 자료도 언론에 공개되었다. 필자는 한일수교회담 관련문서에 국한하여 나름대로 전면적인 문서 공개의 의의와 예상되는 파급효과를 논하고자 한다.

현대 한일관계 혹은 한국의 외교 정책에 관심을 가진 연구자로서 이번 외교문서의 전면적인 공개를 환영한다. 이제까지 한일수교회담에 관한 1

차적인 자료가 일반 공개되지 않은 까닭에 관련 연구자들이 어쩔 수 없이 2차적인 자료를 인용하는 일이 많았다. 그러다보니 '독도폭파설'과 같은 검증되지 않은 이야기가 꼬리에 꼬리를 물고 대중매체를 통해 확산된 일이 있다. 뿐만 아니라 어쩌다 새어나온 외교문서를 어렵사리 획득하여 자료로 활용하는 것이 마치 연구능력을 나타내는 것처럼 착각하게 하는 연구 풍토가 있었던 것도 사실이다. 이런 점에서 외교문서의 전면공개는 투명하고 민주적인 연구 풍토 조성에 기폭제가 될 것으로 본다.

이제까지 1차적인 자료를 입수하는데 애를 먹었던 연구자의 입장에서 볼 때, 이번에 각 언론사들이 공개문서들을 일반인들이 무료로 자유롭게

1964년 한일회담에 대한 반대시위

2005년 1월에 일반공개된 한일회담자료

다운로드 받을 수 있도록 '과잉 서비스' 하는 데에는 격세지감을 느끼지 않을 수 없다. 이렇게 되면 굳이 시간을 들여 외교안보연구원 자료실을 찾아가 마이크로필름을 조사하면서 돈을 내고 프린트를 하지 않아도 되기 때문이다. 기왕에 일반 공개되어 온 외교문서를 비롯한 정부기록문서들도 필요로 하는 사람들에게 이렇게 쉽게 제공될 수 있었으면 좋겠다는 생각이 든다. 아무튼 마음만 먹으면 쉽게 외교문서를 입수할 수 있게 된 마당에, 이제는 적어도 한일수교회담에 관한 연구에 있어서 자료가 없어 조사가 힘들다는 변명은 통하지 않게 됐다.

이번 문서 공개를 계기로 50년대와 60년대의 한일관계 그리고 한국정부의 대일외교에 관하여 재평가하는 작업이 활발해질 전망이다. 특히 박정희 정부의 외교성과에 대한 재평가가 촉진될 것으로 보인다. 일반적으로 대일수교외교가 '굴욕외교' 였다는 평가를 많이 받고 있는 가운데, 식민지 역사인식 문제에서 완강하게 버티는 일본을 상대로 한국정부가 독도문제, 청구권문제, 문화재반환문제, 재일교포법적지위문제 등에서 집요하게 협상에 임했다고 하는 긍정적인 평가가 나오고 있다. 이번 문서공개 과정에 관여한 민관 전문가들도 이구동성으로 외교문서를 통하여 한국정부의 외교적 노력을 재확인했다고 소감을 발표하여 재평가의 필요성을 제기했다고 한다.

하지만 한국정부가 협상과정에서 역사인식문제를 관철하지 못하고 청구권자금 무상 3억불에 수교타결을 서두른 점은 이번 공개된 문서에서도 확인되고 있다. 대일수교가 갖는 이중성, 즉 '비역사성' 과 '생산성' 은 앞으로 회담 자료의 세세한 분석을 통해 더욱 더 규명되어야 한다. 또한 규명 작업이 원활하게 이루어지기 위해서는 일본측에서도 마찬가지로 회담

자료가 공개되어야 한다. 한국의 움직임에 영향을 받아 일본에서도 회담자료의 일반 공개를 요구하는 단체가 2005년 12월에 조직되었으며, 2006년 봄부터 대정부 활동을 전개하겠다는 입장을 밝혔다.

　한일수교 문서공개는 어떤 파급효과를 가져올 것인가. 첫째는 현실적으로 일제하에서 강제동원된 피해자에 대한 보상문제에 가장 큰 영향을 끼칠 것이다. 본래 수교문서가 공개되기 시작한 것은 기본적으로 30년 경과한 외교문서를 공개하는 규칙에 따른 것이지만, 2004년 2월에 관련 피해자들의 소송에 의해 법원이 문서를 공개하도록 판결을 내린 것이 결정적인 계기가 되었다. 그리고 문서를 공개한 결과 피해자들의 주장대로 이 문제에 대해서 한국정부가 부담을 지지 않을 수 없게 되었다. 한국정부가 수교협상과정에서 국민들의 개인청구권 보상을 책임지겠다고 하며 일본 측에 자금을 요구한 것이 자료를 통해 확인되었기 때문이다. 따라서 한국정부는 문서를 전면공개하면서 2005년 안에 관련 특별법 제정 등을 통해 강제동원 피해자들을 위한 방침을 검토하여 마련하겠다는 입장을 함께 밝힌 바 있다. 결국에는 구체적인 검토 작업에서 방향을 정하지 못하고 2005년을 넘기게 되었다. 그러나 앞으로 보상을 할 것인가 안 할 것인가, 보상을 하게 되면 그 대상과 내용을 어떻게 할 것인가에 관하여, 정부는 명확한 입장을 밝히지 않을 수가 없다. 그 과정에서 관련 피해자 단체와의 사이에 적지 않은 논란이 발생할 것으로 예상된다.

　둘째는 일제시기 피해자 보상과 관련하여 대일외교관계에도 적지 않은 영향을 끼칠 것이다. 이제까지 한국정부는 일본과의 외교적 관계를 중시하여 개인청구권 문제에 관한 입장을 유보해 왔다. 그러나 회담자료의 공개시점에서 한국정부는 일본군 위안부 등 일제의 공권력이 관여한 반(反)

인도적 불법행위에 대해 일본정부의 법적 책임이 남아있다고 하는 입장을 분명히 했다. 또한 사할린동포나 원폭피해자 문제 등이 청구권 협상 당시에 논의대상에 포함되지 않았던 문제점을 분명히 했다. 다만 청구권협정에 기재된 포괄적인 문구에 따라 이러한 개별적인 문제로 한국정부가 일본정부에 대해 추가보상을 요구하지는 않겠다고 했다. 이 점은 청구권 협상과정에서 한국측이 분명히 미숙함을 보인 부분이다. 아무튼 개인청구권 피해자 보상문제에 관하여 한국정부는 현실적 재정적인 부담을 안게 되어 앞으로 국내적으로도 논란이 예상되며 일본정부에 대해서는 도의적인 책임을 추궁해 갈 것으로 보여서 한일간 외교적 갈등이 심화될 소지가 크다.

셋째는 앞으로 전개될 북일 수교협상에도 영향을 끼칠 것으로 보인다. 일본정부는 이러한 점에 유의하여 수교회담문서의 공개를 신중히 해왔다. 일본의 북한에 대한 협상력에서 자칫 불리하게 작용할 수 있다는 판단에서였다. 이제 한일수교협상 관련문서가 공개된 이상, 북한 당국이 이러한 문서를 참고로 하여 한국측이 보인 미숙함을 교훈으로 삼고 일본측에 대한 협상전략을 모색할 것으로 예상된다. 특히 북한과 일본의 기본관계를 설정하는 과정과, 청구권자금의 성격과 규모를 합의하는 과정에서, 전면적으로 공개된 한일회담 자료는 북한이 일본정부의 대응을 예측하고 대비하는데 중요한 자료가 될 것이다.

마지막으로 공개문서가 갖는 한계를 지적하고 싶다. 외교협상에 관련한 문서는 기본적으로 협상당사자의 양해 아래 기록된다. 협상 과정에서 일방 혹은 쌍방이 지나치게 불리하거나 심각한 파급효과가 예상될 경우에는 기록을 하지 않거나 기록에서 삭제하도록 요구하는 일이 허다하다. 또한 영토문제와 같이 대중들이 이목이 집중되는 사안의 경우에는 중대한 대목에서 기록을 누락시킴으로서 협상 당사자를 상호 보호하기도 한다. 따라서 공개된 문서가 모든 협상과정을 적나라하게 밝혀줄 것으로 기대하는 것은 과욕이라고 할 수 있다.

또한 외교문서가 협상당사자의 사고방식까지 정확하게 전달하기 어렵기 때문에 기록된 문안에 관하여 서로 다른 해석이 나올 수 있다. 이러한 한계로 인하여 앞으로 외교문서의 일부분에 관한 해석을 둘러싸고 한국과 일본정부가 서로 다른 의견을 제시할 가능성도 없지 않다. 전면 공개된 자료들이 사실을 규명하여 후세에 교훈으로 삼는데 사용되기를 바라며 소모적으로 단기적인 국내정치의 쟁점으로 사용된다든지 외교적인 시비 거리로 사용되는 일이 없기를 바란다.

_8_
제5 - 6차 한일수교회담 회의록을 읽고

필자는 한일수교 회담자료가 일반에 공개되기 직전인 2004년 12월에 한일회담 회의록 가운데 제5차 및 제6차 회담 회의록을 자료를 검토하여 YTN TV 인터뷰를 통해 발표한 일이 있다. 이 자료는 한일회담 연구자들이 공공연하게 회람하고 있는 자료로서 자료가 일반에 공개되기 이전에도 이미 사실상 공개된 자료였다고 말할 수 있다. 필자가 검토한 자료는 동경대학 도서관에 소장된 자료로서 다음과 같은 내용을 담고 있다. 제5-6차 한일회담 자료에서는 청구권 협상과 관련하여 다음과 같은 중요한 사항을 발견할 수 있다.

첫째는, 민주당 정부가 일반청구권 소위 1차 회의 [60.11.10]에서 일본에 대해 이승만 정부가 요구해 오던 기존의 8개 항목 이외에 '전쟁으로 인한 피징용자 피해' 에 대한 보상을 추가하여 요구했다는 점이다.

둘째는, 민주당 정부가 5차 회담 일반청구권 소위 12차 회의 [61.4.28] 에서 일본에 대해 보상 대상의 한국인 범위로 '모든 국가에 있는 한국인' 으로, 그리고 '생존자, 부상자, 사망자' 로 할 것을 제시했다는 점이다.

셋째는, 민주당 정부가 일반청구권 소위 12차 회의와 13차 회의 [61.5.10]에서 수차례에 걸쳐 '일본을 대신하여 청구권을 해결하겠다' 고 하며, 한국 정부가 피해자에게 보상금을 지불하겠다는 방침을 주장했다.

넷째는, 혁명정부가 6차 회담 일반청구권 소위 7차 회의 [61.12.15]에 서 피징용자의 숫자와 함께 이에 따른 보상 금액을 분명하게 제시했다는 점이다. 이때 한국측은 한국인 피징용자 수로 총 1,032,684명을 제시했으 며 이 가운데 노무자가 667,684명, 군인 군속이 365,000명을 차지한다고 했다. 이 가운데 부상자 1인당 2,000불의 보상금액으로 총 5천만불의 보 상액을 요구했으며, 사망자에 대해서는 1인당 1,650불의 보상금액으로 총 1억 2,800만불을, 생존자에 대해서는 1인당 200불의 보상금액으로 총 1억 8,600만불을 요구했다. 이렇게 하여 한국측은 합계 3억 6,400만불을 일 본측에 요구했다.

다섯째는, 혁명정부가 일반청구권 소위 8차 회의 [61.12.21]부터 일본 측에 대해 '한국인 피해자 개인의 청구권 여지를 남겨두자' 라고 요구한 데 대해, 일본측은 '완전 해결된 것으로 하자' 라고 요구했다는 점이다.

여섯째는, 혁명정부가 2차 정치회의 예비절충회의 1차 회의 [62.8.21] 부터 수차례에 걸쳐 '청구권' 용어의 사용을 주장했으나 일본측은 완강하 게 이를 거부하고 '무상 지불' 이라는 용어를 사용하자고 주장했다는 점이

1965년 6월 한일조약 체결　　　　　　　　　1965년 12월 한일조약 비준서 교환

다. 결국 16차 [62.11.26] 회의 단계에 이르러 협정문안을 조정하는 과정에서 한국측이 "한일양국의 청구권 문제가 완전히 그리고 최종적으로 해결되었음을 확인한다"라고 규정하자는 의견을 제시함으로써, 명목으로서의 '청구권' 용어를 얻는 대신에 실질적으로 '최종 해결'이라는 양보를 택했다.

　종합하면, 5차 6차 회담 회의록을 통해 피징용자 보상과 관련하여 한국의 민주당 정부와 군사정부가 어떤 정책으로 일본과의 협상에 임했는지 잘 알려주고 있다. 회의록을 통하여 한국의 민주당 정부가 피징용자 피해자에 대한 보상 문제를 회담의 의제로 거론하고 그 범위를 구체화했을 뿐 아니라 한국정부가 대신하여 개별적 보상을 하겠다는 해결방침을 내놓았으며, 군사정부가 청구권 자금의 금액과 협정서 문안을 확정하는 과정에서 정부 해결 방식으로서의 '청구권' 문구를 고수하면서 일본정부로부터 무상 3억 달러의 자금을 받게 된 것을 확인할 수 있다.

9

청구권협정 체결 과정

일본은 1951년 9월에 연합국과 강화조약을 체결함으로써 국제적으로 전후 복귀를 인정받게 되었다. 소위 샌프란시스코 조약으로 불리는 이 조약의 체결과정에서 한국은 의도와는 달리 미국과 일본에 의해 배제되었으며 다만 이 조약의 규정에 기초하여 일본과 개별적으로 국교수립 및 전후 청산에 관한 교섭을 추진하게 되었다. 한일 양국은 1951년에 예비회담을 시작했으나 식민지 지배 역사에 관한 인식차이로 인하여 난항을 거듭하다가 14년만에야 결착을 보게 되었다.

민간청구권에 국한하여 보면 양국은 본회담에서 샌프란시스코 강화조약 제4조(A) "일본에 있어서의 한국정부 및 주민의 재산 및 일본과 일본국민에 대한 청구권(채권포함)의 처리는 한국과 일본간의 특별협정에 의하여 결정한다"는 규정에 따라 청구권협정을 위한 교섭을 추진했다. 양국이 청구권협정의 내용에 관하여 구체적인 협상에 들어간 것은 한국에 제2공화국이 들어서고 1960년 10월에 5차 회담(예비회담)을 가지면서부터이다. 양국은 기존에 한국측이 내세운 8개 항목의 틀에 맞추어 일반청구권 소위원회에서 실질적인 협상에 들어갔다.

청구권에 관한 8개 항목은 다음과 같다. (1) 조선은행을 통하여 반출된 지금(地金)과 지은(地銀)의 반환, (2) 1945년 8월9일 현재 일본정부의 대조선총독부 채무의 변제, (3) 1945년 8월 9일 이후 한국으로부터 이체 또는 송금된 돈의 반환, (4) 1945년 8월 9일 현재 한국에 본사 또는 주사무소를 둔 법인의 재일재산의 반환, (5) 한국법인 또는 한국인 자연인의 일본국 또는 일본 국민에 대한 일본 국채 공채 일본은행권, 피징용 한인의 미수금 보상금 및 기타 청구권의 변제, (6) 한국법인 또는 한국 자연인 소유의 일본법인 주식 또는 기타 증권에 대한 법적인 인정, (7) 앞의 여러 재산 또는 청구권에서 행한 여러 과실의 반환, (8) 앞 사항의 반환 및 결재를 협정 성립 후 즉시 개시하여 늦어도 6개월 이내에 종료할 것.

특기할 일은 1961년 5월 10일에 열린 일반청구권 소위원회 제13차 회의에서 피징용 한인의 미수금 문제가 거론되었으며, 이때 한국측이 한국

① 청구권협정의 무효를
　주장하는 피해자들

② 1965년 2월 대일굴욕외교를
　반대하는 야당의원들

인 피해자에 대해 어떻게 보상해야 하는가에 관한 기본자세를 표명했다는 점이다. 한국측은 보상 대상으로서 생존자, 부상자, 사망자, 행방불명자 그리고 군인군속을 포함한 피징용자 전반으로 범위를 확대했으며, "피징 용자의 정신적 육체적 고통에 대한 보상을 의미한다"고 했다. 또한 "피해 자 개인에 대한 일본정부의 보상을 말하는가" 라는 질문에 대해서 한국측 은 "국가로서 청구하며 개인 보상에 대해서는 한국 국내에서 조치하겠다" 고 했다. 다만 "개별적이고 구체적인 피해 보상을 위한 자료가 있는가" 하 는 일본측 질문에 대해서는 피해자 명부와 같은 구체적인 자료는 없으나 쌍방이 관련 자료를 제시하고 상호 대조하기로 의견을 모았다.

이렇듯 8개 항목 가운데 5개 항목에 관한 논의가 진행되는 가운데, 한 국에서 5.16 군사혁명이 발발했으며 이에 따라 5차 회담은 중단되었다. 군 사정부는 경제개발 자금의 재원 확보를 위해 한일회담의 조기타결에 대한 의욕을 가지고 있었으며 일본정부도 한국과의 수교가 정치경제적으로 필 요하며 이를 위해서는 청구권협정을 정치적으로 타결해야 할 필요성을 인 식하게 되었다. 물밑 접촉을 거쳐 1961년 10월에 6차 회담을 열기 시작했 으며 협상 방식으로는 지난 5차 회담에서의 협상 내용을 계승하는 형태를 취했다.

일반청구권 소위원회는 10월 26일에 제1차 회의를 열었으며 마라톤 회 의를 거쳐 이듬해 3월 6일에 제11차 회의를 열었다. 이와 함께 제10차와 제11차 회의 사이에는 일반청구권 소위원회 피징용 관계 전문위원회를 4 차에 걸쳐 개최할 정도로 양국은 청구권협정 타결을 위한 적극적인 자세 를 보였다. 특기할 일은 소위원회 제7차 회의(1961년 12월 15일)에서 한국 측이 피징용 한인에 대한 보상액을 제시했다는 점이다. 김윤근 수석위원은 태평양전쟁 전후를 통하여 일본에 강제 징용된 한국인 노무자가 667,684명, 군인과 군속이 365,000명으로 총 1,032,684명이라고 했으며, 그 가운데 노무자 19,603명과 군인 군속 83,000명 도합 102,603명이 부상 또는 사망했다고 말했다. 이어 이상덕 위원이 구체적인 보상액을 청구했는데, 그는 생존자에 대해 1인당 200달러로 총 1억 6천 6백만여 달러를 , 사망자에 대해 1인당 1,650달러로 총 1억 2천 8백만 달러를, 부상자 1인당 2,000달러로 총 5천만 달러를 제시했다.

그러나 한일 양측이 원론적으로 협정 타결에 적극적인 자세를 보였음에도 불구하고 각론에 있어서는 청구권의 유무에 관한 의견과 개별적인 청구권 금액에 관한 의견에서 서로 다른 입장을 보였다. 2005년 1월에 외교통상부가 공개한 「제6차 한일회담 청구권 관계자료」에는 6차 회담에서 드러난 한일양국의 의견차이가 상세하게 정리되어 있다.

한일양측은 공통적으로 개별적인 청구권 금액 산정을 통한 문제 해결이 어렵다는 것을 인식하고, 1962년 3월에 개최한 외상회담을 계기로 청구권 문제를 정치적으로 해결하기 위한 교섭에 들어갔다. 한일 양측이 청구권 금액의 총액을 제시하고 조율하는 형태를 취하게 된 것이다. 이로써 이전의 개별 피해자에 대한 보상의 의미가 청구권 협상에서 퇴색해진 대신, 청구권 자금의 성격은 포괄적이고 정치적인 의미를 갖게 되었다.

한일외상회담은 3월 12일부터 17일까지 5차례에 걸쳐 열렸으며 이때 한국의 최덕신 장관은 7억 달러를 제시했으며 이에 대해 일본의 고사카(小坂善太郎) 외상은 7천만 달러를 제시했다. 일본측은 외무성과는 달리 대장성이 기껏해야 1천 5백만 달러를 지불할 수 있다고 주장한다고 하는 의견을 방패로 삼고 한국측이 제시하는 금액이 지나치다고 응수했다. 이에 한국측은 10 : 1 이라는 차이를 극복하기 위한 방편으로, 청구권 액수가 적으면 무상공여를 첨가하여 양측의 차이를 축소시켜가자고 제의했다.

외상회담 이후 한국은 주일대표부 대사를 대표로 하는 정치회담 예비절충회의를 통하여 일본측과 청구권 금액의 절충을 시도했다. 그 해 10월 21일과 11월 12일 두 차례에 걸쳐 김종필과 오히라(大平正芳)가 회담을 갖고 무상 3억 달러, 유상 2억 달러에 합의한 것은 예비절충회의 사이에 이루어진 일이다. 일본측은 예비절충회의 첫 번째 회의(1962년 8월 23일)부터 청구권 금액을 늘리려면 보상의 성격을 가진 청구권 용어 대신에 경제협력이라는 용어를 사용하자는 의견을 제시했으며, 또한 무상 공여를 받은 것으로 청구권이 해결되었다고 한국국민을 설득해 달라고 요구했다. 이에 대해 한국측은 청구권의 명목 사용에서 절대 물러설 수 없다는 것을 누누이 강조했으며, 결과적으로 청구권의 명목을 고수하는 대신에 청구권협정 조문에 "한일 양국간 청구권 문제가 완전히 그리고 최종적으로 해결되었음을 확인한다"라고 규정할 것을 역으로 제안했다.

결과적으로 양국은 '경제협력'과 '청구권'이라는 용어를 병기하여 자금의 성격을 규정하는 한편, '완전히 그리고 최종적으로 해결'이라는 문구를 넣는데 합의함으로써 청구권 협정의 기본틀은 6차 회담에서 거의 합의를 본 셈이다. 1964년 11월에 양국의 기본관계 규정을 논의하기 위해 7차 회담이 열리고 이듬해 2월의 외상회담에서 기본조약문안에 대해서도 합의를 보았다. 이렇게 하여 양국은 1965년 3월에 기본조약과 청구권협정 등 4개 부속 협정에 가조인했고 그해 6월 22일에 정식 조인했다.

_10_
대일청구권 신고 70년대와 오늘날

2004년 3월에 제정되고 9월에 발효된 「일제강점하 강제동원피해 진상규명 등에 관한 특별법」에 따라 2005년 2월부터 관련 위원회가 피해신고를 접수하고 있다. 현재 서울에 위치한 위원회 중앙부서에서는 물론 각 지방 행정단위에 설치되어 있는 관련 실무위원회에서도 피해신고 접수와 함께 잠정적으로 피해자 여부를 판단하는 작업을 진행하고 있다. 위원회가 지속적으로 공개하고 있는 피해신고 통계를 통해 제1차 신고 접수 현황을 살펴보면, 2월부터 6월까지 5개월 동안 총 203,055건이 접수되었으며, 강제동원 유형별로는 군인 34,899건, 군속 23,357건, 위안부 311건, 노무자 등 144,488건으로 되어 있다.

과거 70년대에도 한국정부가 대일민간청구권에 관한 신고를 접수한 일이 있다. 그것은 한국정부가 국교정상화 교섭 결과로 일본정부로부터 과거 식민통치 아래에서 한국민의 정신적 물질적 피해를 이유로 청구권 자금을 받았기 때문이다. 정부는 1971년 1월에 대일민간청구권 신고에 관한 법률을 마련하고 그해 5월 21일부터 72년 3월 20일까지 10개월간 신고 접수를 받았으며 그 결과 재산관계 131,033건, 인명관계 11,787건으로 총 142,820건이 접수되었다. 여기서는 70년대의 보상에 관한 필자의 연구논문을 토대로 하여 대일민간청구권 신고에 있어서 70년대와 오늘날 어떠한

일본정부에게 전후보상을 요구하는
일본의 시민단체

공통점과 어떠한 상이점이 있는지를 간략하게 논하고자 한다. 『한일민족문제연구』8호 (2005. 6)

첫째, 신고의 배경과 목적에서 보이는 공통점과 상이점이다. 신고의 배경에는 공통적으로 일제통치에 의한 피해자들이 한국정부에 대해 민간청구권을 주장하는 사회적 움직임이 있었다. 다만 70년대에는 한국정부의 인식으로서 한국 국민 피해자가 일본정부에 대해 개별적인 청구권을 갖지 않는다고 보았으나, 오늘날에는 "사안에 따라 개별적인 청구권을 가질 수도 있다"는 애매한 입장을 보이고 있다. 따라서 신고의 목적이 다르게 나타난다.

한국정부는 70년대에 신고의 배경으로, "한일협정에 규정된 바와 같이 한국정부가 일본국에 대하여 모든 피해를 일괄 보상 청구함에 따라 한국민이 1945년 이전 일본정부 및 일본인에 대하여 가지고 있던 개별적 청구권은 소멸되었기" 때문이라고 했으며, 신고의 목적으로는, "대일민간청구권의 정확한 증거와 자료를 수집함으로써 보상대상을 파악하고 보상의 범위를 결정하기 위한 사전 조치로 대일민간청구권의 적절한 보상을 위한 기초를 마련코자 함"이라고 했다. 재무부, 『대일민간청구권보상 종결보고서』 (1978. 5)

이에 비하여 오늘날 많은 피해자들이 피해보상에 관하여 문의를 하고 있는 가운데 위원회는 홈페이지 등을 통하여 "이번 피해접수는 피해에 대한 진상을 규명하려는 것이지 피해보상을 하기 위한 것이 아님"을 강조하여 공지하고 있다. 특별법 제1조에서도 신고의 목적은 어디까지니 "피해의 진상을 규명하여 역사의 진실을 밝히는 것"이라고 하여 현실적인 보상과는 무관하다는 것을 분명히 하고 있다.

둘째, 신고대상에서 보이는 공통점과 상이점이다. 공통적으로 신고대상을 일제에 의한 피해자, 특히 강제동원에 의한 피해자를 상정했다는 점이다. 그러나 피해자의 내용에 있어서는 현격하게 다르다. 피해자 단체 등 사회적인 요구에 따라 70년대에는 주된 신고대상자가 재산권 피해자들이었지만 오늘날에는 강제동원으로 인한 인적 피해자들만을 신고대상으로 하고 있다. 또한 70년대에는 인적 피해자 가운데 사망자만을 대상으로 했으며 신고권자로서는 피해자(사망자)의 처, 자녀, 부모, 성년남자인 직계비속이 없게 된 조부모로 한정시켰다. 인명피해자 신고접수 결과 총 11,787건이 접수되었으며 이 가운데 2,877건이 각하되고 8,910건이 최종 수리되었다. 실제로 보상금 지급받은 것은 8,552건이다. 이에 비하여 오늘날에는 사망자 뿐 아니라 부상자나 생존자를 모두 대상으로 하고 있으며 신고권자로서도 피해자 또는 피해자와 친족관계에 있는 자, 나아가서는 피해사실에 관하여 알고 있는 자에게까지 그 범위를 확대하고 있다.

셋째, 신고절차에서 보이는 공통점과 상이점이다. 신고기간에 있어서 70년대에는 10개월에 걸쳐서 접수했으며 오늘날에는 최소한 2년 동안 접수를 받으며 필요한 경우에 3년까지 기간을 연장하여 접수하게 된다. 어떻든 간에 한시적으로 신고를 접수하는 점에서는 공통점을 가지고 있다. 접수기관에 있어서 70년대에는 서울의 대일민간청구권신고 관리사무국과 전국의 30여개 지방세무서에서 접수를 받았다. 오늘날에는 서울의 위원회 중앙조직과 전국 16개 행정단위에 설치된 실무위원회에서 신고 접수를 받고 있다.

_11_
우리 스스로 청산해야 할 일제 잔재

우리가 일본의 식민지로부터 해방되면서 우리 스스로의 힘에 의하기보다는 외부 강대국의 힘에 의존했던 것이 신생 한국에게 있어서 자주적인 식민지 청산을 어렵게 했다. 이와 같은 한계를 안고 일본과 국교를 수립하면서 일본 정부에 대해서도 철저한 역사반성을 요구하지 못했다. 그러나 올바른 역사인식을 바탕으로 하여 한일관계를 재정립하기 위해서는 일본에 대해 식민지 지배 반성을 촉구함과 함께 우리 안에 잔존하는 부정적인 식민지 잔재를 스스로 없애나가는 노력이 필요하다.

먼저 정치권에서 친일파 잔재에 앞장서야 한다. 이는 정권 차원에서 다룰 문제가 아니며 국가적으로 역사적 차원에서 다루어야 할 문제다. 과거 식민지 시기 친일 세력이 자신의 행위에 대한 반성보다는 정당화에 앞서고 비민주적으로 권력을 행사했던 진상을 규명해야 하며 만에 하나라도

정치권이 과거 친일적 행위에 대해 옹호 혹은 비호하거나 간과해서는 안
된다. 과거의 정부가 정권 유지를 위해 역사반성의 절차를 거치지 않은 채
친일파 관리를 그대로 존속시켰던 우를 이제는 범해서는 안 된다. 2005년
3월 1일의 대통령 삼일절 기념사와 3월 17일의 NSC 새로운 한일관계 독
트린에서 밝힌 바와 같이 과거사 문제에 대하여 철저한 진실규명, 진정한
사과와 반성, 그리고 용서와 화해라는 방식은 친일파 잔재 청산 문제에도
그대로 적용되어야 한다.

이와 함께 식민지 지배로 인한 피해자를 방치해 온 정책담당자들의 무
책임한 자세를 청산해야 한다. 일본과의 수교과정에서 이 문제를 명목으
로 하여 청구권 자금을 받았음에도 불구하고 우리 정부가 피해자들을 찾
아내어 보상하려는 적극적인 움직임을 보이지 않은 것은 일종의 직무유기
였다. 참여 정부에 들어서서 어렵사리 관련 조직이 만들어지기는 했지만
이들에 대한 행정적 배려와 예산 지원이 열악하여 규명작업에 어려움을
겪고 있다고 한다. 이에 대한 적극적인 지원이 필요하다고 보며 지속적이
고 꾸준한 진상규명 추진과 함께 피해자에 대한 적절한 보상이 이뤄져야
한다. 도의적으로 우리 정부가 적극적으로 나서서 피해 관계자들과 화해

친일파 진상규명을 요구하는 의원들과 시민단체

친일파 재산몰수를 요구하는 시민단체

를 모색하지 않고, 어떻게 일본 정부에 대해 도의적인 역사 반성과 피해 보상을 요구할 수 있겠는가.

또한 국내 사회적으로 남아있는 일본에 대한 패배의식을 청산해야 한다. 우리 사회에는 일부 몰지각한 인사 가운데 일본의 식민지 지배가 정당했다고 하는 자가 있는가 하면 공식적인 자리에서는 일본을 욕하고 뒤돌아서서는 일본에 아첨하는 비굴한 모습을 보이는 사람들이 있다. 이것은 일본에 대한 패배의식을 극명하게 나타내는 것으로 우리의 이미지를 스스로 폄하시키는 일이 되고 있다.

일본이나 일본국민에 대해 대등한 파트너로서 선의의 경쟁의식을 가져야 한다. 상대 국가나 국민의 강점과 좋은 점이 보이면 이를 적극 받아들여 우리의 것으로 만들어가는 창의성이 필요하다. 무분별하게 배타적이거나 단선적으로 감정을 내세우는 일도 결국 우리의 경쟁력을 약화시키게 된다. 일본을 알아야 일본을 극복할 수 있다. 전문가들은 각자의 분야에서 일본으로부터 경계해야 할 것과 학습해야 할 것을 끊임없이 찾아내어 우리 사회에 널리 알려야 한다. 일본인들과의 인적 교류와 정보 교환을 활발히 하여 그들의 사고방식을 이해할 때, 우리의 주장을 그들에게 설득시키고 이해시킬 수 있는 것이다.

III

우경화 하는 일본

_1_
일본 사회의 우경화가 문제다

　최근 한국과 일본 사이에 외교적인 대립 상황이 심각해지고 있다. 독도 문제나 역사교과서 문제가 가까운 시일 내에 우리의 희망대로 풀리기를 기대하기 어렵다. 일본의 외무성과 교육과학성은 우리 국민감정을 이해하려고 하지 않는 듯이 보인다. 뿐만 아니라 적극적인 외교 교섭을 통해 타협점을 찾으려는 시도 역시 찾기 어렵다. 이처럼 일본 정부가 주변국의 민감한 반응을 무시하는 듯한 모습을 보이고 있는 데에는 그 배경에 일본 사회의 우경화라고 하는 걷잡을 수 없는 큰 흐름이 존재하고 있기 때문이다.

　2005년 초 필자는 일본인 교수 한 분과 일제 시기 강제동원 피해자에 대해 어떻게 보상하는 것이 바람직한가 하는 문제를 놓고 대화를 나눈 적이 있다. 나는 우리 국민의 정서상 어떤 형태로든 일본 정부가 보상을 명목으로 참여해야 한다고 주장했다. 종군위안부 문제를 둘러싸고 지난 90

년대에 일본 정부가 나서지 않은 민간 모금에 의한 기금을 우리 피해자들이 극구 거부한 사례가 있기 때문이다. 일본인 교수는 이에 대해 일언지하에 일본 정부가 보상에 참여할 것이라는 기대를 하지 말라고 충고했다. 게다가 지금의 일본 사회 분위기로서는 민간 기금조차도 조성하기 어려울 것이라고 덧붙였다. 그는 10년 전에 우여곡절 끝에 '아시아여성기금' 이 만들어진 사회적 분위기를 이제는 그립기까지 하다고 술회했다.

일본 사회가 우경화하는 가장 근본적인 이유로는 경기침체를 들 수 있다. 90년대부터 시작된 버블경제의 붕괴와 함께 계속해서 이어지는 5%대에 달하는 완전실업률은 일본 대중들을 불안하게 하고 있다. 이렇듯 경제사회학적 요인에서 볼 때 유럽 사회에 확산되고 있는 보수화 움직임과 비슷한 요인을 갖고 있다. 그런데 파생된 결과나 현상에서 보면 일본 사회의 움직임에서는 과거로의 회귀라고 하는 특징이 뚜렷하다. 다시 말하면 전후 일본을 경제대국으로 이끌어온 '경제 제일주의' 라고 하는 신(神)을 상실하면서, 이에 따른 불안을 전쟁 전에 신봉했던 신을 되찾아 해소하려고 하는 반동적인 움직임을 보이고 있는 것이다.

또한 일본의 우경화는 유럽의 보수화 움직임과 근본적으로 다른 점이 있다. 그것은 일본 정부가 과거 식민지 지배와 침략전쟁에 대한 청산의 노력을 하고 있지 않은 가운데 나타나고 있는 사회적인 현상이라는 점이다. 나아가 이러한 사회적인 분위기는 고이즈미 수상이나 이시하라 도쿄도 지사와 같이 대중들의 인기에 영합하는 저열한 정치 풍토를 키우고 있으며 신세대 정치가들에게 과거사 문제에 대해 둔감하도록 하고 있다. 사태가 이렇게 발전한 데에는 일본의 양심적인 시민단체와 진보적인 지식인들에게도 일말의 책임이 있다고 본다.

일본의 초중고 졸업식에서 보이는 일장기

기미가요를 제창하는 졸업식 풍경

그럼 일본의 우경화 경향에 대해 우리는 어떠한 태도를 취해야 하는가. 먼저 일본 정부의 고위층이 내보이는 반역사적인 언행에 대해 구조적인 문제로 간주하고 접근해야 한다. 단순한 개인 차원의 정치적인 책동으로 보아서는 안 된다. 일본 정치가들은 그 사회를 대변하고 있어서 우리의 의도나 기대와는 달리 쉽게 과거사 문제에 대해 전향적으로 자세를 바꾸기가 어렵다. 따라서 아쉽지만 우리의 기대치를 낮추기 않고서는 일본과의 외교적인 타협점을 찾기가 쉽지 않다. 일단은 이와 같은 상황을 현실로 받아들여야 한다.

이와 동시에 일본과의 적극적인 교류를 통해 과거사 문제에 대한 다각적이고 끊임없는 문제제기와 설득을 시도해야 한다. 우리와 견해를 달리하는 상대와 상종하지 않겠다는 소극적이고 회피적인 자세는 문제 해결에 결코 도움이 되지 않는다. 뿐만 아니라 도리어 우리의 경쟁력을 약화시키고 나아가 국제사회에서 우리의 입지를 약화시킬 뿐이다.

정부는 공식적 비공식적인 채널을 모두 동원하여 다양하고 적극적인

교섭을 펼쳐나가야 한다. 그리고 시민단체들도 일본의 양식 있는 사회단
체와 연대하여 다양한 방법으로 일본 국민들에게 우리 입장을 전달해 가
야 한다. 궁극적으로 민간교류가 활발해져야 우리의 정당한 주장과 사고
가 일본 사회를 움직일 수 있지 않을까.

_2_
자위대 이라크 파견 동의안 일본 중의원 통과

2004년 1월 30일 저녁 일본 중의원 이라크부흥지원 특위에서 자민당이 계속해 오던 심의를 중단하고 자민당과 공명당에 의한 여당 단독의 자위대 파병동의안을 강행 처리했다. 이어 자민당은 여당만의 본회의를 열어 이튿날 새벽에 동의안을 통과시켰다. 이날 야당 민주당 대표(菅直人)는 기자회견을 통해 "국민에 대한 설명보다는 수상도 참여하는 2월 1일의 육상자위대 파견식 행사일정을 우선하여 강행 처리한 것"이라며 단독 처리를 강도 높게 비판했다. 특위 통과 후 야당 3당은 한 목소리로 동의안을 특위에서 다시 심의하자고 요청했으나 자민당은 이에 응하지 않았으며, 본회의에 긴급 상정하여 이를 처리하게 했다. 이처럼 일본 국민을 대표하는 국회가 전투 병력의 해외파견이라고 하는 역사적 안건을 여당 단독으로 처리함으로써 전후 일본의 정치사에 하나의 오점을 남기게 되었다.

자위대의 이라크 파병문제는 크게 두 가지 점에서 논란의 대상이 되고 있다. 첫째는, 파병에 명분이 있는가 하는 문제이다. 미국이 이라크와 전쟁을 개시하면서 가장 중요한 이유로서 '대량살상무기' 보유를 들었기 때문에 일본정부도 미국의 이라크 전쟁에 협력하게 된 이유로서 '대량살상무기' 보유를 내걸었다. 그러나 오늘날에 이르기까지 이라크에서 '대량살상무기'가 확인되지 않고 있을 뿐 아니라 심지어 미국에서 "애초부터 없었다"고 하는 주장까지 나왔다. 애초에 '대량살상무기' 존재를 장담해 오던 고이즈미 수상도 야당의 집요한 추궁에 대해 "보유하고 있는지 그렇지 않은지 단언할 수 없다"고 하며 점차 흔들리는 모습을 보였다.

여기에다가 자위대가 주둔할 이라크 사마와 지역의 치안 상황에 대한 정부측 답변에서도 오락가락 하는 모습을 보였다. 법안을 심의하는 중의원 본회의에서 수상은 사마와 지역 주민들의 의사를 반영하는 평의회가 존재하는 것을 들어 치안상태가 안정되어 있음을 강조한데 대해, 외상은 그 평의회가 해산되었다고 답변한 일이 있으며, 결국 수상도 나중에 평의회가 존재하지 않는다는 것을 시인하는 해프닝이 있었다. 이처럼 명분이 적은데다가 치안이 보장되지 않는 곳에 자위대를 파견하는 것에 대해, 일

이라크 파병을 반대하는 일본 시민단체

이라크로 떠나는 자위대 대원

본공산당과 사민당은 미국의 '침략전쟁'에 동맹 '점령군'으로서 깊숙이 개입하는 행위라고 비판하며 즉각적인 동의안 철회를 요구했으며, 민주당은 치안상황에 대한 철저한 추궁과 답변을 요구했다.

둘째는, 보다 근본적인 문제로 자위대의 이라크 파병이 일본국 헌법 제9조가 부인하고 있는 '교전권'에 해당하는가 하는 문제이다. 현행 헌법 제9조 1항은 국제분쟁을 해결하는 수단으로서 무력사용을 금지하고 있으며 2항은 육해공군과 같은 전투력을 보유하지 않을 것과 국가의 교전권을 인정하지 않을 것을 규정하고 있다. 민주당을 비롯한 야당에서는 기회가 있을 때마다 자위대를 전투 목적으로 파병하는 것이 위헌의 소지가 있다고 주장하고 있다. 이에 대해 정부측은 전투를 하러 파견되어가는 것이 아니라고 하는 궁색한 답변을 계속하고 있을 뿐이다. 이미 유엔 평화유지군으로서 자위대가 파견되어 활동해 오고 있는 바와 같이 헌법 규정을 현실에 맞게 해석하는 '해석개헌'이 지속적으로 이루어져 왔다. 마찬가지로 이번 자위대 전투 병력의 이라크 파견은 일본 안보정책의 역사적 전환점이 될 만큼, '해석개헌'으로 설명하기에는 지나치게 '교전' 가능성을 안고 있다.

또한 일본정부는 이제까지 헌법 9조가 금지하는 '교전권'의 범위에 상대국 영토를 점령하거나 점령행정을 실시하는 행위를 포함시켜 왔다. 따라서 일본정부는 자위대가 어디까지나 이라크의 전후 복구를 위한 지원부대라는 점을 강조하며 헌법조항에 위배되지 않는다고 주장하고 있다. 그러나 일본공산당과 사민당은 자위대가 실질적인 점령군인 제7연합통합임무군(CJTF7)의 지휘 아래에 들어간다는 점과 실질적으로 자위대가 미군의 통제 아래에서 활동하게 되는 점을 들어 '점령군'으로서 파병되는 것이라고 강하게 반발했다. 일본공산당 위원장(志位和夫)은 2004년 1월 22일의 중의원 대표 질문에서 "연합국잠정당국(CPA)이 일본정부에 보낸 서한에 의하면 파병될 자위대는 CPA명령 17호에 정해진 대로 대우를 받는다고 되어 있다"고 하며 점령군으로서 재판권 면제 등의 특권을 부여받는 것이 아닌가 하고 지적했다.

　이번 파병 동의안 심의과정에서 야당에서만 반론과 비판이 제기된 것은 아니다. 자민당 내부에서도 이에 반대하는 움직임이 있었다. 애초부터 '반미자주' 성향을 분명히 하며 자위대의 이라크 파병을 반대해 온 가메이(龜井靜香) 전 정조회장은 동의안 통과를 위한 본회의에 참석하지 않았다. 또한 가토(加藤紘一) 전 간사장은 "국민들 중에 반수 이상이 반대하고 있는 문제에 대해 충분한 논의가 없다"는 이유로 도중에 자리에서 일어났다. 고가(古賀誠) 전 간사장도 "전쟁의 불행과 우매함을 체험한 자신으로서는 평화가 위협받을 우려가 있는 문제에 대해 신중하기를 바란다"고 하고 기본적으로 파병에 반대하는 입장을 표명하고 회의 도중에 자리를 떴다. 이러한 당내외의 반대에도 불구하고 자민당이 1월 31일 통과를 무리하게 추진한 것은 주말을 지나서 2월 2일에 예정되어 있는 참의원 심의 일정에 들어가지 못하면 2004년도 본예산 심의에 영향을 미칠 것을 우려했기 때문이다.

　그러나 동의안에 대한 여당 단독 처리는 결과적으로 정당간의 대립 구도를 심화시키고 그 후의 의사일정을 더욱 불투명하게 했다. 더욱 중대한 것은 이런 사태가 현 여당에게 역사적 과오로서 낙인을 찍게 했다는 점이다. "자위대 파견을 강행한 자민당과 이에 들러리를 선 공명당에게 역사적 책임이 있다"고 한 민주당 대표의 표현은 전쟁 참여를 반대하는 일본 국민에게는 물론 과거 일본제국 군대의 침략을 받았던 주변국의 국민에게도 공감이 가는 표현이다.

_3_
일본의 비상사태 관련법과 한일관계

2004년 5월에는 비상사태 관련 유사법제 7개 법안이 일본의 중의원을 통과했다. 이하 유사법제의 입법화 과정과 한일관계에의 영향을 간략하게 살펴본다. 유사법제는 유사시에 있어서 국가와 국민에 관련된 법제상의 문제들을 말하는 것으로 평상시와는 다른 법적 통제를 국민에게 부과하거나 또한 보다 광범위한 권한을 국가기관에 부여하는 것을 말한다.

패전 이후 유사법제는 일본 학계에서는 터부시되어 온 영역으로서 방위청 혹은 자위대 내부에서 비공식적으로 논의되어 왔다. 1963년부터 자위대 간부들이 비밀리에 실시하기 시작한 「미츠야(三矢)연구」가 전후 최초의 움직임으로서 알려지고 있다. 이것은 북한이 재차 남한을 기습 공격함으로써 2차 한국전쟁이 발생할 경우 일본의 자위대와 일본 주둔 미군이 어떻게 공동으로 대처할 것인가, 어떻게 국가기관과 국민의 총동원태세를 확보할 것인가, 또한 이를 위한 법제 정비를 어떻게 할 것인가, 등을 다룬 것으로 알려지고 있다.

방위청은 1977년부터 유사법제에 관한 공식 논의를 시작했으며 그 논의대상으로서 자위대가 유사시에 그 임무를 유효하고 원활하게 수행하는 데 있어서 가지게 되는 법제상 문제들을 다루어 왔다. 이때 방위청은 어디까지나 유사법제를 연구의 대상으로 삼는데 그쳤고 이것을 입법화하는 데에 대해서는 고도의 정치적 판단이 요하는 것으로 국회에서의 논의 상황과 여론 동향 등을 감안하여 대응해야 하는 것으로 인식해 왔다.

그런데 90년대 말에 들어서 유사법제가 연구대상으로서의 단계를 넘어 입법화 단계에 돌입하게 된다. 아시아 태평양 지역의 안보 및 유엔 평화유지활동 등에서 광범위한 방위협력을 추진하기 위하여 1997년 미국과 '가이드라인' 협정을 체결한 것을 계기로 하여, 여당 자민당이 당내의 안전보장조사회와 국방부회 등의 조직을 통하여 유사법제의 입법화 수순의 첫 단계로서 공론화 작업을 추진하기에 이르렀다. 이렇게 하여 하시모토 내각이 유사 관련법으로서 '주변사태법안'을 국회에 제출했으며 1999년 5월에 일본국회를 통과시켰다.

2001년에 수상이 된 고이즈미는 취임직후 국회 연설을 통해 "일단 국가와 국민에게 위기가 닥쳤을 때 어떠한 체제를 갖추어야 하는지 검토를 추진하는 것은 정치의 책임"이라고 전제하고 적극적으로 입법을 추진하겠다는 자세를 밝혔다. 고이즈미 내각과 자민당은 일본사회의 전반적인 보수화 경향에 편승하여 헌법개정을 위한 논의를 활성화하고 때마침 동해 해상에서 발생한 일련의 괴선박 사건과 미국에서 발생한 '9·11테러사건'

훈련중인 해상자위대 호위함　　　　　　일본의 조기경계관제 항공기 (E-767)

을 빌미로 하여 유사법제의 입법화를 서둘렀다.

2002년 4월에 일본정부와 자민당은 '무력공격사태법' '안보회의설치법(개정)' '자위대법(개정)' 등 3개 법안을 중의원에 제출했다. 이 법안들은 장기간의 국회 논의를 거쳐 2003년 5월에 중의원을 통과했으며 6월부터 시행되기에 이르렀다. 이렇게 하여 일본이 실제로 공격을 받지 않는 상태에서도 자위대가 미군으로부터 지원을 받거나 자치단체 혹은 민간단체로부터 협력을 얻어내는 등 비상사태에 대처하는 조치를 발동할 수 있도록 하는 제도적 틀을 마련하게 되었다.

2004년에 중의원을 통과한 7개 법안은 지난 해 통과된 법률의 후속 조치로서, (1) 미군 행동 원활화 법안, (2) 자위대법 개정안, (3) 외국 군용품 등 해상수송 규제 법안, (4) 교통 통신 이용 법안, (5) 국민보호 법안 (6) 국제 인도(人道)법 위반 처벌 법안, (7) 포로 등 취급 법안이 그 내용으로 되어 있다. (1)~(4) 법안은 무력공격을 배제하기 위한 비상대처조치를 내용으로 하고 있으며 (5)~(7) 법안은 비상시 일본 국민과 포로의 권리 보호조치를 내용으로 규정하고 있다. 이번에 제출된 법안은 작년의 '무력공격사태법'에다가 '긴급대처사태'라고 하는 문구를 추가하여 군사적 대응의 범위를 더욱 확대시키고 대응 조치시기를 앞당기는 내용을 담고 있다. 특히 '긴급대처사태'의 개념으로서 '차후에 무력공격사태라고 판명될 수 있는 사태를 포함한다'라고 하여 전쟁 예측상태 뿐 아니라 테러 예측사태에 대해서까지 군사적 조치를 가능하게 하고 있다. 또한 이번 법안은 기존의 '미국과의 물품 서비스 상호제공 협정(ACSA)'을 강화하여 상호제공 대상으로 '국제공헌'을 추가함으로써 미국에 대한 일본의 이라크 지원이나 테러대책 지원도 가능하도록 했다.

반전 반핵을 주장하는 일본의 시민단체들은 유사법제 법안들이 정치권에서 논의되면서 점점 국민 권리가 제약되고 군사적 행동 범위가 확대되고 있는 상황에서 이를 국민에 대한 '폭거'라고 주장하고 이러한 '전쟁국가화' 움직임에 대해 반대하기 위한 시민운동을 전개했으며 관련 법안의 폐지를 요구했다. 일본의 국회에서는 사민당과 공산당이 미약한 세력으로나마 자민당과 공명당 민주당의 공조 움직임에 대해 '다수당의 횡포'라고 주장하며 반전 시민단체들의 목소리를 대변하고 있다. 그러나 이러한 정치권 내외의 반대에도 불구하고 '주변사태법'이나 '무력공격사태법'과 같이 유사법제 관련 법안은 차례차례 통과 수속을 밟았다.

"평화로울 때에 비상시를 대비한다"는 유사법제 찬성론자들의 주장은 나아가 헌법 개정 움직임을 가속화하는 주장이기도 하다. 이러한 일본의 비상사태 대비 움직임은 단기적으로는 북한을 자극하는 정도로 그치고 한일관계에는 큰 영향을 끼치지는 않을 것이지만 장기적으로는 주변국을 위협하고 동아시아의 군비경쟁을 유발하는 것으로서 일본의 '유비무환' 움

직임이 결과적으로 우환을 없애기보다는 우환을 만들어낼 소지가 많다고
할 수 있다.

　냉전 해소 이후 소련이라는 가상 적국이 사라진 상황에서 일본은 한반
도의 분단과 긴장상태를 이유로 하여 군사력을 증강시켜 오고 있으며 이
와 함께 유사법제를 정비하고 있다. 이와 같은 일본의 군사강국화 움직임
은 장기적으로는 한반도를 군사적으로 위협하는 대외적 요인으로 작용할
것이며 동아시아의 긴장을 완화하고 남북의 군비를 축소하는 가운데
화해분위기를 쌓아가야 하는 남북한 통일과정에도 중대한 장애물이 될
것이다.

4

'쇼와의 날' 법안 등 보수적인 입법화 움직임

    일본 여당인 자민당과 공명당은 2004년 3월에 '쇼와의 날' 제정을 위한 국경일 관련법 개정안을 공동으로 국회에 제출했다. 법안을 제출한 이유는 쇼와(昭和) 일왕의 생일이었던 4월 29일을 당시 '초록의 날'로 하여 휴일로 삼고 있는 것에 비추어, 이를 본래대로 '쇼와의 날'로 고치고 일본 국민에게 쇼와 일왕을 기리는 마음을 갖게 하자는 것이다. 이것은 「쇼와의 날 추진 국민 네트워크」와 같은 보수적 시민단체들이 지속적으로 요청해 온 것으로, 여당에서는 이러한 요청에 호응하여 과거 두 차례에 걸쳐 국회 통과를 시도한 바 있다. 두 차례 모두 중의원 혹은 참의원을 통과하기는 했지만 중의원이 해산됨에 따라 자동으로 폐안 처리된 일이 있다. 그러다가 2005년 5월 13일에 이르러 중의원 본회의에서 4월 29일을 '쇼와의 날'로 고치고 5월 4일을 '초록의 날'로 대체하는 법안을 통과시켰다.

'쇼와의 날' 제정을 요구하는 홍보 로고

'쇼와의 날' 제정에 반대하는 시위

그러나 역사인식을 둘러싸고 주변국과의 관계가 원만하지 않은 가운데 일본의 정치권이 보수적 분위기에 편승하거나 조장하는 이러한 입법화 움직임을 보이고 있는데 대해 우리는 우려하지 않을 수 없다. 예를 들어 비상사태 관련법을 정비하는가 하면 북한의 선박을 상정한 특정선박 입항금지 법안에 관하여 당리당략적 관점에서 여야당이 제각기 입법화를 추진해 왔다. 고이즈미 수상은 북한과의 정상회담에서 "북한이 평양선언을 준수하는 한 제재조치를 발동하지 않겠다"고 표명했지만 이와 함께 법제 정비와 발동을 별개의 문제로 간주하고 있다. 이처럼 북한에 대한 '대화와 압력' 정책을 둘러싸고 일본 정부와 국회가 보조를 맞추고 있는 것이다.

아사히신문 논설주간 와카미야(若宮啓文)는 2003년 7월 20일자 칼럼에서 주변국의 심기를 건드리는 이러한 일본 정치권의 보수화 경향을 비판했다. 2년이 훨씬 지난 오늘날에도 그의 비판은 주효하다. 오늘날의 시점에 맞추어 재구성하여 그의 논평 내용을 소개한다.

헤이세이(平成, 1989년~) 연호도 17년째를 넘겼으며 다이쇼(大正, 1912~25년) 연호의 기간을 훨씬 넘겼다. 지금은 "쇼와도 멀어졌다"라고 말할 수 있는데 요즘 절실하게 느껴지는 것은 오히려 "전후도 멀어졌다"고 하는 것이다. 냉전의 종결과 함께 시작된 파란에 찬 헤이세이 시대에 수많은 것들이 권위를 잃어버리거나 파탄에 빠졌다. 정치가, 관료, 외교관, 은행, 기업가 등등…

그런데 이러한 움직임과 정반대의 것이 있으니 다름 아닌 2004년에 창립 50년을 맞은 자위대다. 근래에 주변사태법으로 미일동맹의 내용이 확대되고 있는 가운데 2003년에는 유사법제까지 생겼다. 세계 각국의 유엔평화유지활동(PKO)에도 가담하여 해외 활동실적도 축적해 왔다. 여기에다가 자위대 함정이 인도양에 진출하여 테러와의 전쟁을 수행하고 있는 미군 함정 등에 급유 서비스를 실시했으며 이라크 전쟁터에 파견되어 지원활동 중이다.

구체적인 평가는 차치하고 모든 것이 군국주의의 비참한 종말로부터 출발한 '전후 일본'에서는 생각할 수도 없던 일들이다. 자위대는 이제 음지에서 활동하는 것이 아니라 완전히 양지에서 활동하는 존재가 되었다. 냉전의 무게가 걷힌 가운데 이라크와 북한과 같은 귀찮은 국가들이 자위대를 떠밀고 있는 것이 틀림없다. PKO에 참가한 것은 걸프전쟁 후에 일본에 대한 국제적 공헌 요청이 계기가 되었으며 유사법제 입법화 움직임은 북한의 위협이 있었기 때문이기는 하다.

일본 사회를 지키기 위해 예상치 않은 때 몸을 바쳐 일하게 되어 있는 자위대가 음지에서 활동해서 좋을 것은 없다. 건전한 자부심이 없이는 국방이라고 하는 업무가 미덥지 못한 것도 사실이다. 그러나 그렇다고 해서 "햇볕이 좋으면 그걸로 족하다"라고 쉽게 말할 수는 없다. 지난 전쟁 기간 일본군이 했던 것과 같이 자위대가 날뛰거나 세계 평화를 어지럽히는 일이 만일이라도 있어서는 안 되기 때문이다. 그런 의미에서도 돌출적 움직임이 눈에 띄는 초군사 대국 미국에 대해 자위대가 적극 협력하고 있는 모습이 크게 마음에 걸리며 또 하나 신경을 써야하는 일은 일본군에 대한 부정적인 기억이 아직도 남아있는 아시아 국가들의 눈일 것이다. 작금의 정치는 이런 일에 너무 신경을 쓰고 있지 않다.

과거의 역사를 둘러싼 일부 정치가들의 조잡한 발언은 논외로 치더라도 모리 수상이 '신의 나라' 라고 발언하여 놀라게 하는가 싶더니 고이즈미 수상이 야스쿠니 참배를 부활시키고 말았다. 그런 수상이 "자위대는 군대"라고 함부로 말하거나 방위청 장관이 북한에 대한 선제공격론까지 내뱉고 있다.

여기에 유사법제에 이어 '쇼와의 날' 까지 제정되었으니 이웃 나라들이 이를 섬뜩하게 여긴다고 해도 이상한 일이 아니다. 2003년 6월에 일본을 방문한 노무현 대통령이 국회연설을 통해 일본의 안보논의와 개헌논의에 대해 언급하면서 "의혹과 불안의 눈으로 지켜보고 있다"고 말한 것도 그런 기분에서였을 것이다.

이점에서 돌이켜보면 90년대에는 일본 수상들의 주변국 배려가 눈에 띄었다. 예를 들어 미야자와 정권은 처음으로 캄보디아 PKO에 자위대를 파견하면서 92년 가을에 우익들의 반대를 꺾고 일왕의 중국방문을 성사시켰다. 그것은 과거와 커다란 구별을 짓는 여행이었다. 93년 여름에 등장한 호소카와 수상은 한국에서 '창씨개명' 등의 사실을 거론하며 식민지 지배에 대해 사과했다. 한국인들의 심금을 울리는 발언으로 지금도 전해지고 있다. 무라야마 수상은 전후 50년에 해당하는 95년 8월 15일 수상담화를 발표하여 식민지 지배와 침략을 '국책의 오류' 라고 단언하고 아시아에 대한 '반성' 과 '사죄' 를 분명하게 발표함으로써 결정적으로 구분 짓기를 단행했다. 98년에 한일공동선언에 동일한 표현을 담아 김대중 대통령으로부터 '화해' 의 단어를 이끌어낸 것은 오부치 수상이었다. 자위대가 양지에서 활동하는 것과 동시에 이러한 겸허함이 하나의 짝을 이루고 있었다. 동일한 과오를 두 번 다시 범하지 않겠다는 메시지.

　실은 2002년 9월 고이즈미 수상의 북한방문에는 과거와 마지막 구별을 지으려고 하는 목적도 있었다. 그러나 그것이 좌절된 지금, 과격한 발언들이 분출하고 있는 분위기도 있어 이제까지 쌓아온 모든 것이 붕괴될 수 있는 위험이 나타나고 있다. 한국과의 관계는 2002년 월드컵 공동개최로 위험을 모면한 듯하나, 중국과의 관계에서는 야스쿠니 문제가 장애가 되어 국교수립 30주년을 맞는 2002년이나 평화우호조약체결 25주년을 맞는 2003년에도 정상들의 상호방문조차 이루어지지 않았다. 북한의 핵문제가 빼도 박도 못하는 공통과제가 되어 있는 마당에 중국과의 대화가 삐걱거리고 있는 것은 불행한 일이다.

　고이즈미 수상은 부시대통령과의 친밀함을 자랑거리로 삼고 있다. 그러나 가까운 친구는 많을수록 좋다. 하다못해 아시아에 관하여 동양의 지도자들과 마음을 합하기만 한다면 미국도 다시 보게 될 것이다. 현실적으로 아시아에 참된 친구가 없는 만큼 부시를 의존하는 데 급급한 것이 아닐까. 여기에 부시 대통령의 방식에 세계 국가들이 위태로움을 느끼고 있다고 한다면…. 역시 다양하고 폭넓은 외교가 필요한 것이 아닐까.

5
일본이 UN안보리 상임이사국이 되려면

2004년 9월 21일 고이즈미 일본 총리는 유엔총회 연설을 통해 독일 브라질 인도 등과 함께 일본의 안보리 상임이사국 진출에 관한 적극적인 의지를 공식적으로 표명했다. 이러한 일본의 움직임에 대해 국제사회에서 찬반의 의견이 나오는 가운데, 한국 외교통상부에서는 10월 14일에 반기문 장관이 기자회견을 통해 "상임이사국 확대에 대해 가맹국의 동의를 얻지 못한 단계에서 특정 국가에 대한 지지를 논하는 것은 적절치 않다" 라고 하며 신중한 태도를 표명했다. 덧붙여 유엔 개혁에 관한 우리 정부의 입장으로서는 상임이사국을 증설하는 것 보다는 선거를 통하여 비상임이사국을 증설하는 것이 바람직하다는 견해를 밝혔다.

국제정치의 현실을 감안할 때, 더욱이 유엔의 현실을 감안할 때, 유엔에 대한 공헌도와 영향력이 낮은 우리나라가 유엔 개혁에 대해 특히 안보리의 개혁에 대해 상임이사국 증설을 원치 않는다고 해서 이런 의견이 얼마나 실현 가능성을 가질지는 의문이다. 그렇다고 해서 유엔에 대한 공헌도가 높은 일본이 유엔의 개혁을 곧 자국의 유엔에서의 입지 확보 기회라고 여기고 있는 마당에 일본의 움직임을 그저 지켜보자고 할 수는 없다. 그것은 결과적으로 일본의 상임이사국 진출을 무조건 찬성하자는 견해를 완곡하게 표현하는 것으로 밖에 보이지 않기 때문이다. 굳이 일본의 움직임에 감정적으로 반대를 해서도 안 되겠지만 그렇다고 해서 덮어두고 일본의 움직임을 지지하거나 침묵을 지키는 것도 바람직하지 않다.

유엔의 개혁 방향에 대해서는 수많은 학자들이 다양한 의견을 제시하고 있으며 각국의 견해도 자국의 이익에 맞게 다양하다. 일본이 제시하는 개혁 방향에 국한하여 보면 일본 정부에서 노력하고 있는 개혁방안은 대체로 유엔의 기구 가운데에서 안보리의 개혁에 초점을 맞추고 있으며 현재 제2차 세계대전 전승국이 갖고 있는 거부권은 좀처럼 소멸되지 않으리라는 현실인식을 바탕으로 하고 있다. 따라서 일본은 안보리가 거부권을 유지하는 기존 상임이사국과 거부권을 갖지 않는 새로 들어오는 상임이사국을 공존시키는 형태를 취하고, 거부권을 갖지 않는 이사국의 권한을 점차 확대해 나가기를 희망하고 있다. 일본으로서는 일단 상임이사국에 진

① 일본의 UN공헌 성과를
　 홍보하는 책자

②UN안보리 상임이사국
　 진출을 노리는 일본과 독일

입하고 이어 점차 기존 상임이사국의 거부권 권한을 축소시켜 나가려는
것이다.

어차피 유엔은 참가국의 국가이익에 따라 움직이는 국제기구다. 일본
이 재정적인 부담을 하는 만큼 유엔에서 지분을 확보하려는 것은 자연스
러운 움직임으로 보인다. 그러나 일본이 유엔을 통해 국가이익을 확대하
려는 움직임에 대해 우리가 방관하거나 무조건 지지한다고 해서 저절로
우리의 국가이익에 도움이 되는 것은 아니다. 개발도상국의 입장을 강화
하려는 목적으로 유엔의 개혁이나 안보리 상임이사국의 확대를 원하면서
도 일본의 움직임에 대해서는 주변국의 동의를 조건부로 하며 이를 견제
하고 있는 중국의 입장도 우리는 무시할 수 없다.

탈냉전 시대 혹은 21세기의 국제질서에 걸맞게 유엔의 역할도 달라져
야 하지만 그렇다고 해서 세계대전의 산물로서 태어난 유엔의 역사적 성
격을 부인할 수는 없다. 일본이 유엔을 주도하기 위해서는 국제사회와 주
변 국가에 대해 과거 전쟁에서 보였던 침략적 속성을 불식시키는 노력이
필요하다. 따라서 1급 전범의 위패가 합사되어 있어 주변국들로부터 일본
의 침략성을 상징한다고 비판을 받고 있는 야스쿠니 신사에 일본의 총리
와 정치가들이 공식적으로 참배하는 움직임은 일본의 안보리 상임이사국
진출 움직임에 비추어 문제시 될 수 있는 것이다.

한반도를 위시하여 국제사회에서 유엔이 평화를 유지하는 역할을 제대
로 수행하고 있지 못하는 상황에서 유엔을 대체할 수 있는 세계적인 기구
가 모색되지 않는 한 유엔의 개혁은 필수적이며 이에 대해 일본이 점차 큰
목소리를 내는 것은 자연스러운 일이다. 그러나 일본이 국제평화를 주도

하는 국가로 인정받기 위해서는 주변국으로부터의 의구심을 겸허하게 수
용하는 외교자세를 보여야 한다. 주변 국가들로부터 신뢰를 얻지 못하면
서 재정적인 기여를 하고 있다는 이유만으로 국제사회에서 리더십을 확보
하기는 어렵기 때문이다. 이러한 관점에서 우리 정부도 일본의 안보리 진
출 노력에 대해 방관할 것이 아니라 기회가 되는 대로 역사 인식과 평화적
역할에 대한 신뢰를 근거로 하여 우리의 목소리를 내야 한다고 본다.

전후세대 일본정치가의 역사인식

2005년은 을사조약 100주년, 해방 60주년, 한일수교 40주년으로 한일관계에 있어서 의미가 깊은 해였지만, 일본 정부의 공식 견해로서 무라야마(村山富市) 수상이 식민지지배와 침략전쟁을 반성하는 담화를 발표한지 10년째를 맞는 해이기도 했다. 1995년 8월의 무라야마 담화는 그 발표과정이야 어떻든 간에 결과적으로 전후 처리라고 하는 문제에 있어서 일본정부가 과거와는 다른 반성의 모습을 보인 획기적인 변화를 천명한 것이었다. 이 담화는 그 해 6월에 일본의 국회를 통과한 「역사를 교훈으로 평화에의 결의를 새롭게 하는 결의」를 보강하는 것이었다. 국회 결의는 역사 반성을 지극히 애매한 표현으로 우회적으로 표명한데다가 채택과정에서 과반수 이하의 의원들만이 출석하여 가결했다는 한계를 갖고 있었다.

담화 이후 얼마동안 일본 정부는 무라야마 담화의 노선을 견지하는 모습을 보였으나, 국회에서는 「밝은 일본 국회의원 연맹」, 「바른 역사를 전하는 국회의원 연맹」 등 보수 우익적인 움직임이 활발해지면서, 일본의 정치권에서 역사인식을 둘러싸고 양극화되는 모습이 보였다. 이러한 가운데 고이즈미가 내각 수반이 되면서부터는 그 자신과 일부 각료들까지도 무라야마 담화의 기조를 흔드는 석연치 않은 반역사적인 행보와 발언을 보이고 있다. 이러한 일본 정부의 움직임은 주변국으로부터 신뢰를 떨어뜨리고 있으며 과연 무라야마 담화가 여전히 살아있는가 하는 의문을 갖게 하고 있다.

종전(終戰) 50주년을 기념하는 날에 발표된 무라야마 담화는 전쟁을 체험한 세대의 정치가들 가운데 지난 전쟁의 과오를 깊이 반성하는 정치가들의 생각을 담은 것으로서, 다시는 후배 정치가들에 의해서 전쟁의 참화가 일어나서는 안 된다고 하는 메시지를 담고 있었다. 그런데 오늘날에 있어서는 한국과 마찬가지로 일본의 정치권에서도 전후 출생한 정치가들이 이미 대다수를 차지하고 있다. 전후 세대 정치가들은 전쟁 체험 세대에 비하여 역사인식 문제를 그다지 민감하게 받아들이지 않는다. 자신들이 저지른 과오가 아니라고 생각하며 이렇게 역사인식 문제가 아직도 일본과

중의원 회의장

참의원 회의장

주변국에서 제기되고 있는 것을 못마땅하게 여기는 분위기가 강하다. 이
것은 전쟁을 체험하지 않은 세대가 국민의 대다수를 차지하는 상황에서
일본 사회 전반에 깔려 있는 분위기가 그대로 정치권에 반영되고 있기 때
문이다.

이러한 일본의 전후 세대 정치가의 역사인식과 관련하여, 마이니치신
문 2005년 2월 12일자에 실린 이와미(岩見隆夫)의 논평, "무라야마 담화
는 살아있는가"를 소개한다. 전체적인 맥락을 유지하는 선에서 일부 문장
을 고쳤다.

「村山담화」는 살아있는가

교토에서 선출된 민주당 소속 참의원 마츠이 고지(松井孝治) 의
원은 "교토에서 일본의 모양을 바꾼다" 라는 타이틀의 메일 잡지를
발신하고 있다. 2005년에 들어서 처음 내놓은 108호를 통해 그는 10
년 전에 당시 통산성 파견 관리로서 수상 관저에서 근무했던 관계로
무라야마 내각의 담화 작성 경위를 다소 알고 있다고 전제하고 이 담
화에 담긴 전쟁책임의 정치적 역사 검증을 해야 한다는 문제를 제기
했다.

'무라야마 담화' 를 모르는 사람들이 많아졌지만 이것은 자민당
사회당 사키가케 연립정권 아래에서 취임한 무라야마 수상이 힘들여
만든 작품이다. 무라야마는 사회당 위원장을 사임한 후, 전후 50년이
되는 시기였던 만큼 8월 15일을 계기로 무언가 담화를 내놓기로 했
으며, 저항도 있었지만 총리가 된 이상 의미 있는 일을 하려고 했다
고 회고한 바 있다.

관방장관을 지낸 바 있으며 이제는 고인이 된 노사카 고켄(野坂浩賢) 의 기록에 의하면 관례상 '수상의 담화' 는 개인적인 견해를 의미하고, '수상 담화' 는 정식 정부 견해를 의미하는데 자신은 '수상 담화' 로 할 것을 제안했다고 한다. 그러나 그러기 위해서는 각료회의에서 전원 일치에 의한 결정이 필요했다. 노사카는 각료회의에 앞서 島村宜伸 문부상' 平沼赳夫 운수상, 江藤隆美 총무청장관 등 소위 '매파' 로 불리는 각료들을 찾아가 담화에 대해 비판적인 발언을 하지 말아 달라고 부탁했다. 당시 자민당 총재로 통산상을 역임하고 있던 하시모토(橋本龍太郎)에게는 무라야마 수상이 직접 부탁했다.

각료회의 자리에서 후루카와(古川貞二郎) 관방 부장관이 담화문안을 낭독했는데, 의논 거리가 된 부분은 "우리나라는 오래되지 않은 과거 한 때에 국책을 그르쳐 식민지지배와 침략으로 많은 나라들 특히 아시아 국가 사람들에게 크고 많은 손해와 고통을 입혔다. 나는 의심할 여지없는 이 역사적 사실을 겸허하게 받아들이고 여기에 새롭게 통절한 반성의 뜻을 표하며 진심으로 사죄의 마음을 표명한다" 라는 문구였다.

무라야마에 의하면 내부적으로 '침략전쟁' 으로 하자는 의견이 있었으나 저항이 너무 심하여 '침략' 만으로 낙착을 보았다고 한다. 낭독 후 사회를 맡은 노사카가 의견이 있으면 발언하라고 두 차례 반복했지만 아무런 발언이 없었으며 결국 전원 일치로 가결되었다. 노사카 등은 만일 이의를 제기하는 각료가 있었다면 내각 방침에 맞지 않는다는 이유로 즉각 파면할 생각이었다. 각료들은 이런 분위기를 모두 알고 있었으며 "이래서는 불평을 하고 싶어도 못하지" 하며 투덜거리기도 했다고 한다.

여하튼 '무라야마 담화' 는 지금도 일본정부의 공식견해로서 살아있다. 그런데 여기에 마츠이의 잡지는 문제를 제기하고 있는 것이다. 현실에 있어서는 공식견해가 되고 있지 않으며 이는 최근 고이즈미 수상의 야스쿠니 참배를 둘러싼 논의를 보아도 분명하다는 것이다. 여기에다가 전후에 출생한 자신의 세대에서 보면 당시 수상의 개인적인 역사관에 의해 일본정부의 입장이 크게 기울었던 것 자체가 일본의 국익을 해치고 있는 부분이 크다고 한다. 그리고 앞서 전쟁을 경험한 세대의 지도자들이 이 문제를 총괄했다고 볼 수 없으며 이 분들이 건재 하는 동안에 터부 없이 논의해 주기를 바란다고 주문하고 있다. 마츠이는 1960년 출생이며, 전후 세대 의원들이 이미 국회의 절반 이상을 차지하고 있다.

무라야마 내각총리대신 담화
「전후 50주년 종전기념일을 맞아」

1995년 8월 15일

지난 세계대전이 종결을 고한지 50년의 세월이 흘렀습니다. 지금 새삼 그 전쟁으로 인하여 희생을 당하신 국내외 많은 사람들을 생각할 때 가슴에 만감이 밀려옵니다.

패전 후 일본은 잿더미로부터 수많은 곤란을 이기고 오늘날의 평화와 번영을 쌓아왔습니다. 이것은 우리의 자랑이며 이를 위해 쏟으신 국민 여러분 한 사람 한 사람의 예지와 끊임없는 노력에 저는 진심으로 경의의 뜻을 표하는 바입니다. 여기에 이르기까지 미국을 비롯하여 세계 각국이 보내준 지원과 협력에 대하여 다시금 심심한 감사를 드리는 바입니다. 또한 아시아 태평양 이웃 국가들, 미국, 나아가 유럽 국가들과의 사이에 오늘날과 같은 우호관계를 쌓아올리게 된 것을 진심으로 기쁘게 생각합니다.

평화롭고 풍요로운 일본이 된 오늘날 우리는 자칫하면 이 평화의 소중함과 고마움을 잃어버리기 쉽습니다. 우리는 과거의 잘못을 두 번 다시 반복하지 않기 위해 전쟁의 비참함을 젊은 세대에 전하지 않으면 안 됩니다. 특히 이웃 국가의 사람들과 손을 잡고 아시아 태평양 지역 나아가 세계의 평화를 확고히 해나가기 위해서는 무엇보다도 이 국가들과의 사이에 깊은 이해와 신뢰에 기초한 관계를 배양해 가는 일이 불가결하다고 생각합니다. 정부는 이러한 생각에 기초하여 특히 근현대 시기에 있어서 일본과 이웃 아시아 국가들과의 관계와 관련되는 역사 연구를 지원하고 각국과의 교류를 비약적으로 확대해 가기 위하여 이 두 가지를 근간으로 하는 평화우호교류사업을 전개하고 있습니다. 또한 현재 착수하고 있는 전후처리 문제에 대해서도 우리나라와 이들 국가간의 신뢰관계를 한층 강화하기 위하여 저는 지속적으로 성실하게 대응해 가겠습니다.

이제 전후 50주년의 시점을 맞아 우리들이 명심해야 할 것은 과거를 살펴서 역사의 교훈으로 삼고 미래를 바라보며 인류사회의 평화와 번영의 길을 놓치지 않는 것입니다.

우리나라는 오래되지 않은 과거 한 때에 국책을 그르쳐 전쟁의 길을 걸었으며 국민을 존망의 위기에 빠뜨리고 식민지지배와 침략으로 많은 나라들 특히 아시아 국가 사람들에게 크고 많은 손해와 고통을 입혔습니다. 저는 미래에 실수하는 일이 없도록 하기 위해 의심할 여지없는 이 역사적 사실을 겸허하게 받아들이고 여기에 새롭게 통절한 반성의 뜻을 표하며 진심으로 사죄의 마음을 표명합니다. 또한 이러한 역사가 초래한 국내외 모든 희생자들에게 깊은 애도의 뜻을 바칩니다.

패전일로부터 50주년을 맞은 오늘, 우리나라는 깊은 반성에 입각하여 독선적인 내셔널리즘을 배격하고 책임 있는 국제사회의 일원으로서 국제적 협조를 촉진하고 이를 통하여 평화의 이념과 민주주의를 널리 확산시켜 가야 합니다. 동시에 우리나라는 유일한 원폭 피해국으로서의 체험을 바탕으로 하여 핵무기의 궁극적인 철폐를 지향하고 핵무기 비확산 체제의 강화 등 국제적인 군축을 적극적으로 추진해 가는 것이 중요합니다. 이것이야말로 과거에 대한 속죄가 될 것이며 희생당하신 분들의 영혼을 달래는 것이 될 것을 저는 믿고 있습니다.

　「가장 의지할 것은 믿음」이라고 합니다. 이 기념해야 할 시점에 신의
(信義)를 시정(施政)의 근간으로 할 것을 국내외에 표명하며 저의 서약 말
씀으로 드리고자 합니다.

_7_
고이즈미 수상 2005년 8월 15일 담화의 특징

일본정부는 2005년 8월 15일 각료회의 결정을 통하여 담화문을 발표했다. 10년 전 무라야마 수상 집권 시기에는 정권의 기반이 취약했던 관계로 우여곡절을 거쳐 담화 내용이 각료회의를 통과한 바 있다. 그에 비하면 고이즈미 내각은 수상 담화를 별다른 잡음 없이 결정함으로써 수상의 정권 장악력이 얼마나 강력한지를 여지없이 보여주었다.

무라야마 담화 내용과 비교하여 고이즈미의 담화에서는 다음과 같은 특징이 보인다. 첫째는 일본제국이 전쟁을 일으킨 '실책'에 관한 언급이 없다. 무라야마 담화에서는 "국책을 그르쳤다"는 표현을 사용했으나 고이즈미는 전쟁발발 책임을 추궁할 수 있는 문구를 아예 사용하지 않고 있다. 대신 전쟁으로 인한 희생자 위에 오늘날의 번영이 있다고 함으로써 전범이든 일반 병사이든 모두 전쟁의 희생자라는 견해를 엿볼 수 있게 하고 있다. 전쟁 책임에 관한 애매한 포괄주의적 성격(syncretism)을 여실히 보이고 있으며 보다 비판적인 견해에서 보면 패전 직후에 일본정부가 내걸었던 '일억총참회' 슬로건을 연상하게 한다.

둘째, 고이즈미 담화에서는 일본정부의 평화노력에 대한 자화자찬이 뚜렷하다. 과거 60년간의 역사를 일본정부가 전쟁에 대한 반성을 행동으로 나타낸 시기였다고 평가하고 있으나 이러한 평가에 대해서는 국내외적으로 분분한 의견이 나올 수 있다. 무라야마 담화에서는 일본 스스로에 대한 찬미보다는 미국을 비롯한 세계 각국이 보내준 지원과 협력에 감사하는 표현이 사용된 바 있다. 현재 일본 정부가 국제평화를 위해 노력하고 있는 사업으로 무라야마 수상은 역사연구 지원사업과 평화우호교류사업과 같이 사업 규모는 미미하지만 국내외적인 공감을 얻을 수 있는 사업을 내세웠던 것에 비추어, 고이즈미 수상은 논란의 소지가 많은 정부개발원조ODA 사업과 UN평화유지활동 사업을 내세우고 있다.

셋째, 담화에 나타난 국제평화를 위한 일본정부의 과제가 그 방향과 성격에서 불투명하다, 과거 무라야마 담화는 독선적인 내셔널리즘을 배격한다든지 핵무기의 궁극적인 철폐를 지향하고 군비축소를 적극 추진하겠다고 천명한 바 있다. 그러나 고이즈미 담화는 이러한 분명한 행동노선을 제시하지 않고 국제사회의 일원으로서 그 역할을 적극 수행하겠다는 애매한 표현을 사용했다. 무라야마와는 달리 고이즈미는 중국과 한국의 특정 국가를 들어 주변국과 함께 손을 잡고 지역의 평화유지와 발전을 지향하는 것이 필요하다고 했으나 구체적인 방향에 관한 언급은 보이지 않았다.

다만, 이번 담화는 역사인식에 관한 언급에서 무라야마 담화와 다를 바

없는 '전향적'인 표현을 사용하고 있다. 고이즈미는 이번 담화에서 식민지 지배와 침략의 역사적 사실을 받아들이고 통절한 반성으로 사죄한다고 하고 있으며, 또한 과거를 직시하고 역사를 바르게 인식하여 아시아 국가들과의 상호이해와 신뢰에 기초한 미래지향적 협력관계를 구축해 가겠다고 표현하고 있다. '전향적'인 표현에 부응하도록 일본정부가 실천적인 행동을 보일 때, 비로소 이러한 담화는 국내외적으로 신뢰를 얻을 수 있을 것이다.

고이즈미 수상담화 전문

저는 전쟁종결 60년을 맞아, 새삼 지금 우리들이 향유하고 있는 평화와 번영이 전쟁에 의해 어쩔 수 없이 목숨을 잃은 많은 분들의 고귀한 희생 위에 있다는 것을 생각하게 되며, 두 번 다시 우리나라가 전쟁의 길을 걸어서는 안 된다는 결의를 새롭게 하게 됩니다.

지난 전쟁에서는 3백만 여명의 동포들이 조국을 생각하고 가족들을 생각하면서 전쟁터에서 산화했으며 전화를 입어 쓰러졌으며 또는 전후에 머나먼 이국땅에서 돌아가셨습니다.

또한 우리나라는 과거 식민지지배와 침략에 의해서 많은 국가들, 특히 아시아 국가들 사람들에 대해 다대한 손해와 고통을 끼쳤습니다. 이러한 역사적 사실을 겸허하게 받아들이고 새롭게 통절한 반성과 진심으로 사죄하는 마음을 표명함과 동시에 지난 전쟁에 있어서 내외 모든 희생자들에게 삼가 애도의 뜻을 표합니다. 비참한 전쟁의 교훈을 풍화시키지 않고 두 번 다시 전쟁을 하지 않고 세계 평화와 번영에 공헌해 갈 결의를 표합니다.

전후 우리나라는 국민들의 부단한 노력과 많은 국가들의 지원에 의해 폐허로부터 일어섰으며 샌프란시스코 평화조약을 받아들여 국제사회로의 복귀에 첫발을 내딛었습니다. 어떠한 문제도 무력에 의하지 않고 평화적으로 해결하겠다고 하는 입장을 관철하고 정부개발원조ODA와 유엔평화유지활동 등을 통해 세계평화와 번영을 위하여 물적 인적으로 적극적인 공헌을 해 왔습니다. 우리나라의 전후 역사는 바로 전쟁에 대한 반성을 행동으로 나타낸 평화의 60년입니다.

우리나라에서는 전후에 출생한 세대가 전 인구의 7할을 넘고 있습니다. 일본 국민은 오로지 스스로의 체험과 평화를 지향하는 교육을 통해 국제평화를 진심으로 희구하고 있습니다. 지금 세계 각국에서 청년해외협력대 등 많은 일본인들이 평화와 인도적 지원을 위하여 활약하고 있으며 현지 사람들로부터 신뢰와 높은 평가를 받고 있습니다. 또한 아시아 국가들과의 사이에서도 예전에 없던 경제 문화 등 폭넓은 분야에서의 교류가 깊어지고 있습니다. 특히 일의대수(一衣帶水) 관계에 있는 중국과 한국을 비롯한 아시아 국가들과는 함께 손을 잡고 이 지역의 평화를 유지하고 발전을 지향하는 일이 필요하다고 생각합니다. 과거를 직시하고 역사를 바르게 인식하며 아시아 국가들과의 상호이해와 신뢰에 기초한 미래지향적인 협력관계를 구축해 가고 싶다고 생각합니다.

국제사회는 지금 도상국의 개발이나 빈곤의 극복, 지구환경의 보전, 대량살상무기 불확산, 테러 방지 및 근절 등 예전에는 상상도 할 수 없었던 복잡하고 곤란한 과제에 직면하고 있습니다. 우리나라는 세계평화에 공헌하기 위하여 싸우지 않겠다는 약속을 견지하고 유일한 원폭 피해국으로서의 체험과 전후 60년의 발걸음을 근거로 하여 국제사회의 책임 있는 일원으로서의 역할을 적극적으로 수행해 갈 생각입니다.

전후 60년이라고 하는 고비를 이루는 올해에 평화를 사랑하는 우리나라는 뜻을 함께 하는 모든 국가들과 함께 인류 전체의 평화와 번영을 실현하기 위해 온 힘을 다할 것을 새삼 표명하는 바입니다.

2005년 8월 15일 내각총리대신 고이즈미 준이치로

8

고이즈미 야스쿠니 참배에 대한 일본내 연약한 비판

1) 일본 중진 정치가들의 야스쿠니 참배에 대한 충고

2005년 봄까지 자민당 내부에서는 고이즈미 수상의 야스쿠니 참배를 옹호하는 목소리만이 두드러지게 나왔다. 당시 간사장 대리를 담당했던 아베(安倍晋三)는 "수상이 참배하는 것은 당연하며 책무이기도 하다. 다음 수상도 그 다음 수상도 참배하기를 바란다"라고 했다. 후생노동성 정무관은 "도쿄재판은 일방적인 재판이었다. 일본 국내에서 A급 전범은 이제 죄인이 아니다"라는 문제 발언을 내뱉기도 했다.

이때 중국에서는 데모와 투석 등 반일 움직임이 계속되고 있었다. 우위(吳儀) 부수상은 일본 수상과 회담을 막판에 취소했다. 이렇듯 외교 관행을 무시하는 중국에게 일방적으로 양보할 필요가 없다고 하는 주장에 대해서 젊은 일본 국회의원들이 대거 찬동하는 움직임을 보였다. 수상이 참배를 계속할 자세를 굽히지 않고 "다른 나라가 간섭할 일이 아니다"라고 계속 주장하는 것은 당내에 그런 분위기를 확산시키는 중요한 요인이 되어 왔다.

그런 가운데 고노(河野洋平) 중의원 의장과 역대 일본 수상들이 고이즈미의 고집스런 자세에 넌지시 이의를 제기했다. 2005년 6월초에 고노는 중국이나 한국과의 관계가 급속하게 악화되는 것을 간과할 수 없으며 그 원인 가운데 하나가 수상의 야스쿠니 참배라는 점을 지적하고 역대 수상들에게 호소하여 정치적 자문을 행하자는 움직임을 보였다. 이와 같은 고노 의장의 움직임에 맞추어 곧 이어 가이후(海部俊樹), 미야자와(宮澤喜一), 무라야마(村山富市), 하시모토(橋本龍太郎), 모리(森喜朗) 등 5명의 전 수상들이 야스쿠니 참배 행보에 신중에 신중을 거듭해야 한다고 하는 일치된 의견을 내놓았다.

이들이 현 수상에게 이의를 제기한 것은 나름대로 의의가 있다. 이들은 십 여년 동안 일본의 정치와 외교를 담당해온 사람들이기 때문이다. 과거 사회당 위원장이었던 무라야마씨는 전후 50년의 시점에서 식민지 지배와 침략에 대해 구별을 짓겠다고 하여 반성과 사죄의 '담화'를 냈던 사람이다. 일본유족회의 회장이기도 했던 하시모토씨는 한 차례 야스쿠니를 참배했다가 중국 등의 반발로 중지해야 했던 과거를 가진 사람이다. 그리고 모리씨는 고이즈미의 후견인을 자처하는 사람이다.

각자의 신조는 별도로 하고 일본의 국익이 손상되고 있다는 공통의 생각이 이 여섯 명을 움직이게 한 것이다. 고노씨의 모임에 참가하지 않은 나카소네(中曾根康弘) 전 수상도 강연을 통해 "개인적인 신조보다는 국가

야스쿠니 신사

이익을 생각하여 그만두어야 한다"라고 하며 간접적으로 수상에게 참배중지를 촉구했다. 그러나 이러한 선배 정치가의 소리에도 귀기울이지 않고 고이즈미는 계속적인 참배를 선택했다.

2) 야스쿠니 참배에 대한 유족 회장의 이의제기

우익세력과 관련을 갖는 유족들 가운데는 수상의 계속적인 참배를 주장하는 사람들이 여전히 많이 있는 것이 사실이다. 태평양전쟁을 지휘했던 도조 히데키(東條英機)의 손녀딸인 도조 유우코(東條由布子)가 같은 시기 TV 대담 프로에 나와 야스쿠니 참배의 정당성을 주장한 것이 대표적인 일이다. 그녀는 도조 가문이 분사에 응할 의사가 없다는 것을 확인시켰으며 "도쿄재판은 승자의 일방적인 재판으로 납득할 수 없다"면서 "이 재판을 인정하는 것은 태평양전쟁이 침략전쟁이었다는 것을 인정하는 것"이라면서 침략전쟁론을 부정한 일이 있다.

그러나 유족들이 모두 수상 참배 움직임에 동조하는 것은 아니다. 유족들 가운데에도 야스쿠니 참배에 대해 다양한 견해가 존재한다. 수상의 참배에 대해 기본적으로 반대하며 야스쿠니에서 일반 전몰자와 합사돼 있는 A급 전범을 따로 떼어내 봉안하는 분사를 주장하는 사람도 있는가 하면, 야스쿠니 신사 외에 다른 참배시설을 주장하는 사람도 있다.

비록 미약한 소리에 지나지 않지만 일본 유족회 회장을 역임하고 있는 고가 마코토(古賀誠) 전 자민당 간사장이 2005년 6월초에 수상의 야스쿠니 참배에 대해 신중한 태도를 주문한 일이 있다. 참배 문제에 대해 인근 국가가 불쾌감을 표명하는것을 내정간섭이다 라고 말하는 것으로 끝날 문제가 아니며, 책임 있는 입장에 있는 사람은 인근국가를 고려하고 배려해야 한다고 말했다. 우회적인 표현을 통해 수상에게 이의를 제기한 것이지만 그것은 수상의 계속적인 참배를 중지시키는데 아무런 영향력을 갖지 못하는 것이었다.

고이즈미 수상은 상투적인 표현으로 장래의 평화를 기원하며 야스쿠니에 참배한다고 한다. 그러나 그 일이 중국과 한국과의 평화로운 관계를 해치고 있다고 한다면 과연 무슨 의미가 있겠는가. 일본 국민의 폭 넓은 계층이 납득 할 수 있고 주변국을 포함한 외국의 내빈들도 주저 없이 방문하여 추모할 수 있는 그런 추도의 장소가 야스쿠니를 대체하는 장소로 마련되어야 한다. 2002년에 당시 후쿠다(福田康夫) 관방장관의 사적 자문기관은 전몰자 추도 장소로서 새로운 무종교 국립시설을 건립할 것을 제안한 바 있다. 그런 시설이야말로 수상이 일본 국민들을 대표하여 찾아가 애도의 뜻을 바치는 장소로서 적합한 것이다.

9
2004 - 2005년 일본 선거와 고이즈미 정권

1) 2004년 참의원 선거

먼저 2004년 7월에 실시된 참의원 선거의 의미와 결과를 살펴보자. 양원제를 채택하고 있는 일본에서 참의원의 역할과 기능은 중의원과 그다지 다를 바 없이 법률안을 제출하고 심의 가결하며, 내각에 대해 질의를 행하며 예산이나 조약을 심의하는 일을 하고 있다. 결과적으로 중의원에 의한 심의를 보강하는 기능을 수행하고 있는 것이다. 6년 임기를 가진 참의원 의원들을 3년 마다 절반씩 선출하고 있으며 참의원에서는 중의원처럼 의회 해산이 이루어지지 않기 때문에 의원들의 임기가 안정적으로 보장되고 있다. 참의원 의원은 총 146명의 선거구 대표와 총 96명의 비례대표로 이루어져 있으며 한 차례 선거에서 그 절반을 뽑는 것이어서 선거구 73명, 비례대표 48명, 총 121명을 선출한다.

2004년 선거는 여당인 자민당과 공명당, 특히 고이즈미(小泉純一郎) 정권의 정책에 대해 국민들의 신임을 묻는 선거였다. 그런데 선거 결과 자민당이 49석, 공명당이 11석을 얻어, 여당이 전체의 절반에서 1석이 모자라는 60석을 차지하는데 그쳤다. 반면에 야당의 제1당인 민주당은 50석을 차지하여 비교적 큰 승리를 거두게 되었다.

이처럼 2004년 선거가 고이즈미 총리에 대한 중간 평가의 성격을 띠고 있었는데 집권당이 부진한 선거결과를 맛보았다. 그 주요 원인은 무엇이었을까. 이는 한 마디로 '고이즈미 역풍(逆風)'이라고 일컬어지고 있는 바와 같이, 2003년 말 중의원 선거 때까지 대폭적인 지지를 받았던 고이즈미 총리의 인기가 점차 하락하면서 자민당으로부터 국민들의 관심이 줄어든 결과라고 할 수 있다.

이 시기 고이즈미의 지지도가 하락한 것은 무엇보다도 그가 내세우는 개혁 정책이 일본 국민들의 생활 향상이라는 현실로 나타나지 않은데서 유래한다. 대기업의 성장과는 달리 중소기업이나 국민들의 소비경제에서 경기가 회복되고 있다는 실감을 일본 국민들이 느끼지 못했다. 여기에다

① 2004년 참의원 선거에서 패배한 고이즈미

② 2005년 중의원 선거에서 완승한 고이즈미

국민들의 부담을 가중시키고 있는 국민연금개혁법안이나 미국의 부시정권을 추종하는 자위대 이라크 파병문제도 국민들로부터 비판을 받았다. 뚜렷한 개혁성향으로 자민당 정권을 유지해 온 고이즈미에게 일본 국민들은 "우리에게 해 준 것이 무엇인가" 하고 회의를 던진 것이다. 이러한 현 정부 정책에 대한 실망이 2004년 참의원 선거에서 자민당에게 비례대표와 선거구에서 모두 패배를 안겨 주었으며, 연립 여당인 공명당에게도 비례대표에서 약간의 패배를 안겨준 것으로 보인다.

선거 결과 자민당이 애초에 선거 승패의 기준으로 설정한 51석을 채우지 못하고 1석 모자라는 패배를 경험하게 됨으로써 고이즈미 총리는 당내 입지나 지지기반에서 약간의 영향을 받게 되었다. 개표가 끝나자마자 승리를 거둔 민주당에서는 국회해산과 조기 총선거를 주장했으며 일부에서는 고이즈미 정권의 퇴각을 요구하기까지 했다. 여기에 자민당과 공명당 내부에서 고이즈미에 대해 선거 패배의 책임을 묻는 주장이 나오기도 했다.

그러나 이러한 공세에 대해 고이즈미 총리는 여전히 쉽게 움츠러들지 않았다. 비록 선거에 패배했다고는 하지만 근소한 차이의 패배에 지나지 않았으며 2003년의 중의원 선거나 2001년의 참의원 선거에서 '고이즈미 선풍'이 이루어 놓은 업적은 여전히 정권을 안정적으로 운영할 만큼 단단하게 유지되고 있다고 판단했기 때문이다.

고이즈미 정권은 이처럼 정치적 입지가 약화되었음에도 불구하고, 약화된 정치적 입지를 강화하려는 목적으로 새로운 돌파구를 모색했다. 일본 국내문제와 관련하여 개혁정책에 대해서는 고이즈미가 당내 견제세력을 누르고 강한 드라이브를 걸어 중의원 선거에 대비했다. 이것은 일본 국민의 여론이 고이즈미의 개혁 노선에 대해 아직은 기대를 걸고 있는 것으로 보았기 때문이다. 따라서 고이즈미가 추진하고 있는 재정긴축 정책이나 연금제도의 개선, 우편사업의 민영화 방침 등에서 강한 추진력을 보였다.

한편 야당인 민주당 입장에서 보면 2003년의 중의원 선거에 이어 이번 참의원 선거에서도 기존의 38석(총70석)에서 50석(총82석)으로 의석수를 대폭 늘림으로써 정권교체 가능성을 한층 더 높였다. 민주당의 오카다(岡田克也) 대표가 2004년 선거결과를 놓고 "이번 선거는 다음 총선에서 정권교체를 이룰 수 있는 새로운 출발"이라고 평가한 것은 이러한 맥락에서 나온 말이다.

그러나 이러한 선거결과를 놓고 쉽사리 정권교체 가능성까지 내다보기에는 자민당의 지지기반이 그다지 취약한 것은 아니었다. 무엇보다도 일본 국민들의 대다수가 여전히 고이즈미의 개혁노선에 대해 긍정적으로 기대를 포기하고 있지 않았기 때문이다. 또한 자민당을 대체할 세력으로서 민주당이 우뚝 서기에는 과제가 너무 많았다. 자민당에 대신하여 내세울 만큼 민주당의 정책적인 성향이 뚜렷하지 않았다. '반(反)자민 '으로서의

【2005년말 현재 정당별 참의원 의석수】

정당	자민당	공명당	민주당	공산당	사민당	기타	결원
2007년 만기의원	66	13	31	5	3	3	121
2010년 만기의원	46	11	52	4	3	5	121
계	112	24	83	9	6	8	242

성향은 분명하지만 ' 민주 '의 독자적인 색깔이 불투명했으며 그것은 자칫 민주당의 개혁 성향과 의지가 불투명하다는 것으로 비쳐지기도 했다.

2) 2005년 중의원 선거

2005년 9월에 치른 일본의 중의원 총선 결과, 고이즈미가 이끄는 자민당이 총 296석을 확보하여 총 의석 480석 가운데 61.7%를 차지했다. 연립여당 공명당이 얻은 31석을 더하면 전체의 3분의 2를 넘는 거대 여당을 만들어내는 대승리를 거둔 것이다.

2005년 선거는 고이즈미가 '우편행정 민영화'를 내걸고 치르게 된, 전형적인 정책 선거였다. 고이즈미는 일찍이 1992년 12월 미야자와 내각에서 우정성 대신으로 있을 때부터 민영화 방침을 주장하기 시작했다. 그 후 민영화를 기치로 내걸고 자민당 총재에 나섰다가 떨어지기도 했다. 2001년 4월에 총재에 당선되어 민영화 준비작업에 나서 2003년에 우정 공사를 발족시켰다. 그런데 자민당이 당론을 정하고 내각 결정을 본 민영화 법안이 2005년 7월 중의원에서 5표 차이로 간신히 가결되고 8월 참의원에서 부결되기에 이르자, 그는 중의원 해산이라는 초강수를 선택했다.

한편 민영화 법안에 반대표를 던진 자민당 의원 37명 가운데 33명이 지역구에서 각각 자민당 후보와 대결했으나, 15명만이 의석을 되찾는 쓰디쓴 결과를 맞이했다. 정책대립으로 선거전을 치루는 가운데 분명한 정책 제시가 없이 오로지 '정권교체'라고 하는 목표만을 내걸고 싸운 제1야당 민주당은 「'민영화 = 정치개혁'」이라는 분명한 정책을 내건 자민당에게 참패를 당했다. 선거전 의석 177석 가운데 113석밖에 방어하지 못하고 3분의 1 이상의 의석을 잃었다. 8월 말에 민주당 내부에서 비관적인 선거 결과를 예상했을 때만 해도 최소한 150석 정도는 얻을 것으로 보았는데, 선거과정에서 자민당보다 개혁성이 미흡하다는 이미지를 벗어내기에 충분한 정책을 개발해 내지 못한 것이 끝내 비참한 결과를 초래하고 말았다.

2005년 선거는 민영화 정책에 대한 심판이었으며 고이즈미의 모든 정책에 대해 일본 국민이 호평을 내린 것은 아니다. 특히 고이즈미의 아시아 외교에 대해서는 그다지 평가가 높지 않았다. 일본 주도에서 중국 주도로 아시아의 지역구도가 바뀌는 상황에서 일본이 적절하게 대응하지 못하고 역사인식 문제 등으로 불필요하게 주변국의 반감을 사고 있는 것에 대해 일본 안에서 비판 의견이 적지 않았다. 다만 대부분의 국가에서와 같이 일본의 유권자들은 외교문제보다는 민생문제에 더욱 관심을 갖고 중의원 선거 투표에 임한 것이다.

【2005년 선거 결과에 따른 정당별 중의원 의석수, 총의석 480석】

정당	자민당	공명당	민주당	공산당	사민당	기타	결원
선거전 의석	212	34	177	9	5	40	3
선거후 의석	296	31	113	9	7	24	0

_10_
고이즈미 3차 내각

2005년 10월 31일 내각 개편을 통해 3차 고이즈미 내각이 발족했다. 2004년 9월에 2차 내각을 출범시키면서 고이즈미는 '우편행정 민영화 실현 내각' 이라는 명칭을 부여했다. 그는 민영화 프로젝트를 수행하기 위해 관련법의 국회통과를 달성하기까지 내각 진용을 흐트러짐 없이 13개월 동안 일관성 있게 유지해 왔다. 여기에다가 우편행정 민영화를 기치로 안정적인 중의원 의석을 확보하여 정권의 기반을 다져놓았다.

고이즈미는 3차 내각에 대해서는 '개혁 지속수행 내각' 이라고 명칭을 부여한 바 있다. 다음해 9월에 수상이 퇴진할 것을 이미 밝힌 바 있어, 특별한 이변이 없는 한 3차 내각은 그가 퇴진할 때까지 1년 동안 개혁지속이라는 목적 아래 비교적 안정성 있게 운영될 것이 분명해졌다.

　　3차 내각의 전반적인 특징을 다음 네 가지로 요약할 수 있다. 첫째는, 포스트 고이즈미를 겨냥한 개혁 정책의 시험대와 같은 성격을 가진 내각이라고 할 수 있다. 고이즈미는 우편행정 민영화에 이어 중앙 및 지방정부의 세제와 재정의 개혁, 정부계 금융기관의 통폐합을 3차 내각의 정책 과제로 삼았으며 앞으로의 내각에서도 이러한 개혁을 계속 이어받아 수행해 주기를 원했다. 포스트 고이즈미의 선두주자로 꼽히는 아베(安倍晋三)를 내각에 처음으로 기용하고 핵심 포스트인 관방장관에 임명함으로써 행정에 관한 훈련을 쌓게 한 것은, 고이즈미 자신의 개혁정책을 이어받을 후계구도를 의식한 인사조치라고 볼 수 있다.

고이즈미 3차 내각

둘째는, 정치적 경험을 갖춘 각료들을 대거 기용하여 일본 국민들과의 교감을 중시하는 한편, 개혁 추진에 따라 상실하기 쉬운 보수적 국민성향과의 균형 감각을 유지하려고 한 내각이라고 할 수 있다. 각료들의 평균 의원당선 회수가 6.9회나 되어 역대 내각 가운데 가장 높은 당선 회수를 보이고 있다. 여기에 예외적으로 유일하게 초선 의원으로서 남여공동참여 기획 담당장관에 기용된 이노구치(猪口邦子)를 제외하면 평균 7회가 넘는 당선 회수가 된다. 또한 각료들의 평균 연령이 60세를 넘기는 하지만 51세인 아베(安倍晋三) 관방장관에서부터 71세인 스기우라(杉浦正健) 법무장관에 이르기까지 넓은 연령 폭을 유지하고 있다. 9선의 노장 의원으로 69세인 추마(中馬弘毅)를 처음으로 내각에 기용하고 행정개혁 담당장관에 임명한 것은, 정치적 균형감각 유지를 목적으로 하는 인사조치로 보인다.

셋째는, 개혁 정책에서 경험을 쌓은 인물들을 대거 기용하여 실무를 중시하는 내각으로서의 성격을 띠게 했다. 고이즈미 정권 출범 때부터 경제재정자문회의를 주도해 온 다케나카(竹中平藏)를 금융재정 담당장관 자리에서 총무성 장관으로 옮겨 우편행정의 민영화와 공무원 개혁 등을 담당하게 했다. 그의 후임에는 자민당 정조회장이던 요사노(與謝野馨)를 앉혔다. 요사노는 전달 9월 중의원 선거에서 선거공약을 기획하여 자민당에 압승을 안긴 일등 공신이다. 그는 자민당 안에서 정부계 금융기관의 개혁과 재정개혁을 주도해 온 인물로 이제 3차 내각에서 재정정책의 사령탑을 담당하게 되었다.

넷째는, 역사인식 문제로 주변국에 물의를 일으켜 온 보수성향의 인물들이 외교 정책을 좌우하게 되었다는 점을 들 수 있다. 포스트 고이즈미 후보 가운데 주변국에 비교적 온건파로 알려진 후쿠다(福田康夫)는 이번 인사에서 제외되었다. 외무장관을 맡게 된 아소(麻生太郎)는 취임일 기자회견에서 야스쿠니 참배에 대해 "기본적으로 개인의 신조와 국가로서의 입장과는 반드시 일치하는 것은 아니다" 라고 전제하고 "고이즈미 수상의 생각과 거의 같다"는 발언을 했다. 외교에 결정적인 영향을 미치는 직위를 담당하게 된 이상 이전에 비하여 보다 신중한 언행을 내보일 것으로 보인다.

그러나 자칫 고이즈미와 아소, 그리고 아베가 이제까지의 자세를 고집한다면 수상과 외무장관 그리고 관방장관이 함께 야스쿠니를 참배하는 초유의 사태가 발생할 수도 있다. 그렇게 되면 한국은 "필수적인 외교교섭은 하되 선택적인 외교행위는 하지 않겠다"고 하는 대일 외교정책의 지침에서 '소극적인 선택의 범위'를 더욱 넓혀가야 하는 외교적 부담을 안게 될 것이다.

IV
재일동포의 역사와 현실

_1_
민단에 재일동포 역사자료관 개설

2005년 11월 24일 도쿄 미나토구에 소재한 한국중앙회관 별관 건물에 재일동포 역사자료관이 오픈 되었다. 정식 명칭은 「재일한인역사자료관」. 약 540㎡ 면적을 가진 공간에는 주로 해방 전후 재일동포들의 생활상을 알려주는 생활용품, 동포 1세의 역사를 나타내는 연표와 관련 사진, 그리고 관련 서적 등이 전시되어 있다. 초대 관장으로는 시가(滋賀)현립대학의 강덕상(姜德相) 명예교수가 임명되었다.

민단에서는 2003년 11월에 김재숙(金宰淑) 민단 단장을 위원장으로 하는 추진위원회가 발족되어 광복 60주년에 맞추어 재일동포들의 100년간의 발자취를 보존하고 역사교육의 현장으로 기능할 수 있는 역사자료관 개설을 추진해 왔다. 이 위원회에는 민단 임원과 재일동포 학계 인사들이 위원으로 가담하여 2005년 개설을 목표로 활동해 왔다.

재일동포 100년의 역사라는 수사(修辭)에 대해서는 재일동포 역사의 시점에 대한 관점에 따라 받아들이는 방법이 다르다. 1905년 이전에도 큐슈지역의 탄광에 조선인이 취업하고 있었을 뿐 아니라 대마도와 큐슈지역을 중심으로 한반도에서 민간인들의 왕래가 있었다는 기록이 있다. 따라서 김영달(金英達)씨 등 일부 역사가들은 한국인의 일본 거류라고 하는 현실적인 문제에 착안하여 재일동포의 역사를 1905년 이전부터 시작되는 것으로 보고 있다. 다만 이러한 관점으로는 역사의 시점을 명확하게 하기가 어렵다. 이러한 관점과 대별되는 견해로서 강재언(姜在彦)씨 등 일부 역사가들은 식민지지배의 산물로서 재일동포 문제를 바라보는 입장에서 「한국」병합이 기정사실화되는 1910년을 재일동포 역사의 시점으로 파악하고 있다.

필자는 한일관계의 역사를 고대사와 근대사를 구분하여 일본제국에 의한 한민족 지배를 중시하는 입장에서 재일동포의 역사를 식민지지배의 산물로서 간주하는 견해에 공감하고 있다. 다만 일본제국이 「한국」을 식민지로서 지배하는 시점을 1910년이 아니라 1905년으로 파악하는 것이 옳지 않을까 생각한다. 그것은 1905년 11월 일본이 「한국」에 대해 제2차 한일협약 (을사조약)을 강요하여 실질적으로 「한국」을 식민지화하기 시작했기 때문이다. 따라서 민단이 2005년을 재일동포 역사 100주년으로 삼고 이에 맞추어 역사자료관을 개설한 취지를 긍정적으로 평가하고 싶다.

현재 대략 60만명의 재일동포들이 남북한의 국적을 가지고 일본에 거주하고 있다. 여기에 일본국적을 가진 재일동포를 포함하면 100만명이 훨씬 넘는다. 이들에 의한 기록이나 이들에 대한 기록들은 많지만 이런 역사기록들을 집약할 만한 자료관은 이제까지 존재하지 않았다. 여러 차례에 걸쳐 관심 있는 재일동포 학자들이 자체적인 역사자료관 설립을 추진해 왔지만 정치적 경제적인 이유 등으로 실현되지 못했다. 예를 들어 대표적인 재일동포 사학자 박경식(朴慶埴)씨는 생전에 자신이 수집한 자료들을 소장할 수 있는 자료관을 건립하기 위해 백방 노력했으나 결국 실현을 거두지 못했으며 사후에 일본의 한 국립대학에 자료들을 맡기게 되었다. 필자를 포함하여 많은 연구자들은 대학교 도서관에서 정리되고 있는 그의 자료들을 보며, 그렇게 해서라도 아까운 자료들이 보존되고 있는 것에 한편으로 안도하면서도 다른 한편으로는 재일동포 스스로의 독립된 자료관에 소장되지 못한 것을 안타깝게 여기지 않을 수 없었다.

때늦은 감이 있으나 재일동포의 대표적 민족기관인 민단이 조직을 들어 자료관 개설에 나선 것은 다행스런 일이다. 사실 민단은 해방 이듬해 재일동포 1세들에 의해 결성된 오랜 역사를 가진 민족단체이기는 하지만, 이제까지 식민지 역사에 대한 철저한 반성을 적극적인 조직 운동으로 전개해 오는데 소극적이었을 뿐 아니라 재일동포 관련 자료들을 수집 보존하는 데에도 소홀히 해 왔다. 이제 재일동포들의 세대가 점차 바뀌어 가고 재일동포의 대부분이 남북한의 국적보다는 일본 국적을 선호하며 한민족으로서의 아이덴티티를 상실해가는 상황에서, 뒤늦게나마 역사자료관 개설 움직임을 보이고 있는 것은 민족단체 존속을 위한 자구책의 일환으로 보인다. 따라서 민단 조직이 자료관 건립과 운영에 있어서 스스로의 역사를 지나치게 미화하는 일은 없어야 한다. 겸허하게 식민지 시기의 역사 또는 해방 이후 이념대립의 역사에 대해 반성의 자세를 견지하면서 자료관을 운영해 간다면 대부분의 재일동포들이 이에 적극 동조할 것으로 보이며 한일 양국 국민들도 이에 성원을 보낼 것이다.

재일동포의 역사는 일본에 의한 차별과 억압의 역사이며 이에 대한 한

민족의 저항과 타협, 그리고 동화의 역사로서 곧 근현대 한일관계사의 중심을 이루고 있다. 국가와 체제에 의한 차별과 억압 가운데 한민족이 왜곡된 형태로 근대화를 경험하는 과정을 알려주는 기록과 자료들은 한일 양국 국민 모두에게 역사적인 반성과 교훈을 심어줄 것이다. 역사자료관 운영을 통하여 재일동포들이 스스로 걸어 온 역사를 돌이켜 보고 한국인과 일본인 모두가 재일동포 및 한일관계의 역사에 관한 올바른 인식을 가지는 계기가 되기를 기대한다. 또한 이 자료관이 재일동포들에게 일본사회에서 민족적인 아이덴티티를 지속적으로 유지하게 하는 상징적인 공간이 될 수 있기를 기대한다.

재일한일 역사자료관 내부의 전시실

재일한일 역사자료관 내부의 자료실

2
서울에서 열린 재일동포 사진전

필자는 2005년 10월 6일 서울 프레스센터에서 열린 재일동포 특별사진전을 관람했다. 민단은 이 행사를 주최하며 재일동포들의 단체 활동과 개인생활의 역사를 사진자료를 통해 모국에 소개했다. 민단은 광복 50주년을 맞아 조직의 운동사를 한국에 홍보하면서 재일동포에 대한 관심을 고취시키기 위해 이번 행사를 기획했다고 한다. 이 사진전은 10월 4일부터 15일까지 서울 프레스센터 1층 서울갤러리에서 열렸다.

전시장은 세 공간으로 나뉘어 있었으며 재일동포 형성의 역사, 민단의 활동, 재일동포 1세의 가족사진 등을 각각 전시하고 있었다. 이 가운데 자료적 가치가 있는 것으로는 일본 패전 직후에 점령군이 찍은 재일동포들의 모습과 개별적으로 민단에 기증해 온 가족사진이 아니었나 생각된다.

패전 직후 연합국군 일원으로 일본 본토 남부에 진주한 뉴질랜드 군은

서울에서 열린 재일동포 사진전

재일동포들의 모습을 카메라에 담았다. 야마구치현 센자키(仙崎)에서 귀환을 기다리는 동포들의 모습과 후쿠이 시가지에서 조국 독립을 기념하는 모습 등을 이번 사진전에서 일부 공개했다. 이 사진들은 「在日」이라는 제목의 다큐멘터리 영화를 제작한 재일동포 오덕수(吳德洙) 감독이 직접 뉴질랜드를 방문하여 입수한 것이다.

재일동포 가족사진으로는 1930년대의 노랗게 색이 바랜 사진으로부터 최근의 사진에 이르기까지 다양한 시기에 걸친 사진들이 전시되어 있었다. 단연코 관객의 눈길을 끄는 사진은 오 감독 자신이 제공한 1930년대 가족사진이었다. 마침 전시장에서 만난 그는 그 사진이 토목 노동자 가족들의 모임 사진이라는 것을 확인시켜 주었으며, 다른 사람들과는 시선을 달리하여 카메라에 눈을 맞추지 않은 자신의 모친에 관한 재밌는 추론을 들려주었다.

다만 민단이 조직을 들어 펼치는 이벤트로서는 부족하다고 생각되는 점이 없지 않았다. 무엇보다 사진들에 대한 정확한 고증과 친절한 설명이 부족했다는 점이다. 또한 사진전이 전달하고자 하는 중심 테마가 불분명하며 산발적으로 사진들을 배열했다는 느낌을 지울 수가 없었다. 민단 관계자는 앞으로 내용을 보강하여 다시 한국에서 사진전을 열겠다고 했다. 그때에는 이러한 점들이 보완되기를 바란다.

또한 이번 행사의 큰 주제가 '민단'이 아니고 '재일동포'였던 점에 비추어 총련계 동포들도 참여하는 사진전이 되었더라면 하는 아쉬움이 남았다. 단체 활동에 관한 사진에서 민단이 창설된 1946년 10월 이후의 자료를 민단과 총련이 연대하여 제시하기란 현시점에서 어렵다고 생각된다. 하지만 해방 직후 좌우 대립 이전의 재일본조선인연맹에 관한 사진에 대해서는 양 단체가 협력할 수 있는 여지가 많다고 생각한다. 또한 재일동포의 가족사진에서 총련계 동포들의 모습이라고는 아쉽게도 북송 관련 사진에서 극히 일부분만이 보였을 뿐이다.

이러한 한계에도 불구하고 재일동포의 도일 과정, 사회형성 과정, 생활상황을 한국의 대중들에게 이미지로 전달한 작업은 그 의의가 크다고 본다. 정치적 움직임에 대해서 약간 거리를 두고 보고 개인과 가정의 역사에 치중하여 이러한 사진전을 관람한다면 우리는 각각의 사진들로부터 많은 상상력을 얻을 수 있을 것이다.

_3_

해방 직후 재일동포의 신문 자료

1) 민중신문을 통해 돌아보는 45년 10월

해방 직후 재일동포 대부분이 본국으로 귀환하는 움직임을 보이는 가운데, 해방민으로서 조직적인 대응을 하기 위해 민족단체를 결성했다. 가장 큰 민족단체로서 조련(재일본조선인연맹)이 결성되었으며 4년 동안 재일동포를 대표하는 기관으로서 활동했다. 일찍이 1945년 9월 4일에 도쿄에서 조련 준비위원회가 결성되었으며 전국적으로 조선인 단체들을 규합해 갔다. 이어 10월 15일과 16일에 히비야 공회당과 료고쿠 공회당에서 조련 전국대회가 열렸다.

일본의 패전에 이어 10월 10일에 정치범들이 석방되면서 당시 조선인들의 민족주의 감정은 과거 일제 치하의 하수인들에 대한 증오로 결집되

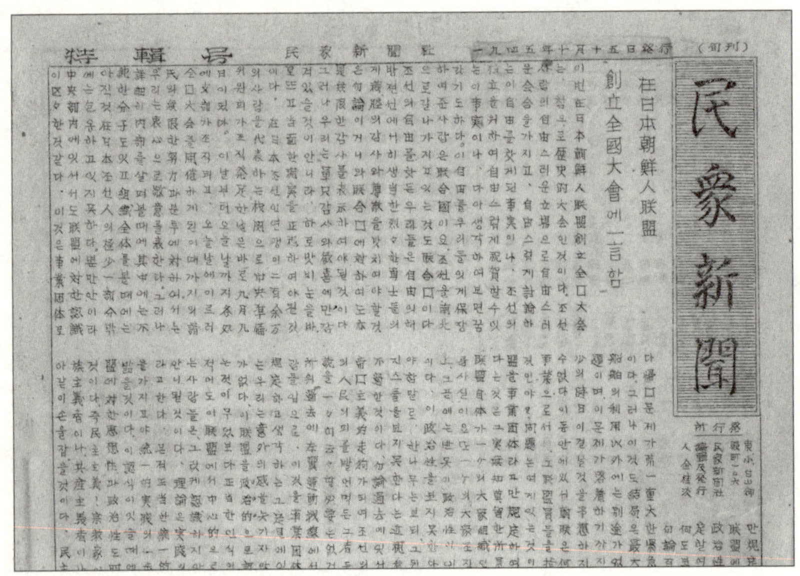

민중신문 1945년 10월 15일자 특집호

었으며, 여전히 고고한 자세로 해방 정국에 임하고 있던 '친일파' 인사에 대한 폭력 행위로 표출되었다. 2일째 대회가 시작되기 전에 회의장 2층에 전단지가 산포되었는데 그 가운데 여기서 소개하는 민중신문 10월 15일자 특집호도 뿌려졌다. *坪井豊吉, 『在日同胞の動き』(1975).*

여기서는 민중신문을 통해 해방직후 개혁 성향을 가진 재일동포들의 생각과 움직임을 일부 소개하고자 한다. 원문에는 한자가 많고 띄어쓰기 단락 구분이 되어 있지 않다. 기사 내용의 의미를 훼손하지 않는 선에서 가능한 한자를 피하고 현대어 표기에 맞게 수정했다. 이 자료는 일반 자료집이나 GHQ문서에도 나와 있지 않은 희귀한 일차적 자료이며, 필자가 90년대 초에 발굴한 것이다.

民衆新聞 (旬刊) 특집호

民衆新聞社 1945년 10월 15일 발행

발행소 : 東京都 小石川區 白山御殿町 106 民衆新聞社

편집 및 발행인 : 金桂淡

자료

재일본조선인연맹 창립대회에 一름함

이번 재일본조선인연맹 창립 전국대회는 참으로 역사적 대회인 것이다. 조선 사람의 자유스러운 立場으로 자유스러운 회합을 가지고 자유스럽게 토론하는 이 자유를 찾게 된 사실이나, 조선의 독립을 위하여 자유스럽게 축하할 수 있는 이 사실이나, 다 생각하여 보면 꿈같기도 하다. 이 자유를 우리들에게 보장하여준 사람은 연합국이요, 조선을 남북으로 갈라 가지고 있는 것도 연합국이다. 조선의 자유를 찾던 우리들은 자유의 해방 전선에서 희생을 당한 열렬한 용사들에게 滿腔의 감사와 존경을 바쳐야 할 것은 물론이거니와 연합국에 대하여도 역시 무한한 감사를 표시하여야 될 것이다.

그러나 우리는 단지 감사와 환희에만 잠겨 있을 것이 아니라, 하루바삐 눈을 바로 뜨고 당면한 현실을 正視하여야 될 것이다. 재일본조선인연맹이 200여만의 사람을 대표하는 기관으로 중앙준비위원회가 조직 발족한 날은 바로 9월 9일이었다. 이날부터 오늘날까지 각처에 지부가 조직되고 오늘날에 이르러 전국대회를 개최하게 된 이때까지의 諸氏의 무한한 노력과 분투에 대해서는 우리는 충심으로 경의를 표한다. 그러나 상세히 내부를 살펴볼 때에 그중에는 불순한 분자도 있고 조직 전체를 볼 때에는 아직껏 재일조선인의 극소 일부분 밖에는 포옹하고 있지 못하다. 뿐만 아니라 중앙부내에 있어서도 연맹에 대한 인식이 구구한 것 같다. 이것은 사실 단체로만 규정하고 연맹에 대한 정치성을 부정하려는 경향도 보인다.

물론 百論보다 귀국문제가 제일 중대한 懸急 문제이다. 그러나 이것도 결국은 최대한의 선박의 이용 이외에는 달리 도리가 없는 문제이며, 이 문제가 낙착하기까지는 다소의 시일이 걸릴 것을 예상하지 않을 수 없다. 이 동안에 있어서 조련은 어떤 사업으로 그 연맹원들을 지도할 것이냐? 문제는 여기에 있는 것이다. 연맹을 사업단체라고만 규정하여 버린다는 것은 기실 무지막지한 소견이다. 연맹 자체가 일개의 대중조직인 것만은 사실이요 또 일개의 대중조직인 이상 그곳에는 반드시 정치성이 있는 것이다. 이 정치성을 보지 못한다면 그야 참말로 한 나무는 보되 그 뒤에 숨긴 수풀을 보지 못한다는 근시안자에 불과한 것이다. 물론 과거에 있어서 일본 제국주의적 走狗가 되어 조선의 무고한 인민의 피를 빨아먹던 그 자들의 言說을 일일이 운운할 필요는 없거니와, 소위 과거에 좌익운동 전선에 섰던 사람들 입으로 이것을 사업단체라고 규정하고 생각하는 그 定見에 있어서는 우리는 의외의 感을 느끼지 않을 수 없다. 이 연맹을 정치적으로 인식하는 것이 무엇보다 정당한 인식이다.

적어도 이 연맹에서 중심적으로 일하는 사람들은 그렇게 인식하지 않으면 안 될 것이다. 이론은 실천의 道標라고 한다. 먼저 정당한 통일적 인식을 가져야 통일적 실천의 일보를 내밟을 것이다. 이 인식이 있을 때에야 연맹에 대한 사상성과 정치성도 명확해질 것이다. 즉 민주주의! 종교가나 민족주의자나 공산주의자나 다같이 손을 잡을 것이다. 민주주의, 이것이 당면한 역사적 내용일 것이다. 이 민주주의 하에서 모든 것이 단결될 것이다. 그러나 과거에 조국의 반역자, 전쟁범죄자는 기관에서 驅逐해야 할 것이다. 첫째로 연합국이, 둘째로 조선의 정부가, 셋째로 일반 민중이 그들을 용인하지 않을 것이다. 동시에 연맹을 일개 사업단체로서 자신의 保身的 地盤을 만들려고 하는 의도도 파괴될 것이다.

대의원 諸氏여! 新조선 건설의 앞길은 매우 곤란하다. 이때에 諸君들은 이 朝聯 산하의 대중을 新조선 건설에 대하여 헌신적으로 노력할 수 있는 조선 사람이 되도록 인도하는 것이 諸君의 또한 큰 임무가 아닐까 한다.

一心會의 연혁

들리는 바에 의하면 작년[1944년] 10월경, 조선인 17명의 국회勅選 대의원이 결정되었을 때에 일본에 있어서 朴春琴의 弟分이던 鄭寅學(일본명 丸山) 이하 소위 가장 친일파들이 東亞會館에서 집합하여 代議士 勅選에 대한 감사와 축하를 하는 동시에 感恩사업으로 목적하고 조직된 것이, 곧 一心會이다. 그리하여 금년 4월경부터 군수성 항공 토목공사로 埼玉縣 高麗村에 지하 비행공장을 파내는 공사를 시작했다. 그 경비는 군수성에서 360만円을 받았다고 하며 공사비로는 200만円 가량 들었다고 하고 160만円이 남았다고 한다.

一心會 기구와 임원

회장 (鄭寅學씨, 丸山修司 및 朴春琴의 부하)
|
부회장 (康慶玉씨, 永島慶玉, 현 조련 문화부장)
|
총무부장 (金光淳씨)
① 노동부장 – 權赫周씨 (權藤嘉郎), 현 조련 부위원장
　　　　　　　前 協和會본부 모 과장, 일본인 丸山鶴吉과 친분이 있다
② 업무부장 – 李能相씨 (廣川泰弘), 현 조련 정보부장
③ 과장 – 朱基榮씨 (新島基榮), 현 조련 중앙준비위원,
　　　　　직업은 목사인 모양이라고 한다

반동분자 일소를 결의 : 東京支部 결성대회에서

지난 10월 12일 東京지부 결성대회는 本所공회당에서 개최되었는데, 이날 가장 특기할 것은 高山光이라는 (一心會 분자) 자가 축사를 하던 중

에, 그의 정체를 아는 일반 청중 속에서 자발적으로 일어난 一心會에 대한 증오가 폭발하여 축사 중에 있는 高山을 연단에서 끌어내려 차고 굴리는 등 굉장한 광경이 나타나게 되었고, 이를 動機로 하여 반동분자 일소의 안건이 벼락같이 제의 가결되었다고 한다.

인민대회의 성황

지난 10월 10일 芝區 飛行會館에서 개최된 인민대회는 대성황리에 마쳤다 하며, 장내에는 '일자리를 달라', '먹여 달라', '집을 달라', '모든 생활필수품을 인민 관리로 넘겨라', '모든 전쟁범죄인을 즉시 처벌하라' 등의 슬로건이 걸려 있었고, 출연 변사들의 열렬한 출옥 환영사가 만장을 극도로 흥분하게 했고, 청중 속에는 해방전사의 慈親 되시는 노부인 (佐藤秀一의 모친)이 흐느껴 우는 광경 등, 일본 역사의 신기록을 남기고 일본 공산당이 公法화된 후 첫 대회였다고 한다.

2) 조선신문을 통해 돌아보는 46년 1월

오늘날 재일동포의 최대 조직인 민단은 1946년 10월에 결성되었다. 때마침 민단신문 2006년 1월 1일자는 60년전 민단 결성에 이르는 재일동포의 조직적 움직임을 알기 쉽게 정리하고 있어 해방직후의 재일동포 조직 전반을 이해하는데 유익한 자료가 되고 있다.

1946년 1월 1일 월요일. 한반도나 일본 열도에 있어서 해방된 한반도 사람들의 정치적 관심은 단연코 신탁통치문제에 쏠렸으며 이를 조직적인 움직임으로 표출하게 된다. 나흘 전에 발표된 모스크바 외상회의 합의내

조선신문
1946년 1월 10일자 창간호

용에 대해, 임시정부 주석 김구는 이날 연두사를 통하여 신탁통치 결정을 시정해야 한다고 역설하고 저녁 방송을 통해서는 평화적 반탁운동 방법을 제시했다. 한편 조선공산당 중앙위원회는 이날 기자회견에서 신탁통치 문제의 해결은 무계획한 감정적인 투쟁에 있지 않으며 국제정세의 면밀한 분석과 민족통일전선의 공고화에 있다고 발표했으나 다음날에는 서둘러 모스크바 결정에 대한 지지를 표명했다.

1946년 1월 1일 시점에서 재일동포 사회에는 진보적 성향을 띤 조련이 가장 큰 조직으로 활동하고 있었으며, 이와 함께 민족주의적 성향을 띠는 단체로서 가장 활발한 움직임을 보인 것은 청년단체인 조선건국촉진청년동맹(건청)이었다. 여기에서는 건청 기관지 朝鮮新聞 1946년 1월 10일자(등사판 창간호) 기사를 인용하여, 당시 보수적 성향의 재일동포들이 가지고 있던 건국에 대한 열정과 반탁의 움직임 일부를 소개한다. 원문 일부를 현대 문장에 맞게 수정했다. 이 자료도 일반 자료집이나 GHQ문서에도 나와 있지 않은 희귀한 일차적 자료이며 필자가 90년대 초에 발굴한 것이다.

한반도와 재일동포 사회에 있어서 공통적으로 좌익세력의 섣부른 움직임은 반탁세력의 민족주의 감정을 자극했다. 반탁세력의 슬로건은 이윽고 공산당 타도로 바뀌어갔으며 전국적인 반공 운동으로 확대되어 갔다. 이처럼 정치적 경험이 부족한 한반도의 좌우 세력들은 국제문제를 국내에서 해소하지 못하고 권력투쟁에 연계시킴으로써 한반도를 둘러싼 국제조건을 더욱 복잡하게 하고 결과적으로 남북한에 각각의 단독 정권이 쉽게 들어설 수 있도록 했다. 오늘날 북한의 비민주적인 성격을 둘러싸고 우리 사회에 이념 대립과 색깔 논쟁의 기운이 높아져 가고 있는 상황에서, 지난 60년 전의 이념대립 움직임은 심사숙고해야 할 역사적 교훈이 되고 있다.

朝鮮新聞 제1호 (檀紀4273년1월10일)
東京 杉並 天沼 3 - 647번지
조선건국촉진청년동맹
발행인　洪賢基
편집인쇄　건　　청

건국에 빛나는 새해, 우리 건청의 신년 축하식

정월 초하루 오전 11시부터 건청 본부 강당에서 신년 축하식을 개최했다. 푸른 하늘 밑에 나부끼는 독립기(旗)!. 다같이 목청껏 부르는 애국가! 아, 감개무량한 단기 4279년의 잊을 수 없는 설날! 기쁘고 즐겁고 그러나 누구의 얼굴을 보아도 말없이 굳은 결심이 나타나 한층 더 반갑고 아름다웠다. 행사는 순조롭게 진행되어 고국 요배, 순국의사에 대한 감사의 묵도가 있은 다음, 朴烈 선생의 감상 말씀으로부터, 위원장[洪賢基] 이하 각 대표의 인사말과 회원들의 열렬한 결의 피로, 일반 내빈의 축사가 있었다. 폐회에 앞서 朴烈 선생의 주창으로 독립만세 삼창, 위원장 주창으로 建靑 만세 삼창이 있었다.

맹세문

우리의 유일한 목적은 조선의 완전한 자주독립이다. 이것을 방해하는 것은 북위 38도를 경계로 하는 미소의 남북 분할 군정이며, 현재 연합국에서 운운하는 국제신탁통치이다. 분할 군정은 민족분열을 초래하는 원인이 되며, 신탁통치는 완전한 자주독립의 절대적인 적이다. 따라서 건청은 절대로 이것을 반대하며, 그 목적을 달성하기 위하여 회원이 전원 일심동체가 되어 백절불굴의 용기로 전심전력 힘쓰고 싸우기를 맹세하노라.

건청을 지지!! 김구씨 방송

믿을만한 정보에 의하면 지난 연말에 김구씨가 "일본에 있는 단체 가운데 건청은 가장 큰 존재이고 믿을만한 단체"라고 방송했다고 한다.

조선신탁통치는 민족자치 원칙 위반 : 삼천만 동포 강경한 반대 시위

모스크바 3국 외상회담의 결과에 의하면 조선에 신탁통치를 시행한다는 外電은 독립국가 건설에 매진하고 있는 조국 조선에 다대한 자극을 주고 이것에 반대하는 대시위 운동을 전개하여 신탁제도가 없는 완전한 독립을 바란다는 서울방송은 다음과 같이 전하고 있다.

각 정당 대동단결 (10일 서울발) 작년 31일 오전 9시 서울 번화가 종로에 각 정당을 비롯하여 사람들이 모여 신탁통치 반대시위운동을 할 것이라 한다. 과거 반만년의 빛나는 문화 조선의 기세를 보이는 것이라고 하여 크게 주목을 끌고 있다.

한국임시정부 주석 김구 선생은 신탁통치안은 삼천만 민족의 감정을 무시하는 것이니 우리는 이 안에 절대 반대하며 끝까지 신탁제도가 없는 완전한 독립을 바란다고 열렬한 결의를 표명했다고 하며, 이 신탁통치안 결정 보도를 받자 국내의 각 정당은 대동단결 궐기하여 반대하기로 결정하고 삼천만 동포를 대표하여 신탁통치 절대반대라는 결의문을 작성하여 외교부장은 즉시 미군사령관을 방문하여 이 결의문을 4대국에 전하도록 부탁했더니 同 사령관은 4대국에 타전했다는 회답을 전해 왔다.

결의문 요지는 다음과 같다. ① 우리는 삼국 외상회의에서 결정한 조선신탁통치안을 절대 반대함. ② 이 신탁제도는 얄타회담 결정인 민족자치 원칙에 위반한다. ③ 이 방침은 세계평화 파괴이다.

_4_
해방 직후 재일동포의 민족교육

식민통치 기간 중에 일제에 의해 동화정책을 강요당하여 재일동포 아동들이 우리말과 글을 모르는 가운데 일본의 패전과 조국의 광복을 맞게 되었다. 해방과 함께 재일동포들이 가장 관심을 갖게 된 것은 고국에 하루빨리 귀환하는 문제와 동포 어린이들에게 우리말을 가르치는 일이었다. 따라서 일본 각지에서 수많은 국어강습소를 중심으로 하는 민족교육기관들이 우후죽순처럼 생겨났다. 소수 독립적인 학교건물을 세운 곳도 있었지만 대체로 일본인들이 운영해 오던 기존의 교육시설 일부를 빌려서 사용하는 형태로 열악한 환경 가운데서 우리말 교육을 실시했다. 비록 제대로 된 시설과 교육과정을 갖추지 않은 일시적인 교육조건으로 시작했지만 이러한 기초 위에서 재일동포의 중추적인 민족단체 조련이 결성되고 조직적으로 교육사업에 적극 관여하면서 민족교육의 체계가 정비될 수 있었다.

조련의 조직 가운데 문화부가 주로 전반적인 민족교육 관리 지도 업무를 담당했다. 해방 이듬해에 들어 동포들의 고국귀환 움직임이 소강상태에 들어가면서 일본에 거류하는 동포들을 위한 정규 학교교육이 필요하다는 인식이 보편화되었다. 조련은 이러한 필요성을 인식하여 1946년 2월의 제2차 임시전국대회에서 본격적인 정규 교육기관으로 초등학원을 설립하기로 결정하고 전국적으로 학교설립을 위한 운동을 전개했다. 그때 민족학교의 재정 운영, 교과서 편찬, 교원 확보가 당면한 과제였다. 학교 운영을 위하여 학교관리조합을 결성하게 했으며 교과서 등 교재 편찬을 위하여 조련 문화부 안에 교재편찬위원회를 두고 국어, 역사, 산수, 이과 등의 교과서와 참고서를 출판했다. 또한 민족학교의 교원은 주로 조련의 조직원 가운데서 기용했다.

이러한 초급학교 설립운동은 중등교육 기관 설립운동으로 이어졌다. 해방 후 최초로 결성된 중등교육기관으로 알려지고 있는 것은 오사카의 건국공업학교로서 오늘날의 백두(白頭)학원 건국초중고급학교가 이에 해당한다. 이 학교는 한신(阪神)지역의 동포 기업가들의 친목단체인 「백두동지회」가 우리말 교육과 함께 조국에 돌아가서 조국건설에 이바지할 기술자를 양성할 목적으로 일본의 공업학교를 매수하여 설립한 것이다. 1946년 10월에 열린 조련 제3차 전국대회의 보고에 의하면, 당시 초등학교 525개교에 42,182명의 학생과 1,022명의 교사가, 중등학교 4개교에 1,180명의 학생과 52명의 교사가 있었다고 한다. 아울러 1947년 10월에 열린 조련 제4차 전국대회의 보고에 의하면, 더욱 민족학교 규모가 커져서 당시 초등학교 541개교에 57,961명의 학생과 1,250명의 교사가, 중등학교 7개교에 2,761명의 학생과 59명의 교사가 민족교육에 임하고 있었다고 한다.

그러나 일본의 점령당국은 전반적으로 재일동포 아동들에 대한 민족교육을 적극적으로 인정하지 않았고, 일본의 법률에 복종해야 하며 일본의 교육기관에서 교육을 받아야 한다는 방침으로 일관했다. 점령당국의 초기 방침으로는 민간정보교육국(CIE)이 조선인에 의한 민족교육 요구에 어떻게 대처할 것인가를 묻는 예하부대와 일본정부의 질의에 대해 1946년 6월에 답변한 것을 보면 잘 알 수 있다. 점령당국은 답변을 통하여 조선인들의 사립학교가 심각한 충돌을 가져올 수 있는 소수민족집단을 양성할 위험성이 있다고 보았다. 이러한 관점에서 점령당국은 소수민족의 권익보장보다는 점령 질서의 유지를 우선시 했으며 민족교육에 대해서 부정적인

해방직후 재일동포 민족교육 풍경

자세를 나타냈다. 일본정부는 점령당국의 방침을 추종했을 뿐 아니라 나아가서 점령당국과 지방행정단체에 영향력을 행사하여 민족교육을 근본적으로 인정하지 않게 했다. 국제질서에 있어서 점차 냉전이 심화되면서 점령당국과 일본정부는 재일동포 민족학교에서 교육하는 교육내용을 점령 질서와 일본의 사회 질서를 위협하는 움직임으로 보고 이를 억압하고자 했다.

1947년 10월에는 점령당국이 조선인 학교는 일본의 교육법령을 따르라고 하는 지령을 내렸다. 이에 맞추어 일본 정부는 각료회의를 거쳐 1948년 1월에 문부성 학교교육국장의 통달을 통하여 재일동포의 민족교육 권리를 부정하고 동포 어린이들을 일본인 학교에 취학하도록 강요하기에 이르렀다. 나아가 점령당국은 일본학교의 일부 시설을 사용하고 있던 민족학교에 대해 이를 철수하도록 하는 '조선인학교 폐쇄령'을 내렸으며 그곳에서 교육받고 있던 동포아동들을 각각 분산시켜서 일본학교에 입학시키도록 강요하는 내용의 지시를 내렸다. 1948년 4월이 되자 재일동포들이 가장 많이 거주하고 있던 오사카에서 점령당국이 직접 재일동포들의 학교 시설과 교과서를 관리하겠다고 하는 강경한 지시를 내렸다.

당시 재일동포 사회에서 가장 활발히 활동하고 있던 조련은 이러한 지시에 대해 불복하고 오히려 자체적으로 민족교육의 내용을 강화해 가는 한편 일본 국내외 기관단체들에게 호소하여 민족교육 인가를 받아내기 위해 적극적인 조직 활동을 전개했다. 그럼에도 불구하고 이러한 재일동포들의 의사를 묵살하고 점령당국이 민족학교 폐쇄를 강행하기에 이르자 재일동포들은 마지막 수단으로 농성과 데모와 같은 방법을 통한 실력저지에 나섰으며 여기에 점령당국은 점령개시 후 처음으로 비상사태를 선포하고 경찰력을 동원하여 이들을 탄압하고 강제 해산시켰다. 이 과정에서 오사카와 고베에서 재일동포 3천 여 명이 검거되었으며 수많은 사람들이 중경상을 입었고 당시 16살이던 김태일(金太一) 소년이 4월 26일 경찰관의 총탄에 맞아 숨지는 사건이 발생했다.

일본정부는 이러한 재일동포들의 완강한 투쟁에 직면하여 마침내 제한적이긴 했지만 기본적으로 민족교육을 인정하고 민족학교의 설립을 허가하기에 이르렀다. 1948년 5월 6일에 일본 문부성은 전날 조선인교육대책위원회와 합의한 각서에 따라 "조선인학교에 관한 문제에 대하여" 라는 문서를 발표하여 재일동포 스스로 최소한의 요건을 갖추어 사립학교를 설립할 수 있으며 일반학교에서도 과외수업으로 민족교육을 받을 수 있도록 하는 내용의 방침을 지방단체에 하달했다. 1948년 4월에 566개교에 48,930명의 어린이를 교육하고 있던 초급 민족학교가 교육투쟁을 겪고 난 후 1949년 7월에는 331개교, 34,415명으로 줄어들었다.

1949년 9월 점령당국에 의해 조련이 강제 해산을 당하고 재일동포의 조직적 운동의 구심점이 사라지면서 점차 민족교육도 쇠퇴의 길을 걸었다. 일본의 공안당국이 파악한 바에 의하면 1949년 11월 12일 현재 소학교 209개교만이 일본정부로부터 인가를 받아 남았다고 되어 있다. 이렇게 보면 교육투쟁 이후 350개교 이상의 민족교육기관이 소멸되고 14,000명 이상의 동포 어린이들이 일본인 학교로 옮기든지 취학을 포기하게 된 것이다. 일본 패전 이후에 난립되었던 민족학교는 결과적으로 이렇게 하여 일본정부의 관할권 안으로 정리되어 갔다.

_5_
이제는 재일동포 영주권자 40만대 시대

일본법무성 입국관리국은 2005년 6월에 2004년 말 현재의 외국인등록자 통계를 발표했다. 이에 따르면 외국인등록자가 총 1,973,747명으로 일본 역사상 가장 많은 숫자를 기록했다고 한다. 또한 2003년에 비해서 58,717명(3.1%)이 증가한 것이며 10년 전인 1994년에 비하면 무려 619,736명(45.8%)이 증가한 것이라고 했다. 그렇지만 일본의 총인구에서 차지하는 외국인의 비중은 여전히 그다지 크지 않다. 일본 총무성 통계국이 2004년 10월에 집계한 일본의 총 인구가 127,687,000명이었던 것에 비추어 보면, 재일외국인이 차지하는 비율은 1.6%에 지나지 않기 때문이다.

외국인등록자 출신지에 의한 국적 수는 무국적을 제외하고 총 188개국에 이른다. 이 가운데 한국/조선 국적자가 607,419명이 가장 많으면 전체의 30.8%를 차지했다. 그 다음은 중국 487,570명(24.7), 브라질 286,557

명(14.5), 필리핀 199,394명(10.1), 페루 55,750명(2.8), 미국 48,844명
(2.5) 순이다. 지방별로 보면 외국인등록자가 가장 많은 곳이 도쿄(東京都)
로 345,441명(17.5%)이며, 그 다음은 大阪府 212,590명(10.8), 愛知縣
179,742명(9.1), 神奈川縣 147,646명(7.5) 순으로, 대도시에 외국인이 많
이 거주하고 있음을 나타내고 있다. 한국/조선인 등록자는 지방별로 오사
카(大阪府)에 146,678명(24.1%)으로 가장 많이 거주하고 있으며, 그 다음
이 東京都 101,620명(16.7), 兵庫縣 60,289명(9.9), 愛知縣 44,135명(7.3)
순이다. 역사적으로 오사카, 도쿄, 나고야 주변에 재일동포가 많이 거주해
왔던 큰 흐름이 현재까지도 계속되고 있는 것이다.

　우리의 관심을 끄는 것은 흔히 '재일동포' 의 범주에 속한다고 할 수 있
는 영주권자 수의 변화다. 일본의 영주권자는 일반영주권자와 특별영주권
자로 나뉜다. 일반영주권자는 일정한 요건을 갖추고 영주허가를 신청하여
허가를 인정받은 외국인을 말한다. 이에 비하여 특별영주권자는 일본패전
이전부터 일본에 거류했던 한반도 혹은 대만 출신자, 또는 그의 자손으로
서, 그 역사적 배경을 고려하여 1991년 11월부터 시행된 특례법에 의하여
특별하게 안정된 거주 자격을 부여받은 사람들이다. 이들은 특례조치에
의해 퇴거 강제나 재입국 허가 등에 있어서 일반영주권자보다 완화된 규

민단의 재일동포 젊은이 미팅 주선

제 조치를 받게 되어 있다. 우리가 흔히 역사적 의미의 재일동포와 그 후
손을 말할 때는 이처럼 몇 세대에 걸쳐 일본 사회에 뿌리를 내리고 거주해
오고 있는 특별영주권자를 말하는 것이다.

2004년 말 통계에 의하면 일본의 영주 외국인 전체는 778,583명으로
2003년보다 35,620명이 증가한 것으로 되어 있다. 그러나 그 가운데 한
국/조선인은 504,420명으로 2003년의 511,563명에서 오히려 7,143명이
줄어든 것으로 되어 있다. New Comer로 불리는 전후 일본 이주자들이
점차 늘어나고 있는 반면에, 이보다 더 많은 특별영주권자들이 줄어들고
있다는 것을 알 수 있다. 다음 표에서 보이는 바와 같이 특별영주권자 수
는 근래 들어 해마다 1만 명 이상 줄어들고 있다. 2004년의 경우 전년에
비해 일반영주권자가 39,807명에서 42,960명으로 3,153명 증가한 반면
에, 특별영주권자는 471,756명에서 461,460명으로 10,296명이 감소
했다.

【재일한국/조선 영주권자 수의 변화】

	2000년	2001년	2002년	2003년	2004년
일반영주권자	31,955	34,624	37,121	39,807	42,960
특별영주권자	507,429	495,986	485,180	471,756	461,460
계	539,384	530,610	522,301	511,563	504,420

이처럼 특별영주권자가 감소하는 이유로는, 일본 사회 전반에 걸친 출
생률 감소와 같은 자연 감소 요인과 무관하지는 않으나, 무엇보다도 1985
년부터 일본의 국적법이 종래의 부계혈통주의에서 부모양계주의로 개정
되면서 일본국적 취득이 용이해지고 한국/조선적 어린이가 대폭 감소하고

있기 때문이다. 일본 후생성의 인구통계를 분석한 연구에 의하면 1985년 한 해에 한국/조선적 젊은이들 사이에 결혼한 부부가 2,404쌍이었던 것에 비해, 배우자로서 일본국적자를 선택한 사람이 6,147명 (남 2,525명 여 3,622명)이었던 것으로 나타났다. 해마다 재일동포끼리 결혼하는 수는 감소하고 있는 반면에 일본인과 결혼하는 동포 젊은이들이 많아지고 있다.

森田芳夫, 『數字が語る在日韓國朝鮮人の歷史』(1996)

이와 함께 일본에 귀화함으로써 한국/조선적에서 이탈하는 사람이 많은 것도 특별영주권자 감소의 중요한 요인이 되고 있다. 1952년 한 해에 재일동포 232명이 일본국적을 취득한 것을 시작으로 점차 대체로 귀화하는 사람의 수가 늘어났으며 1995년부터는 그 수가 1만 명을 넘기 시작했다. 일본 국적 선택의 이유로는 무엇보다도 일본에서 생활하는데 외국인으로서 생활의 불편을 느끼기 때문일 것이며, 이 외에도 일본 정부에 의한 귀화 요건의 완화, 계속되는 한반도의 분단 상황, 북한의 체제 문제와 북일 관계의 악화, 한반도 국가 정책에 추종하는 재일민족단체의 한계 등을 이유로 들 수 있다.

아무튼 특별영주권자의 계속되는 감소가 멈춰지지 않는 한, 2005년 말 현재 재일한국/조선인 영주권자가 50만 명을 밑돌 것이 확실하다. 재일동포를 일본의 영주권자에 한정하여 말한다면, 이제는 '재일동포 40만' 시대가 된 것이다.

_6_

재일한국인에게 한국의 국정선거권을 부여하라

2004년 10월 9일에 호주에서 총선이 실시되었다. 이를 위해 호주 정부는 해외 거주 호주국민의 부재자 투표를 위해 9월 6일에 부재자 선거인 등록을 마쳤다. 또한 같은 해 11월 2일에 실시되는 미국의 대통령 선거를 앞두고 미국 정부는 9월 15일에 부재자 선거인 등록을 마쳤다. 이와 달리 한국 정부는 행정 편의의 논리를 앞세워 여전히 해외 거주 한국국민에 대해 선거권 행사의 기회를 부여하지 않고 있다. 오늘날 재외공관에 근무하는 우리 외교관들이 부재자 투표의 필요성을 역설하고 있고 이에 대해 국내 정치가들이 호의적인 반응을 보이기 시작하고 있어, 머지않은 장래에 어떠한 형태로든 재외국민의 부재자 투표가 실현될 것으로 보인다.

재외국민의 부재자 투표를 허용할 경우, 가장 문제가 되는 것은 대상 선거의 범위와 투표권자의 범위가 될 것이다. 대상 선거의 범위에서는 대통령 선거에 국한할 것인가 아니면 국회의원 선거까지 포함할 것인가, 또

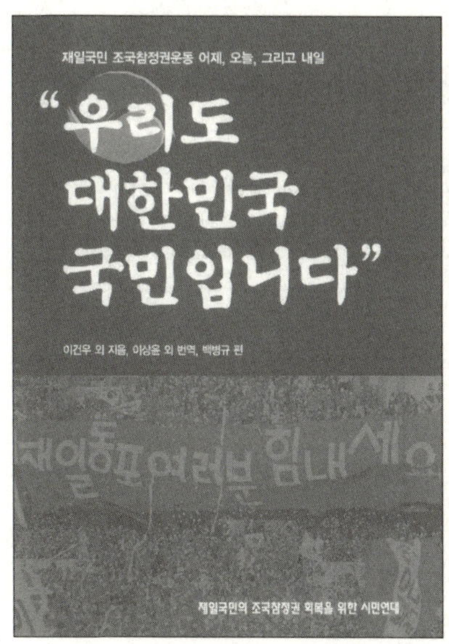

'우리도 대한민국국민입니다' 표지   일본어판 표지

는 국회의원 선거의 경우 지역구 선거까지 확대 적용할 것인가가 쟁점이 될 것이며, 투표권자의 범위에서는 거주국의 영주권자를 포함시킬 것인가 제외시킬 것인가가 쟁점이 될 것이다. 필자는 한국 국적을 가진 재일동포를 주된 대상으로 하는 주장이기는 하지만, 재외국민의 경우 외국에서 영주권을 가지고 있다고 하더라도 국민국가로서 재외국민을 하나라도 포섭해야 하는 입장에서, 이들에게 피선거권만을 향유할 수 있도록 하는 현행 선거제도의 불합리한 점을 보완하여 일반 동포에게 선거권을 보장하는 방향으로 노력해야 한다고 강조하고 싶다

이러한 관점에서 '재외국민의 국정참정권 회복을 요구하는 시민연대' 공동 간사를 역임하는 이건우(李健雨)씨가 통일일보에 한국의 외교통상부

에 반론을 제기하는 글을 게재한 일이 있다. 여기에서는 그의 투고 가운데 감정적인 표현이 농후한 문구 일부분만을 생략하고 의미가 불분명한 부분은 보완하면서 그의 주장을 소개하고자 한다. 일본에 거주하는 그는 1995년부터 한국 국적 재일동포의 본국 참정권 획득을 위해 헌신적으로 운동을 전개해 오고 있으며, 운동의 일환으로 1997년 8월에 헌법소원을 제기한 바 있으나 헌법재판소로부터 '기각' 결정을 받았다. 그의 주장과 운동 과정은 2002년에 한국어와 일본어로 출간된 단행본 『우리도 대한민국 국민입니다』에 상세하게 기록되어 있다.

재외국민 국정참정권을 둘러싸고 외교통상부의 차별적 견해에 반론함'
統一日報 (2004. 9. 29)

2004년 8월 14일 재외국민의 국정선거권을 요구하는 두 번째 헌법소원에 대해서 외교통상부가 헌법재판소의 요청에 응하여 의견서를 제출한 바 있다. 그 내용은 해외에 일시 체재하는 재외공관원, 상사주재원, 유학생 등에게 부재자 투표를 인정하는 것은 좋지만, 영주권자인 재일한국인 등에게까지 인정하는 데는 반대한다는 것이다. 반대 이유 가운데 하나는 병역의무와 납세의무를 이행하지 않기 때문에 국내 한국국민과의 균형에서 문제가 생긴다는 점이다. 그러나 이번 헌법소원에는 지난번 97년과는 달리 병역의무를 이행한 재일한국인 유학생이 가담하고 있다. 병역문제는 병역기피 수단으로 이용하는 이민문제와 얽혀 있어 병역법 개정을 통하여 일정 기간 이상 또는 부모 어느 쪽과 국내에서 동거하고 있을 경우에는 영주권자라고 하더라도 예외 없이 병역의무를 부과하고 있다. 게다가 이 반대 의견으로는 병역의무가 없는 여성에 대해서는 설명이 되지 않는다.

납세의무에 대해서는 세금이란 소득이 발생하는 곳에서 내는 것으로서 대개의 국가들이 이중과세방지 조약을 체결하고 있기 때문에 재일동포들은 거주국인 일본에 세금을 낼 수밖에 없다. 이러한 사정을 가장 잘 알고 있을 외교통상부가 무리하게 반대이유로 들고 있는 것이다. 헌법 제2조에 의하여 재외국민을 국민으로서 동등하게 취급하고 보호해야 하는 외무기관이 헌법상 보장된 평등권을 무시하고 차별하는 측에 서 있는 것이다. 본래 외무기관은 국권을 강탈한 일본에서 망국의 고통을 견디고 국적을 견지해 온 재일한국인에게, 오랫동안 박탈당해 온 국민으로서의 권리를 배려하고 가장 먼저 구제의 길을 모색해야 하는 기관이 아닌가.

또 하나의 반대 이유는 영주권자에게까지 선거권을 확대하게 되면 '현지화'에 지장을 초래할 뿐 아니라 과다한 지원 요구나 모국지향성을 촉발시킬 수 있다는 것이다. 누누이 지적해 온 바와 같이 국가가 우리 동포들을 부담으로 여기는 한 선거권에 그치지 않고 동포정책에서 한 가지도 제대로 될 수 없다. '현지화'라는 용어에서 보이는 외교통상부의 본심은 동포문제나 이민문제를 국가적 외교적 부담으로 느끼고 있는 것이며 그들이 하루 빨리 거주국으로 귀화하고 거주국의 법 지배를 받아들이게 하여 그 보호책임을 면하고 싶다는 것이다. 이것은 유감스럽게도 한일회담 당시의 기민(棄民)적 자세와 전혀 다름없는 것이다. 그러면서 어떻게 재외동포의 역량을 국가 발전에 활용하겠다고 이야기할 수 있겠는가.

재일동포의 입장에서 말하면 국가라고 하는 실체감조차 갖지 못하고 한국인도 일본인도 아닌 애매함에 몸을 맡기고 있는 동포에게, 돈으로 바꿀 수 없는 민족의식과 연대감을 이 권리(선거권)에 기대하고 있는 것이다. 외교통상부가 말하는 과다한 지원요구라는 고식적인 동기나 목적은 있을 리 없다. 이러한 의도로 예방적으로 국민의 권리의 제한과 차별을 요구하는 것은 언어도단이며 비민주적일 뿐 아니라 '재일동포'의 과거를 묻어버리려는 것으로 도저히 받아들일 수 없다.

동일하게 재외국민에 대한 선거권 부여문제로 정치가들이 표밭을 의식하여 한 때 암초에 부딪혔던 일본에서는, 결국 영주권자들을 영원히 계속 배제할 수 없다는 것을 깨닫고 성숙된 관료들이 노력하기도 하여 재외국민을 국가편으로 끌어들이기로 선택했다. 과연 재외국민을 배제하는 것과 포용하는 것, 어느 쪽이 국가와 국민에게 있어서 이익이 되겠는가.

_7_
재일참정권 한일 네트워크

최근 일본 정치권에서 보수적인 성격이 강화되고 있는 가운데 재일 외국인 참정권 법률안이 일본 국회에 '계속 심의' 상태로 보류되어 있으며 국회를 통과하기는 쉽지 않을 것으로 보인다. 근래 일본 국회의 법률안 심의과정에서 참정권 문제에 관하여 「국민 대 외국인」이라는 종래의 이원적 관념이 부분적으로 변화의 조짐을 보이고 있으면서도, 세계적인 시대의 흐름이나 일본사회의 국제화 진전 상황에 비추어 볼 때 여전히 '신중론'이 지나치게 강하기 때문이다.

민족과 국가를 동일시하고 따라서 국민의 요소로서 혈통과 언어와 같은 전통적인 요소를 중시해 온 한국과 일본의 사회에서 민주화 국제화 경향에 따라 사회적 마이너리티의 권리를 보장해야 한다는 주장이 제기되고 있다. 그럼에도 불구하고 재일한국인의 참정권에 국한해 보면 여전히 국민주권을 중요시하는 통념이 강하여 한국인 사회와 일본인 사회에 있어서 정주외국인의 참정권 문제를 경시하고 있는 것이다.

이렇듯 일본의 정치권이 소극적인 자세를 보이고 있는 가운데, 오늘날 한국과 일본 사회에 재일한국인의 지방참정권 문제의 필요성을 알리고 참정권 관련법안의 국회통과를 촉구하기 위한 시민단체의 움직임이 활발하다. 특히 동포들의 권리신장을 위해 노력해 온 재일한국인 변호사 김경득 씨가 중심이 되어 한국과 일본에 시민네트워크를 결성한 것은 괄목할 만한 움직임이다. 그는 2004년 11월에 도쿄에 있는 한국YMCA와 서울에 있는 로얄호텔에서 각각 심포지엄을 열고 한국과 일본의 관련 전문가로부터 의견을 듣고 여론을 환기시켰다

이와 함께 그는 재일한국인의 참정권을 둘러싼 시민연대 네트워크 움직임에 대해 한국과 일본에서 많은 사람들이 찬동하고 이에 가담하기를 기대하고 다음과 같은 찬동 요청서를 작성하여 배포했다.

일본 국회를 방문하여 참정권을 호소하는 민단 임원

2004년 11월 서울에서 열린 재일동포 참정권 관련 심포지엄

「정주외국인의 지방참정권을 실현시키는 일본 · 한국 · 재일
네트워크」에 대한 찬동을 부탁드립니다.

스스로의 생활을 유지하고 향상시킬 권리, 사회에 참여하고 공헌
할 권리를 사람들은 평등하게 가지고 있습니다. 재일한국인을 비롯
한 일본에 정주하는 외국인은 일본사회에 생활기반을 두고 지역사회
의 구성원으로서 납세를 비롯한 의무를 다하고 사회 · 경제·문화 등
모든 분야에 기여하는 주민으로서 살고 있습니다. 이러한 외국인 주
민에 있어서는 지방참정권은 소박하고 절실한 요구입니다.

● 지방참정권운동의 발자취

일본에서 정주외국인의 지방참정권 운동이 본격적으로 시작된
지 10여년이 넘었습니다. 그간 참정권운동은 재판투쟁을 비롯한 각
지역에서의 민족차별철폐운동 특히 공무원채용운동 등과 연동하여
전개되어 왔습니다. 이제는 외국적 주민의 사회참가·정치참가가 새
로운 단계를 맞이하고 있습니다.

외국인의 지방참정권이 공적으로 제시된 것은 「1991년 문제」 즉
재일한국 · 조선인의 영주자격에 관한 한일간 재협의 과정에서였습니
다. 한국정부는 재일한국인의 강력한 요청을 받아 「한일각서」에서
지방참정권의 실현을 일본측에 촉구했습니다. 또한 법정에 제소하거
나, 지방의회에 의견서를 채택하게 하거나, 각 지방에서 집회를 개최
하는 등, 점차 운동이 확대되어 갔습니다.

1993년 9월에는 오사카의 기시와다시 의회가 지방자치체로서는
처음으로 정주외국인에 대한 지방선거권의 부여를 정부에 요구하는
결의를 하여 이제는 1,520개 자치체가 이를 결의하기에 이르렀습니
다. 또한 1995년 2월 일본 최고재판소는「헌법은 영주자 등 지방공공
단체와 긴밀한 관계를 갖고 있는 외국인에게 법률로 지방선거권을
부여할 것을 금하지 않는다」라는 판결을 내렸습니다.

1998년 10월 야당인 민주, 공명 양당이 공동으로 최초로 영주외국인 지방선거권 부여 법안을 국회에 제출했습니다. 1999년 10월 자민, 자유, 공명의 3당 연립정권이 발족하면서 정책협정 속에 공명당의 요망으로 지방참정권 부여법의 성립을 포함시키고 여당의 과제로 삼았습니다. 그러나 법안이 4차례나 상정되었음에도 불구하고 자민당 내의 의견이 수렴되지 않아 아직도 성립되지 않고 있습니다. 일부 보수적인 정치가들이 참정권운동을 억제하기 위해 꺼낸 「특별영주자의 국적취득특례법안」의 출현도 참정권 운동이 활발해진 결과라고 볼 수 있습니다.

일본 국회에 있어서 지방참정권 법안이 답보상태에 있었던 2002년 1월 시가현 마이하라쵸(米原町)는 주민투표 조례를 제정하여 처음으로 영주외국인의 투표권을 인정했습니다. 그 후 주민투표에 있어서 외국인에게 투표자격을 인정한 조례가 이미 130곳을 넘었고 외국적 주민을 지역사회의 구성원으로서 인정해 가고 있습니다.

• 한국에서도 진행되는 지방참정권 부여와 주민투표법의 제정

1998년 10월 한국의 김대중 대통령은 일본정부에 대해 정주외국인의 지방참정권 실현을 요망함과 동시에 한국에서도 정주외국인에 대한 지방참정권 부여를 명언했습니다. 그 후 구체적인 법안 작성에 들어갔습니다만 관련 법안 정비의 필요성으로 인해 지체되어 2002년 6월의 통일지방선거에는 맞추지 못했습니다. 하지만 노무현 정권에 들어서 지방자치체의 「주민투표법」(2004년 1월 공포, 7월 시행)이 제정되었으며 거기서 정주외국인에 대한 주민투표의 청구권 및 투표권을 함께 인정하고 있습니다. 그리고 이에 따른 지자체의 주민투표 조례가 잇따라 생기고 있습니다.

김대중 대통령의 발언은 한국의 급속한 경제성장과 민주화의 진전 결과, 정주외국인의 인권문제가 부상하기에 이른 사회적 상황을 배경으로 한 것입니다. 이러한 사회상황은 한국과 일본에만 한정된 것이 아니라 약간의 차이는 있어도 동아시아의 보편적인 상황이 되어 가고 있으며 가까운 장래에 동아시아의 공통 과제로 부상할 것입니다.

● 「일본 · 한국 · 재일」 공동 대처의 의미

정주외국인의 지방참정권 운동을 일본·한국·재일의 공통과제로서 전개해 나가는 것이 중요하며 그에 의해 기대되는 상승효과는 헤아릴 수 없습니다. 현해탄을 사이에 둔 한국과 일본에서 정주외국인의 지방참정권이 실현되면 민주주의를 비약적으로 성숙시키고 지방자치의 본래의 취지가 관철되어, 그것을 토대로 다민족 다문화 공생의 사회가 명실 공히 실현될 것입니다. 또한 그것은 비약적으로 양국의 우호를 증대시키며 오랫동안 비원이 되고 있는 역사의 청산을 완수하고 견고한 파트너십의 기반이 될 것입니다. EU에서 지방참정권의 상호개방이 실현된 것과 같이 그 동아시아판의 탄생이라고 할 수 있을 것입니다.

이 창조적이고 많은 가능성을 품고 있는 지방참정권 운동을 일본·한국·재일의 시민레벨에서 연대하여 개척해 가는 일이야말로 미래를 향한 획기적인 의미가 있습니다. 그 실현을 위해 우리는 네트워크를 결성하기로 했습니다. 이러한 「정주외국인의 지방참정권을 실현시키는 일본·한국·재일 네트워크」에 찬동해 주시고 참가해 주시기를 바랍니다.

2004년 9월 10일

〈공동대표〉 田中宏(龍谷大學교수), 內海愛子(惠泉大學교수), 朴慶南(作家), 金敬得(변호사)

_8_
재일한국인의 일본 지방참정권 문제

　대부분의 재일한국인들은 해방 전에 한반도에서 일본으로 건너가 생활의 기반을 닦은 1세로부터 형성된 민족 성원으로서 100년 가까운 역사 가운데 오늘날 4세 혹은 5세에 달하는 후손들도 존재하고 있다. 이들은 영주 자격을 가진 엄연한 일본사회 주민으로서 일본 국가와 지방에 납세 등의 의무를 수행하고 있으며 각종 사회단체에서 다양한 역할을 담당하고 있어 이들에게 일본의 지방자치에 참여하도록 하는 지방참정권을 부여해야 한다는 견해가 일본과 한국에서 제기되고 있다.

　재일한국인의 지방참정권 문제는 1975년 9월에 기타큐슈시(北九州市)의 시민단체들이 정주외국인의 지방선거권에 대해 시당국에게 공개질의서를 제출한 것을 시발점으로 하여 오늘날에 이르기까지 일본 시민운동 이슈의 하나가 되고 있다. 이러한 시민운동의 영향을 받아 1993년 9월에 기시와다시(岸和田市) 의회가 일본 지방자치단체로서는 처음으로 중앙정부에 대해 정주외국인에게 참정권을 부여하도록 요청하는 결의문을 통과시켰다. 또한 1995년 2월에는 일본 최고재판소가 "정주외국인에 대한 지방참정권 부여는 헌법상 금지된 것은 아니며 다만 국가의 입법 정책에 해당하는 사항"이라는 판결을 내린 것을 계기로 하여 오늘날에 이르기까지 민단을 비롯한 재일한국인 단체들이 조직을 들어 지방참정권 획득 운동을 전개해 오고 있다.

일본의 지방자치단체 중에서 정주외국인에게 지방참정권을 부여하도록 중앙정부에 요청하는 의견서를 채택하고 있는 현황을 보면, 2003년 12월 현재 일본 전체 3,302 단체 가운데 1,518 단체가 의견서를 채택하고 있어 총 46%의 채택률을 나타냈다. 이 가운데 정주외국인 주민이 극히 적은 600여 단체를 제외하면 이미 과반수의 자치단체가 지방참정권 부여에 호의적인 태도를 보이고 있음을 알 수 있다. 특히 오사카 등 재일한국인이 많이 거주하는 지역에서 높은 의견서 채택률을 보이고 있는 것도 주목할 일이다. 또한 정주외국인의 지방참정권 부여에 관한 일본의 여론조사 결과를 보면, 1999년 3월 요미우리신문 조사에서 찬성 66% 반대 25%, 2000년 10월 마이니치신문 조사에서 찬성 58% 반대 32%, 2000년 11월 아사히신문 조사에서 찬성 64% 반대 28%로 나타나고 있어 대체로 일본 사회가 정주외국인의 지방참정권 부여에 호의적임을 알 수 있다.

반면에 일본의 국회와 행정부는 이 문제에 관하여 매우 '신중한' 태도를 보이고 있다. 1998년 10월 민주당과 신당 평화(당시)에 의해 지방참정권 부여 법안이 국회에 처음으로 상정되었으며 1999년 8월에는 일본국회에서 처음으로 관련 법안이 심의대상에 올랐다. 2000년 7월에는 자민당이 묵인하는 가운데 나머지 여당 (공명당과 보수당)이 중심이 되어 관련 법안을 재차 국회에 제출했다. 2000년 가을 일본 국회가 참고인들을 불러 의견을 청취하기도 하고 일시적으로 활발하게 심의하는 모습을 보였으나, 일부 자민당 의원의 완강한 반대에 봉착하여 법안을 통과시키지 못했다. 그 이후 관련 법안은 국회에 상정된 채 제대로 심의대상이 되지 못하고 '계속 심의' 형태로 보류 상태에 놓여있다. 회기 만료나 중의원 해산으로 법안이 자동 폐기 되었다가 새로운 회기와 함께 법안이 다시 제출되는 지루한 일을 거듭하고 있는 것이다. 2005년 10월 중의원 선거로 새로 시작한 163회 특별국회에 공명당은 5번째로 관련 법안을 다시 제출했다.

1994년 이후 한국정부는 민단의 요청을 받아들여 기회가 있을 때마다 일본정부에 대해서 이 문제에 대한 적극적인 태도를 요청해 오고 있다. 2003년 6월 노무현 대통령도 일본을 방문하여 고이즈미 수상에게 이 문제에 대한 '성의 있는 대응'을 요청했으며 일본국회연설에서도 이 문제를 거론한 바 있다. 그러나 일본정부는 '계속 노력하겠다' 는 형식적인 대답에 그치고 있을 뿐 아무런 적극적인 액션을 취하고 있지 않다. 북한 핵개발 문제, 일본인 '납치' 문제, 이라크 문제 등의 현안 문제와 일본사회의 전반

지방참정권을 요구하는 재일동포

적인 우경화 분위기는 정주외국인 지방참정권 부여에 관한 정치적 결단을 어렵게 하고 있는 것이다.

【영주외국인에 대한 주민투표 조례제정 지방단체, 民團新聞 (2004. 1. 1)】

都道府縣 (수)	지방단체명	都道府縣 (수)	지방단체명
岡山縣 (14)	奈義町, 勝央町, 棚原町, 加茂町, 哲西町, 北房町, 久米南町, 東栗倉村, 長船町, 川上村, 久米町, 美甘村, 英田町, 金光町		
長野縣 (6)	平谷村, 富士見町, 下諏訪町, 山ノ内町, 大岡村, 箕輪町		
三重縣 (4)	名張市, 紀伊長島町, 大王町, 朝日町		
福島縣 (4)	鮫川村, 棚倉町, 磧町, 飯舘村		
沖繩縣 (4)	與那國町, 伊江村, 西原町, 伊良部町		
新潟縣 (3)	大潟町, 燕市, 小國町		
富山縣 (3)	山田村, 小杉町, 八尾町	大阪府 (1)	高石市
福岡縣 (3)	北野町, 大木町, 津屋崎町	靜岡縣 (1)	東伊豆
埼玉縣 (3)	岩槻市, 富士見市, 菖蒲町	高知縣 (1)	葉山村
滋賀縣 (3)	米原町, 長浜市, 朽木村	群馬縣 (1)	佐波郡東村
山梨縣 (3)	敷島町, 武川村, 中道町	廣島縣 (1)	廣島市
愛知縣 (3)	高浜市, 尾西市, 祖父江町村	東京都 (1)	杉竝區鹿
兒島縣 (3)	輝北町, 與論町, 隼人町	佐賀縣 (1)	三瀬村
奈良縣 (3)	東吉野村, 山添村, 大淀町	鳥取縣 (1)	日吉津村
岐阜縣 (2)	北方町, 池田町	香川縣 (1)	三野町
福井縣 (2)	松岡町, 鯖江市	石川縣 (1)	押水町
大分縣 (2)	彌生町, 犬飼町	栃木縣 (1)	日光市
島根縣 (2)	平田市, 斐川町	兵庫縣 (1)	三日月町
長崎縣 (2)	口之津町, 三和町	北海道 (1)	奈井江町
秋田縣 (1)	岩城町	山口縣 (1)	三隅町
계(84)	12市, 1特別區, 54町, 17村		

　　다만 정주 재일한국인의 지방참정권과 관련하여 선거권과 피선거권과는 다른 차원에서 현실적으로 자치단체에 의견을 개진할 수 있는 주민투표권을 확보해 가고 있는 현상을 주목할 필요가 있다. 일본 전국적으로 일고 있는 지방자치단체 통폐합 움직임을 계기로 하여 일본인과 동일하게 주민으로 거주하고 있는 영주외국인에게 주민투표권을 부여하겠다고 하는 조례를 제정하는 단체가 점차 늘어나고 있다. 2003년 12월 현재 84곳의 자치단체(12市, 1特別區, 54町, 17村)가 영주외국인에게 주민투표권을 부여하고 있다. 이러한 주민투표권 확대 현상이 국가에 의한 지방참정권 부여 정책으로 이어지기를 기대한다.

9

일본 국회 회의록에 나타난 재일외국인 참정권법안 취지 설명

2004년 10월 12일에 소집되어 53일간의 회기에 들어간 일본의 161회 임시국회가 12월 3일에 끝났다. 161회 임시국회에서는 일본정부가 제출한 총 34개 (신규 27개, 계속 7개) 법안 가운데 24개 법안이 통과되었으며 일본과 멕시코 사이의 자유무역협정이 승인을 받았다. 또한 의원들이 제출한 총 60개 법안 가운데는 8개 법안만이 국회를 통과했다. 이처럼 의원 제출 법안이 저조한 통과율을 보이는 가운데 재일한국인의 일본 지방참정권 관련 법안이 이번 국회를 통과하지 못하고 또 다시 '계속 심의' 상태로 차기 국회에 넘겨졌다.

이 법안은 공명당의 후유시바(冬柴鐵三) 의원 외 2명이 같은 해 2월의 159회 통상국회에 제출한 것으로 1998년 10월에 공명당의 주도로 처음으로 국회에 관련 법안을 제출한 이래, 법안제출 취지 설명, 질의응답, '계속 심의' 과정을 유지하다가 국회 해산과 함께 자동 폐안이 되기를 반복하면 서 네 번째로 다시 제출한 것이었다. 이때 임시국회에서는 심의 일정에 따 라 '정치윤리확립 및 선거법개정에 관한 특별위원회'에서 11월 16일 하루 에 걸쳐 법안 심의가 이루어졌다. 법안 설명과 질의응답으로 소요된 시간 은 90분이었다. 첫 번째 법안 제출 이래 일본국회에서 법안 심의에 소요된 시간은 총 14시간이 넘는다. 그럼에도 불구하고 자민당이 이 법안의 심의 와 성립에 소극적인 태도를 보이고 있는 가운데 이번에도 별다른 성과 없 이 차기 국회에 넘기게 된 것이다.

특별위원회 회의록을 보면 임시국회에서는 법안제출자의 법안취지 설 명과 함께 다음과 같은 문제를 중심으로 질의응답이 이루어졌음을 알 수 있다. (1) 1995년 최고재판소 판결의 해석 및 정주외국인 참정권 부여의 합 헌성 문제. (2) 일본과 적대적인 북한의 국적을 소유한 영주외국인에 대해 참정권을 부여하는 위험성 문제. (3) 영주외국인에 대한 피선거권 부여의 가능성 문제. (4) "선거권을 요구하려면 귀화하라"는 주장에 대한 법안 제 출자의 견해. (5) '상호주의' 관점에서 한국의 외국인 지방참정권 부여문

참정권법안 제출에 열정을 보이고 있는 후유시바 의원

제의 동향에 관한 설명과 본 법안이 '상호주의' 입장을 취하고 있지 않다고 하는 주장. (6) 자민당의 소극적인 태도와 타협하는 공명당의 정치 행태의 문제점. (7) 선거권 부여에 있어서 외국인등록원표에 기재된 국적에 근거하는 것의 문제점 등.

공명당에서도 특히 후유시바 의원은 개인적으로 정치적 신념을 내세우며 이 법안의 제출과 심의 과정에서 적극적인 움직임을 보이고 있으나, 정작 법안 통과에서 칼자루를 쥐고 있는 자민당은 이러한 공동 여당 파트너의 노력에 대해 "해 보려거든 열심히 해 보라. 그러나 우리는 찬동하지는 않는다"는 태도로 일관하고 있다. 이하, 중의원 특별위원회 회의록을 통하여 후유시바 의원이 법안 제출 취지에 관하여 설명한 내용을 소개한다.

2003년 말 현재 일본의 영주권을 갖고 있는 외국인은 일반영주자 267,011명, 특별영주자 475,952명으로 합계 742,963명에 달한다. 이 법안은 이러한 영주외국인에 대하여 지방참정권을 부여할 목적으로 제정하려는 것이다. 사상적 근거로는 지방의 일은 그 지방에 거주하는 주민들이 자주적 자율적으로 결정하는 것이 바람직하다는 것, 성숙된 민주주의 국가로서 해당 지역과 특별히 긴밀한 관계를 갖게 된 외국인 주민의 의사를 일상생활에 밀접한 관련을 갖는 지역의 공공적 사무처리 결정에 반영해야 한다는 것, 특히 일본에서 태어나 자라나 생계를 유지하다가 뼈를 이 나라에 묻으려고 하는 재일한국인 등 특별한 역사적 배경을 가진 사람들에 대해서는 그들이 원한다면 가능한 일본국민에 가까운 대우를 해야 한다는 것, 등에 기초한 것이다.

그러나 주지하는 바와 같이 현행 지방자치법 및 공직선거법은 국정선거는 말할 것도 없이 지방선거에서도 일본이 무거운 역사를 지닌 이들 영주외국인 주민에 대해 선거권조차 부여하고 있지 않다. 이에 대해 일본에 깊이 뿌리를 내리고 이미 4대 자손 이후의 세대가 14만 명이나 영주권을 갖고 있으며 물론 납세의무를 다하고 일본의 발전에 기여하며 일본 국민과 함께 지역 공동체를 구성하고 있는 재일외국인들에게, 지방참정권을 부여해야 한다는 의견이 자치단체 의회로부터 강하게 제기되었다. 조사결과에 의하면 2004년 10월 21일 현재 그 수가 1,520개 지방자치단체에 이르고 있으며 거기에 속하는 주민은 전체 국민의 75.89%에 달하고 있다. 여기에다가 이러한 의견은 지방참정권 획득을 위한 대한민국 민단의 지속적이고 착실한 운동과 국회의원 간의 교류인 일한의원연맹 총회에서 수차례에 걸쳐 발표한 공동성명에서도 명확하게 표명되어 왔다.

아울러 1998년 10월 8일 김대중 대통령이 일본국회에서 행한 연설 가운데 60만 재일한국인의 미래를 고려하지 않을 수 없으며 특히 지방참정권 획득이 조기에 실현된다면 재일한국인 뿐만 아니라 한국 국민들도 크게 기뻐할 것이며 세계도 그런 일본의 열린 정책을 적극적으로 환영할 것이라고 했다. 또한 주지하는 바와 같이 노무현 대통령도 2003년 6월 9일 일본국회 연설에서 참정권 부여의 필요성에 대해 다음과 같이 말했다. "마지막으로 의원 여러분에게 한 가지 부탁 말씀이 있습니다. 60만 재일한국인은 지금까지 일본의 지역사회와 한일양국의 관계발전에 크게 공헌해 왔습니다. 저는 이 분들이 일본 사회의 당당한 구성원으로서 적극적으로 공헌해 갈 수 있기를 진심으로 기대합니다. 여러분이 의논하고 계신 지방참정권이 그들에게 부여된다면 한일관계의 미래에 매우 큰 도움이 될 것입니다".

법안 제출자들은 이상과 같은 배경과 사상적 근거를 기초로 하여 법안을 제안했으며 내용 구성에서 다음 3가지를 특히 고려하여 본 법안을 기초했다. 첫째는 피선거권을 부여 대상 참정권에서 제외시켰다. 이것은 피선거권을 부여해서는 안 된다는 이론적 결론을 전제로 한 것이 아니며 현시점에 있어서 국민감정 등을 고려하여 본 법안의 조기 성립을 무엇보다 우선시하고 피선거권 부여 문제는 장래에 넘기겠다고 하는 정책적 판단에 기초한 것이다. 아울러 1995년 2월 28일의 최고재판소 판결이 피선거권 부여에 관해서는 전혀 언급하고 있지 않은 것도 이러한 정책적 판단에 영향을 주었음을 밝혀두고자 한다.

둘째는 선거권 부여에 신청주의를 채택하여 영주외국인 선거인 명부 등록을 선거권 취득 요건으로 했다. 영주외국인 중에는 모두가 선거권 부여를 희망하고 있는 것은 아니며 반대로 일본에 대한 간섭이라고 강하게 반대하는 사람들도 있다. 자국민을 포섭한다고 하여 반발하는 국가가 있다고 한다면 그 국가의 국민은 선거권을 취득하면 본국으로부터 불이익 취급을 받을 우려도 있다. 따라서 참으로 선거권 취득을 원하고 또한 유권자로서 일본의 지역사회에 일정 역할을 담당해 갈 의사가 있는 영주외국인에 한하여 이를 부여하기로 했으며 일률적으로 선거권을 부여하는 것이 아니라 구체적으로 영주외국인 선거인 명부에 등록을 신청하고 등록이 되면 비로소 선거권이 부여되는 형태의 신청주의를 채택한 것이다.

셋째는 일본과 국교가 없는 국가의 국적을 가진 영주외국인에 대해서는 당분간 본 법률에 의해 지방선거권을 부여하지 않기로 했다. 이런 영주외국인이 이 법에 기초하여 일본의 지방선거권 부여를 요구하더라도 국교가 없는 본국이 선거권 부여를 강하게 반대할 경우에는 선거권을 취득한 자에 대해 그에게 불이익이 될 취급을 행할 수도 있다는 점을 충분히 예측할 수 있다. 따라서 국교가 없는 국가와 일본과의 사이에서 장래에 어떤 교섭이 행하여지고 선거권 부여를 용인할 의사를 확인할 때까지는 이를 부여하지 않기로 하는 제도를 채택한 것이다.

다음은 법안의 주된 내용에 대해서 설명하겠다. 첫째는 영주외국인에 대해 지방공공단체 의회 의원 및 단체장의 선거권을 부여하기 위해 지방자치법 및 공직선거법 특례를 정하는 것을 목적으로 하는 것이다. 둘째는 선거권 부여 대상자의 요건으로 (1) 출입국 관리 및 난민인정법 별표 제2의 영주자, 또는 강화조약에 기초하여 일본의 국적을 이탈한 자 등의 출입국관리에 관한 특례법에서 규정하는 특별영주자일 것. 다만 해당 영주외국인에 관련되는 외국인등록원표의 국적란에 국가명이 기재된 자일 것. (2) 영주외국인의 선거인명부에 등록된 만 20세 이상의 영주외국인으로 계속하여 3개월 이상 시정촌(市町村) 구역에 주소를 가진 자로 한다. 셋째는 선거권을 요건으로 하는 각종자격 취급에 관해서는 국정에 직접적으로 영향을 미치지 않는 한 인정하기로 하고 있다. 그 밖에 사기로 등록한 자 또는 소정의 제출 의무를 이행하지 않은 자에 대한 벌칙을 규정하는 등 필요한 규정을 규정하고 있다.

_10_
개헌국민투표법안과 참정권법안의 상호거래설

2004년 2월에 공명당이 외국인 참정권 관련 법안을 중의원에 제출하는데 있어서 자민당과 모종의 거래를 한 것이 아닌가 하는 보도 기사가 나온 일이 있다. 자민당이 공명당의 외국인 참정권 법안 제출을 승인하는 대신에, 헌법개정 절차 마련을 위하여 '국민투표법안'을 자민당 의원 입법으로 중의원에 제출하는데 대해서 공명당으로부터 이를 승인 받았다는 내용이다. *朝日新聞 (2004. 3. 6)*

외국인 참정권 법안에 대해서 자민당이 '신중론'을 제기하고 있는 것과 마찬가지로 공명당도 '국민투표법안'에 대해서 '신중론'을 제기하고 있는 마당에서, 두 법안 모두 조기 성립은 되지 않더라도 국회에 상정하는 것 자체만으로도 의의를 찾겠다는 두 정당 모두의 당리당략을 엿볼 수 있는 대목이다. 국민투표법안 제출을 통하여 자민당은 그해 7월의 참의원 선거를 향하여 정당의 독자성을 대외적으로 어필하고 당내부적으로는 개헌

논의를 활성화하려고 하는 의도를 내보인 것으로 보인다. 이에 비하면 공명당의 의도는 그다지 무겁지도 않을 뿐더러 선명하지도 않다. 참정권법안 제출을 통하여 소수 정당 공명당이 당략의 차원에서 얻고자 하는 것은 연립 여당의 위치를 보존하면서 '보수적 평화'의 정당 이미지를 대외적으로 어필하는 것 정도가 아닐까 한다.

그런데 2004년 11월에 빠듯한 법안 심의 일정 가운데 참정권 법안이 형식적으로나마 중의원 특별위원회의 심의대상에 오른 것도 자민당과 국민투표 법안의 조기 성립이라는 조건으로 내부 거래를 한 결과였을 가능성이 짙은 것으로 보인다. 임시국회 마지막 날인 12월 3일 자민당의 다케베(武部勤) 간사장과 공명당의 후유시바(冬柴鐵三) 간사장 등이 국회 내에

자민당 홍보로고

서 회담을 갖고 헌법개정을 위한 국민투표 법안을 내년 통상국회에 제출하고 조기에 통과시키자는데 합의한 것으로 알려지고 있기 때문이다.

만약 이것이 사실이라면 참정권 법안이 비록 심의 대상이 되긴 했으나 국회를 통과할 전망이 지극히 불투명한 상황에서 공명당이 공동 여당으로서의 정치적 이익을 유지하기에 급급하여 이제까지 유지해 온 개헌에 대한 '신중론'을 헐값에 팔아넘긴 것으로밖에 볼 수 없다. 지난 11월 16일 선거관련 특별위원회의 참정권 법안 심의 과정에서 민주당의 나카무라(中村哲治) 의원이 공명당이 자민당에 추종하고 있다는 세간의 비난을 모면하기 위해 참정권 법안이라는 것을 내놓고 심의만 하고 표결을 하지 않는 일을 반복하고 있다고 신랄하게 비판한 것도 이러한 맥락에서 이해할 수 있다.

국민투표 법안의 주요 골자는 현행 헌법이 정하는 대로 국회가 총 의원 3분의 2 이상의 찬성으로 헌법개정안을 발의할 경우, 그 후 30일에서 90일 사이에 국민투표를 실시하고, 투표권자는 국정선거와 마찬가지로 20세 이상으로 한다는 것이었다. 보수적인 성향을 띠며 개헌을 찬성하는 논조를 강화하고 있는 요미우리신문은 2004년 12월 4일자 조간 사설에서 공동 여당의 합의를 "헌법개정을 향한 역사적인 합의"라고 추켜세웠다. 현행 헌법 제정 이래 반세기 이상에 걸친 정치적 직무유기를 해소하기 위해 비로소 움직이기 시작한 획기적인 일이라는 것이다.

일본 헌법 96조에는 개헌에 관한 일반적인 규정이 있다. 그러나 일본 사회와 정치권이 전반적으로 개헌 움직임에 대해 신중한 반응을 보여 왔기 때문에 이제까지 구체적인 개헌 프로세스에 관한 법 정비가 이루어지

지 않았다. 그러나 일본의 보수화 경향과 함께 현행 '평화헌법'을 개정하
는 것을 현실적인 방안으로 받아들이는 분위기가 확산되면서 개헌 작업을
위한 정치적 움직임이 공공연하게 진행되고 있는 것이다.

1997년 5월에 초당파적으로 '헌법조사위원회 설치추진 의원연맹'이
결성된 이후, 일본 헌법에 대해 종합적이고 광범위한 조사를 실시하기 위
해 헌법위원회가 결성되어 2000년 1월부터 일본 국회에서 활동을 시작했
다. 헌법조사회는 5년간의 조사 결과를 최종보고서로 정리하여 2005년 4
월에 중의원을 통과시켰다. 최대의 쟁점인 헌법 9조에 대해서는 1항의 전
쟁포기 이념을 견지하는 한편, 자위권이나 자위대의 존재는 명기하자고
하는 방향이 '다수 의견'으로 정리되었다. 다만 집단적 자위권의 행사나
국제적 군사협력에 관한 내용에 대해서는 의견이 엇갈려 최종보고서에서
도 명확한 방향을 설정하지 못했다.

자민당의 '신헌법기초위원회'는 2005년 11월에 정당 결성 50주년에
맞추어 헌법개정안 초안을 발표했다. 역시 세간의 주목을 끄는 부분은 현
행 헌법 9조 2항을 전면적으로 수정하고 현행 '자위대'를 '자위군'으로
바꾼다는 내용이었다. 헌법조사회 최종보고서와 같이 자민당 초안에서도
9조 1항의 전쟁포기 이념은 그대로 유지하기로 했다. 그러나 개헌 세력의
대부분은 국외에서의 집단적 자위권 발동도 가능하도록 하자고 주장하고
있다. 일본 본토에 직접적인 공격이 없더라도 만약 동맹국이 공격을 받게
되면 일본의 '자위군'이 무력행사를 할 수 있도록 하자는 것이다. 이렇게
되면 '전쟁포기' 이념은 실질적으로 구속력을 갖지 못하게 된다. 이렇듯
자민당이 개헌 추진에 적극적인 자세를 보이면서 개헌 프로세스를 구체화
하는 국민투표 법안을 모색해 오고 있는 것이다.

　　요미우리 신문사가 2004년 3월에 실시한 여론조사에 의하면 일본의 유권자 가운데 65%가 개헌을 희망하고 있는 것으로 나타났다. 이런 시대 상황에 비추어 개헌에 신중한 자세를 견지해 온 공명당이 자민당의 의견에 동조하는 태도 변화를 보이고 있는 것이다. 공명당은 이제까지 헌법의 전면적인 개정을 부정하고 기존의 헌법에 새로운 시대에 맞는 조항을 추가하자고 하는 '추가 개헌'을 주장해 왔다. 국내외적으로 평화의 이미지를 어필하고자 하는 목적으로 외국인 참정권 법안 심의를 지속적으로 주도해 오고 있는 공명당으로서는 '역사적'인 합의에 의해 평화적인 이미지에 크나큰 손상을 입게 되었다.

_11_

공명당의 지나치게 나약한 타협 자세

2005년 9월 일본 중의원 선거에서 자민당이 압승하여 단독으로 의석의 과반수를 차지했으나, 이에 반하여 연립 여당 공명당은 31석에 그쳐 자민당의 눈치를 살펴야 하는 처지가 되었다. 관례대로 공명당은 10월 21일 재일외국인 참정권 법안을 다시 국회에 제출했다. 그런데 제출과정에서 또 다시 지나치게 나약한 정치적 태도를 보인 것으로 나타났다.

공명당은 1998년에 처음으로 관련 법안을 제출한 이래 한번도 법안 성립을 위한 결의 수속을 밟지 않았으며, 다만 국회 회기 마감으로 폐안이 되면 새로운 국회에 다시 법안을 제출하는 일을 반복하면서 5번째 법안 제출에 이르게 되었다. 그런데 이번 법안에서는 지난 법안에 담고 있던 인권옹호위원, 민생위원, 아동위원, 투표입회인 등 선거관리업무 관련 공무원에 취임할 수 있다는 문구가 삭제되었다. 자민당의 헌법개정을 거드는 대가로 이 법안을 제출한다고 하는 의혹이 제기되는 가운데, 통과될 전망도

공명당의 의정활동 홍보

불투명한 법안을 계속 제출해 오면서, 법안의 내용에 있어서조차 정주외국인의 실질적 권익을 축소하는 방향으로 수정을 가한 것이다.

이와 함께 공명당이 자민당과의 협의에서 방위성 승격을 대가로 하여 아동수당 증액을 따냈다는 의혹이 제기되었다. 이 문제에 대한 아사히신문 사설을 번역하면 다음과 같다. *(朝日新聞 (2005. 12. 7)*

자료

공명당, 너무도 엉뚱한 거래다

거대화한 자민당과 연립을 이룬 공명당에게 있어서 자신들의 주장을 관철시키는 것은 쉽지가 않다. 타협이 필요하다. 그러나 당으로서 뼈대마저 휘어가지고는 본전도 이자도 얻지 못한다. 2006년도 예산편성을 둘러싼 자민당과의 협의에서 공명당은 지난 총선거에서 중요한 공약으로 내걸었던 아동수당 확대를 받아냈다. 현재 초등학교 3학년에게까지 지급되는 아동수당의 대상을 6학년까지로 확대한다. 새로 연간 2,200억엔이 소요되며 더욱이 소득 제한을 완화하게 되면 1,200억엔의 예산 증액이 필요하다. 일본은 곧 인구가 줄어드는 소자녀 고령화 사회에 진입한다. 어린이를 낳아 기르는 가정을 지원한다고 하는 의미에서 우리들도 아동수당도 대폭적인 증액을 주장해 왔다. 따라서 정책방향에 대해서는 평가를 해주고 싶다.

총선거에서 創價學會로부터 자민당이 지원을 받은 일에 대한 답례라고 하는 점에서 그것은 의미가 클 것이다. 다만 문제는 아동수당의 확대를 대가로 하여 두 가지 커다란 양보를 단행한데 있다. 첫째는 방위청을 '성(省)'으로 승격하는 일에 대해서 구체적인 부서명 등을 확정하기 위한 협의에 들어간 점. 그리고 둘째는 교육기본법의 개정에도 적극적으로 응하기로 한 점이다. 두 가지 모두 헌법개정 움직임과 관련하여 공명당이 오래동안 자민당의 주장에 대해 억제를 해 왔던 테마라고 할 수 있다. '복지'나 '청결'과 함께 '평화'를 정당 결성의 원점으로 삼고 있는 공명당에게 있어서 간과해서는 안 되는 일이었다.

이번에 이것을 거래 대상으로 했느냐고 추궁 받게 되면, 공명당은 "이것과 그것과는 별개' 라고 반론할지 모른다. 그러나 자민당 내부에서는 상호교환(barter)이라는 견해가 공공연하게 돌고 있다. 공명당은 이 타협의 의미를 의도적으로 작게 보이려고 애쓰고 있다. 방위청의 승격에 대해서는 "간판을 다른 성과 동일하게 하는 것 뿐이며 실질적인 변화는 없다"라고 하고 있으며, 교육기본법의 개정에 대해서는 자민당은 '애국심'을 강조하고 공명당은 '국가를 소중히 한다'라고 하는 것 정도밖에는 차이가 없다고 말하고 있다.

자민당이 이제 커져버린 이상, 언제까지나 저항할 수 있는 것은 아니다. 타협할 수밖에 없다면 대형 선거가 있을 것으로 보이지 않는 현재 이 시점에. 이러한 계산도 있는 듯하다. 하지만 공명당은 잘 생각해 보기 바란다. 당신들은 고이즈미 수상의 야스쿠니 신사참배로 중국 한국과 균열이 커지고 있다는 점에 심각한 위기감을 품어 왔을 것이다. 방위청의 승격이나 교육기본법의 개정이 실현되면 중국이나 한국에도 불안을 초래할 것이다. 거기에서 양보하겠다고 하면, 적어도 공명당도 주장하고 있는 새로운 추도시설 건설 문제에서 자민당에게 조사비를 예산에 올리자고 하는 정도의 '거래'를 할 수는 없었는가. 이웃나라의 불안을 덜어주고 관계 개선에 노력한다는 의미에서 그 정도라면 가까스로 수지가 맞을지 모르겠다.

아동수당과 '방위성'의 거래는 너무나도 엉뚱하다.

_12_
바이올린 제작자 진창현 씨의 광복절

전 세계에 다섯 명밖에 존재하지 않는 '무감사(無監査) 제작자'로 인정
받고 있는 세계적인 바이올린 명장(明匠) 진창현(陳昌鉉)씨. 그는 동양의
스트라디바리우스로 불리고 있으며, 1976년에 미국 필라델피아에서 열린
제2회 '국제 바이올린 비올라 첼로 제작자 콩쿠르'에서 총 6개 부문 중 5
개 부문의 금메달을 휩쓴 신화의 주인공이다. 그는 1929년에 경북 김천에
서 출생하여 14살 때 일본으로 건너가 석탄을 나르고 인력거를 끌면서 혼
자 힘으로 천신만고 끝에 메이지대학 영문과를 졸업했다. 그러나 한국인
이라는 이유로 취업의 길이 막혔으며 결국은 독학으로 바이올린 제작 기
술을 익혀 천신만고 끝에 세계 최고 거장의 자리에 올랐다. 숱한 좌절과
고난 속에서도 오로지 가슴에 품은 꿈 하나에 의지하여 앞만 보고 달려 왔
던 그의 투지와 인내는 한국인이나 일본인 모두에게 깊은 감동과 용기를
주고 있다.

그는 자서전에서 일본 패전 당시 상황을 간단히 회고한 적이 있다. 조국의 해방이 민족적으로 감격스러운 일이기는 했지만 자신에게 있어서는 새로운 생활을 개척해야 하는 계기가 되었음을 엿볼 수 있게 하는 기록이다. 이는 대부분의 재일동포 1세들이 경험한 해방 당시의 고뇌와 혼란을 고스란히 전달해 주고 있다. 『세계의 명장 진창현』(2002)

일본이 패하고 종전이 되자 일본 전체는 가치관의 혼란에 빠졌다. 혼란이라기보다는 텅 빈 공백상태가 되었다고 하는 것이 더 맞을 것이다. 무엇을 생각해야 할지조차도 모르는 상태…. 나는 조선인이지만 전쟁의 한복판에서 그 모든 것을 겪었기 때문에 일본의 젊은이들과 마찬가지로 그 텅 빈 상태를 경험할 수밖에 없었다. 덧없이 죽어간 사람들과 덧없이 살아남은 사람들… 무엇을 해야 할지, 어떻게 살아가야 할지 알 수 없었다.

종전이 되고 조선이 해방을 맞자 일본에 있던 조선인들이 귀국하기 시작했다. 후쿠오카에 함께 있던 형도 귀국했지만 나는 일단 일본에 남아 있기로 했다. 일본에 와서 한 것이 아무 것도 없는데 이대로 조선에 돌아간다면 어디서부터 무엇을 어떻게 해야 할지 알 수 없었기 때문이었다. 돌아가기 전에 미래로 연결시킬 수 있는 어떤 작은 고리라도 만드는 것이 나에게는 급선무였다. 그런 것 하나 없이 무작정 고향으로 돌아가는 것은 너무 무모한 짓이라는 생각이 들었다. 조선의 상황이 어쩐지 전혀 알 수 없기 때문에 더욱 그랬다.

2004년 민단신문의 8. 15 특집에서는 자랑스러운 재일한국인으로서 진창현 씨가 소개되었다. 거기에는 그의 험난하고 힘든 일생과 극복과정이 실렸으며 59주년 광복절을 맞는 그의 소감이 나와 있다. 그는 "광복절을 맞아 생각나는 것은 무엇인가" 라는 신문사측의 질문에 대해 다음과 같이 대답했다.

36년간의 식민지지배 기간에 우리는 고분고분하게도 황국신민(皇國臣民)으로 전락했다. 나는 해방을 하카타(博多)에서 맞았는데 패전한 일본인들이 맥이 빠져 있는데 비해 우리 동포 어른들이 그렇게 기뻐서 미친 듯이 춤추는 광경을 처음 보았다. 나는 능력을 키우기 위해 도쿄에 올라와 오늘날의 나 자신이 되었는데 광복절을 '재일'의 원점이라고 생각하는 사람에게 있어서 그날의 감격이 시대와 함께 점차 식어가는 것 같은 동포사회의 현상이 안타깝다

결국 해방 당시에 비하면 오늘날의 동포사회에 감격이나 긴장이 식어가고 있다는 비판일 것이다. 그는 자신이 일본사회의 마이너리티인 재일한국인이기 때문에 해방 이후 갈고 닦은 감성으로 일본인들이 흉내 낼 수 없는 일을 해내겠다고 생각하고 차별이라는 벽을 부수겠다는 일념으로 노력해 왔음을 덧붙였다. 그리고 세계를 바꾸는 혁명적인 일은 언제나 마이너리티가 실현해 왔다는 점을 강조했다. 국가와 민족의 정체성에서 혼란이 가중되고 있으며 정치 경제의 현실에서 희망을 찾아보기 힘들어지는 이 시기에 광복절을 맞는 한국과 재일동포 사회가 모두 귀담아 들어야 할 절실한 메시지였다.

진창현 명장

그해 11월부터는 일본의 후지 TV가 진창현 씨의 일대기를 그린 특집 드라마 "해협을 건너는 바이올린"을 방영했다. 이 드라마는 바이올린 제작자의 길에 들어서는 18세부터 오늘날에 이르는 인생 역정을 다루었다. 주인공 배역은 한국에 '초난강'으로 널리 알려진 구사나기 츠요시가 맡았다.

_13_
재일동포 김경득 변호사를 추모함

2005년 12월 28일, 재일한국인 변호사로 동포들의 인권 향상을 위해 노력해 온 김경득 씨가 도쿄 자택에서 지병으로 숨을 거두었다. 위암 때문인지 간(肝)부전증 때문인지는 분명치 않으나 평소 몸을 돌보지 않고 무리하게 업무에 임해온 것이 가장 큰 원인이었음에 틀림없다. 유족으로는 부인과 2남 2녀가 있다. 장례는 고인의 뜻에 따라 12월 30일 가족들만 참석한 가운데 조촐하게 치러진 것으로 알려지고 있다.

김경득 씨는 1949년에 재일한국인 2세로 태어나 1976년 사법시험에 합격했다. 그러나 외국인으로서는 사법연수원에 입소할 수 없다고 하는 제도적 차별에 부딪치게 되면서부터, 그는 죽음에 이르기까지 계속되는 인권투쟁의 여정을 시작했다. 한국 국적 보유자로 일본의 첫 번째 변호사가 된 그는 재일한국인 국민연금소송, 외국인 지문날인 거부운동, 일본군 위안부 전후보상 소송, 도쿄도청 관리직 수험자격 확인소송 등을 담당했

생전의 김경득 변호사

다. 생활을 영위하기 위한 일상적인 변호 업무를 담당하면서도, 그는 민단이 추진하는 재일한국인 지방참정권 요구 운동에 적극 관여했으며, 민족 공생(共生) 교육을 주창하는 시민운동을 주도하기도 했다. 이 밖에도 수많은 강연과 투고 활동에도 정열을 쏟았다. 서거 직전에 그의 저서가 발간된 것도 그의 성실함을 잘 말해 주고 있다. 『在日コリアンのアイデンティティと法, 新版』(2005. 12)

여기서는 생전에 그가 남긴 자신의 일생에 관한 기록을 일부 소개하고 재일한국인의 역할과 과제에 관한 그의 논조를 요약 정리하여 되새기면서 그를 추모하고자 한다. 출전은 '東京保護者會NEWS' 4호 (2000년 9월)와 5호 (2000년 12월). 이 뉴스 레터는 그가 도쿄의 '우리법률사무소'를 통해 운영하던 「민족공생 교육을 추구하는 도쿄 보호자의 모임」에서 발행한 것이다.

1) 자신의 체험으로부터 (4호)

나는 1949년 와카야마(和歌山)시에서 태어났으며 공립 초중고교를 다니면서 일본 이름을 사용했다. 1968년에 와세다 대학에 입학했는데 거기에서도 일본 이름을 사용했다. 그러나 대학 4년간 일본인으로 가장하며 지낸 일이 잘못된 것임을 깨달았고, 대학을 졸업할 때 본명을 밝혔으며 외국인등록증에서도 통명(일본 이름)을 삭제했다. 차별로부터 도피하여 한국인적인 것을 없애왔던 나는, 한국인으로서 자기 자신을 확립하기 위해서는 민족차별의 벽에 도전해야 한다는 것을 자각하고, 사법시험에 도전하기로 결심했다. 시험에 합격하더라도 변호사가 되기 위해 거쳐야 하는 사법연수생에 일본 국적으로 갖지 않은 자는 채용되지 않는다는 것이 민족차별의 전형(典型)이라고 생각했기 때문이다.

1976년에 시험에 합격하여 일본 최고재판소로부터 귀화하지 않으면 연수생으로 채용할 수 없다는 통고를 받았지만, 나는 귀화를 거부하고 한국 국적 상태로 연수생으로 나를 채용하도록 요청했다. 많은 사람들의 지원을 받아 1977년 한국 국적을 가진 채 연수생에 채용되었으며, 1979년에 변호사가 되었다. 차별과의 싸움을 통하여 형성된 민족적 아이덴티티를 보다 충실하게 하기 위해서 나는 1981년에 한국에 유학(遊學)했다. 일본사회의 차별과의 맥락에서 재일한국인으로서의 자신을 주장하는데 그치지 않고, 본국의 언어, 역사, 문화 등의 관계에서도 자기표현이 가능한 인간이 되기 위해서였다.

한국에서는 일본어밖에 할 수 없는 사람들과 이야기할 때를 제외하고는, 일본어를 사용하지 않겠다고 결심했다. 이제 와서 생각하면 머리로만 움직인 것인지 모르겠지만, 민족적 콤플렉스로 인해 대학 졸업 때까지 한국어, 한국사 등, 한국적인 것으로부터 도피했던 체험과, 한국에 대한 일본인의 우월감과 당시 한일관계를 생각할 때, 한국에서 재일동포인 내가 일본어를 사용한다는 것이 윤리적으로 용납되지 않았기 때문이다.

한국에서 태어나고 자란 한국인과 1983년에 서울에서 결혼했으며 1984년에 장남을 낳았고 1985년 봄에 가족과 함께 도쿄로 돌아왔다.

2) 재일동포의 역할 (5호)

재일한국인은 일본에서는 지역주민으로서 사회참여와 공헌을 해야 하며, 동시에 재외국민으로서 본국의 발전에 공헌해야 하는 존재다. 그것은 한일양국의 교류와 상호 이해를 통한 평화가 유지되어야만 비로소 가능한 일이지만, 재일한국인은 양국간 평화의 사자(使者)로서 가교의 역할을 다해야 한다. 또한 재일한국인은 남북분단 극복에도 예지를 모아야 한다. 이상과 같은 역할을 달성하기 위해 나는 재일한국인 사회에 필요한 몇 가지 제안을 하고 싶다.

첫째, 재일한국인의 남북 자유왕래를 실현하는 일이다. 일본 국적으로 바꾸면 남북에 갈 수 있는데 '한국적' '조선적'을 유지하게 되면 한쪽 국가 밖에 방문할 수 없는 이런 아이러니컬한 현상을 속히 끝내야 한다. '조선적' 동포의 한국 방문이 가능하게 된 것은 다행이지만, '한국적' 동포의 북한 방문도 속히 가능해지도록 해야 한다.

둘째, 재일한국인 사회에 남아있는 창씨개명을 극복해야 한다. 여전히 재일한국인의 80% 이상이 일상생활에서 일본 이름을 사용하며 일본에 귀화한 동포의 경우 거의 100%가 일본 이름을 사용하고 있는 것이 현실이다. 이것은 일본의 민족차별 때문이기는 하지만, 일본인의 차별의식과 역사인식을 시정해야 하는 역할을 가진 재일한국인은 지금이야말로 몸에 밴 창씨개명의 극복에 힘써야 한다.

셋째, 재일한국인 자제의 민족교육을 재정립해야 한다. 민족학교는 남북분단의 정치적 이념 대립을 반영해 왔다. 그러나 앞으로는 대립을 초월하여 재일한국인 전체의 학교로서 운영해 가야 한다. 앞으로 민족학교는 민족교육과 함께 인간교육, 국제인 양성에도 힘을 쏟아야 하며, 일본 국적을 취득한 동포는 물론 일본인들도 배우고 싶어 하는 학교로 변모해야 한다.

넷째, 일본 각지에 재일한국인이 중심이 되어 한일 국제교류 문화센터를 만들어 갈 것을 제안한다. 재일한국인은 일본 각지에 민단과 총련의 본부 및 지부를 가지고 있다. 그러한 동포들의 공유재산을 살려서 지역의 일본인에게도 개방하여 한반도와 일본 간의 교류와 문화활동을 위한 마당으로 만들어가는 노력이 필요하다.

다섯째, 재일동포의 국적에 따른 갈등을 극복해야 한다. 현재 '한국적' '조선적' 동포와 함께 일본에 귀화하거나 일본인과의 사이에 태어난 자녀로서 일본 국적을 취득한 동포들이 있다. 재일동포 사회는 이제까지 일본 국적 동포들의 민족적 아이덴티티에 대해서는 관심을 가지지 않았다. 하지만 앞으로는 그런 동포들의 민족의식 각성과 동포 사회에 대한 참여를 위해 노력해야 한다.

마지막으로, 21세기에도 대한민국, 공화국, 통일 후 통일한국의 국민으로서 살아갈 재일동포에 대해서 국정참정권 부여 등, 재외국민으로서의 권리 확립을 위한 본국 정부의 배려가 필요하다. 재외국민으로서 정당한 권리가 보장될 때, 비로소 동포 2세, 3세 이하의 세대에 대해서도 한국국민으로 살아갈 것을 재확인할 수가 있는 것이다.

V
한일관계 속의 재일 민족단체

_1_
재일동포의 북송문제

한국과 일본의 언론에서 그다지 크게 다루지는 않았으나 2004년에 재일동포의 북송문제와 관련하여 두 가지 뉴스가 보도되어 현대 한일관계 연구자들의 관심을 끌었다. 하나는 9월 16일에 시드니발 교도통신이 전한 뉴스로, 호주 국립대학에서 일본사를 강의하고 연구하고 있는 테사 모리스 스즈키(Tessa Morris Suzuki) 교수가 국제적십자사의 공개 자료를 조사하여 발표했다는 소식이다. 그녀는 북송사업이 시작되기 4년 전인 1955년부터 일본정부내의 외무성과 법무성이 국제적십자사를 통한 북송문제 해결 모색에 적극 관여했다는 것을 자료를 통해 밝혔다.

이제까지 1955년에서 56년까지의 기간에 일본정부가 「북송」준비에 어떻게 대처했는지를 알리는 일차적인 자료가 알려지지 않은 가운데 스즈키 교수의 발표는 관련 연구계를 자극하기에 충분했다. 다만 이미 공개되어 있는 자료로 1956년에 일본적십자사 외사부(外事部)가 펴낸 책자 『재일조

선인 귀국문제의 진상』에 일본정부의 태도에 관한 기록이 나와 있는 것을
간과해서는 안 된다. 특히 일본적십자가 북한측의 '오해'를 불식시킬 목적
으로 서술한 다음 기록은 당시 일본정부의 태도를 잘 설명하고 있다. *金英
達/高柳俊男編, 「北朝鮮歸國事業關係資料集」(1995)*

> 일본정부는 분명히 말하자면 귀찮은 조선인을 일본에서 일소하
> 는 것에 이익을 갖는다. 폴란드 정부가 동부 프로이센에서 모든 독일
> 인을 내쫓은 것처럼 만약 일본정부가 2차대전 후 영토변경에 관한
> 새로운 국제관례에 따라 일본에 거주하는 조선인을 전부 한반도에
> 강제송환 할 수 있었다면 [중립계 사람들은 그것을 우려했다] 일본의
> 인구과잉의 관점에서 볼 때, 이익이 있을지 어떨지는 잠시 별도로 하
> 고 장래 장기적인 눈으로 볼 경우, 일본과 조선과의 사이에 일어날
> 수 있는 분쟁의 씨앗을 미리 제거하게 되어 일본으로서는 이상적이
> 었을 것이다.

또 하나의 뉴스는 여러 일본의 신문들이 9월 21일에 보도한 것으로, 북
송의 피해당사자 김행일씨가 북한에서 인권침해를 받았다는 이유로 북송
사업을 지원한 총련을 상대로 550만엔의 배상을 청구하는 소송을 제기했
는데, 이에 대해 이날 일본 최고재판소가 '시효 성립'을 이유로 상고를 기
각하는 판결을 내렸다는 소식이다. 원고 김씨는 아이치현(愛知縣) 출신 재
일동포로 1961년 6월에 북송되었다가 1962년 11월에 북한을 탈출하여 서
울에 거주해 왔다. 그는 2001년 6월에 총련을 피고로 하여 일본의 사법부
에 소송을 제기했다. 원고측이 도쿄 지방법원에 제출한 소장(訴狀) 전문과
재판과정 전반에 관한 자료는 그의 변호를 담당해 온 후지모리(藤森克美)
변호사가 제공하는 사이트에 상세하게 실려 있다.

http://plaza.across.or.jp/~fujimori

　　이렇듯 오늘날 북송문제로 인한 피해자가 북한과 총련을 상대로 인권문제를 제기하고 있고 북한과 일본의 외교관계에서 일본인 배우자의 일본 귀국문제가 쟁점이 되고 있는 상황에서 북송문제가 어떻게 진행되었으며 누구에게 책임이 있는지를 돌이켜 보는 일은 한일관계에 관심을 가진 사람에게는 매우 중요한 일이 아닐 수 없다.

1) 북송에 이르는 과정과 일본정부의 관여

　　일찍이 1947년에 일본정부와 점령당국은 북한출신 재일동포 중에서 귀국 희망자 351명을 두 차례에 걸쳐 사세보(佐世保)에서 흥남으로 보낸 적이 있다. 이때 남한 출신자 중에서도 북한의 토지개혁과 희망적 국가건설의 선전에 이끌려서 북한으로 보내줄 것을 요청하는 자들이 있었으나 이들의 요청은 받아들여지지 않았으며 그중에는 일단 남한으로 귀환하여 북한으로 건너간 사람도 상당수 있었을 것으로 추정된다. 북한에 김일성 정권이 들어서고 나서도 점령당국의 단속을 피하여 밀항해서 직접 북한에 입국하는 사람들이 있었다. 게다가 북한을 선망하는 좌파운동가들 중에

북송선 청진항 입항 풍경

북송선 제1호

북한으로 갈 수 있도록 요구하는 사람들이 있었으며 특히 한국전쟁 중에
북한의 「민족해방전쟁」을 지지하여 북한 입국을 희망하는 사람이 많았다.
이러한 개별적 희망은 점령당국이나 일본정부에 의해 무시되어 왔는데,
북한이 일본에 대한 적극적인 평화공세를 취하고 1955년에 총련이 결성되
면서부터 집단적으로 강력히 북송을 요구하기에 이르렀다.

1955년 일본적십자와 북한적십자가 일본인의 귀환문제를 교섭하는 과
정에서 북한이 재일동포의 북송을 요구하기 시작했다. 북한은 국내적으로
노동력 부족을 해소하고 대외적으로 한일수교회담을 저지하고 남한에 앞
서 일본과의 교섭을 시도하려는 목적을 가지고 있었다. 일찍이 그해 8월
국제적십자의 귀국증명서로 1명이 일본을 출국했으며 이듬해 12월에도 북
송을 요구하며 시위하던 재일동포 중에 20명이 북한에 입국했다. (이때 일
본정부는 전면에 나서지 않고 적십자사를 통한 문제해결 방식을 취했다).
북한은 1958년 9월과 12월에 남일 외무상의 성명을 통해 귀국자들을 받아
들일 태세가 되어 있다고 하며 일본정부에 북송을 적극 요구했다. 총련은
이를 대대적으로 환영했으며 10월 30일을 「귀국요청의 날」로 정하고 전국
적으로 북송요구 집회를 여는 한편, 일본정부는 물론 일본사회당을 비롯
한 각 정당과 사회단체에 대해 북송추진을 위한 협력과 지원을 요청했다.
이에 대해 일본사회당이 즉각 지지를 표명했으며 국회에 초당파적인 협력
모임구성을 주도하고 일본정부측에 대해 북송추진을 요청했다.

일본정부는 한일회담에 악영향을 줄 것으로 보고 유보적인 태도를 취
해 오다가 1958년 말이 되자 긍정적인 태도를 취하기 시작했다. 일찍이 12
월 13일에 일본 외상은 "북송희망자의 출생지 여하를 불문하고 국제법적
으로 인도적인 차원에서 귀환문제를 해결해 가겠다"고 밝혔다. 그 후 일본

정부의 북송추진 방침은 기정사실화해 갔으며 이듬해 2월 13일 내각결의를 통해 정식으로 정부방침을 확정했다. 일본정부가 한일회담의 파탄을 예상하면서까지 이를 결정한 것은 무엇보다도 일본의 국내여론의 압박 때문이다. 일본국민의 전반적인 사고방식은 재일동포가 대부분 무직자였던 것에 비추어 생활보조금 등에서 일본국민의 재정적 부담이 되며 사회적으로도 성가신 존재로 인식하고 있었던 만큼 "돌아가고 싶어하는 자들을 돌아가게 하라"는 주장이 비등했다.

일본의 각 지방단체들이 앞을 다투어 북송 지지를 결의하고 있는 상황에서 일본 정부는 외무성과 법무성 후생성 내부의 북송 추진파를 제지할 세력이 없었을 뿐더러, 그다지 활발히 진행되고 있지도 않은 한일회담을 이유로 북송 요청의 강력한 흐름을 저지하기에는 현실적으로 한계가 있었다.

2) 북송문제의 책임

캘커타협정에 입각하여 1959년 12월부터 1967년 12월까지 155차례에 걸쳐 북송된 인원이 총 88,611명에 달했다. 이것으로 끝난 것이 아니며 캘커타협정 기한 이후에도 1971년 2월 모스크바에서 북한적십자와 일본적십자 사이에 조인된 「귀환미완자의 귀환에 관한 잠정조치합의서」와 「금후 새로운 귀환희망자의 귀환방법에 관한 회담요록」에 의해 북송이 계속 이루어졌다. 「잠정조치합의서」에 입각하여 1971년 5월부터 10월까지 6차례에 걸쳐 총 1,081명이, 「회담요록」에 입각하여 1971년 12월부터 1982년 10월까지 총 3,720명이 북한에 보내졌다. 이렇게 하여 총 23년간의 기간에 걸쳐 도합 93,412명이 일본과 북한의 합의 아래 북송 길에 올랐다. 이 가운데에는 2,400명에 달하는 일본인도 포함되어 있었다. 일본사회의 차별과 빈곤을 피하여 '희망의 조국'으로 선전되는 북한으로 들어간 동포들은 일본으로의 자유왕래가 허용되지 않을 뿐더러 서신왕래마저 부자유하게 되었고 많은 수가 행방마저 모르는 상태에 이르게 되어 결국 북한에 볼모로 끌려간 결과가 되었다.

북송문제에 대한 일차적인 책임은 북송된 당사자들의 성급한 판단과 경솔한 행위와 이들을 과장된 선전과 회유로 끌어들인 북한에 있다. 게다가 북송 사업이 오늘날에까지 문제가 되고 있는 것은 무엇보다도 북한사회의 폐쇄성에서 기인하는 것이다. 그리고 북송 실시과정에 있어서 당시 총련 조직원들이 북한에 대한 과잉충성으로 실적 올리기에 몰두했던 점에서 분명히 책임을 면할 수 없다.

한편 일본정부와 남한정부도 북송 추진에 대한 직접적인 책임이 있다고 하기에는 무리가 있으나 그렇다고 해서 전적으로 책임이 없는 것은 아니다. 일본정부는 변함없이 북송 문제가 재일동포측의 요구를 들어준 인도적인 행위였다고 정당화하고 있지만 당시 일본사회의 민족차별 구조를 방조하고 조장함으로써 재일동포들이 일본사회에서 떠나가도록 유도했다는 비판을 면하기 어렵다.

또한 남한정부도 일본과의 국교정상화교섭에 소극적이었을 뿐 아니라 민족교육지원 등을 통한 재외국민 포섭정책에 있어서 북한에 비해 재일동포들에 대한 국가적 배려가 지극히 적었다. 이것이 북한의 선전공작에 대해 무방비한 상태로 재일동포들을 방치하는 결과를 초래했던 것이다.

2
일본인 '납치' 문제와 북일관계

2002년 9월 평양에서 고이즈미 수상과의 정상회담에서 김정일 총서기가 '납치' 사실을 시인하고 '납치' 피해자 5명의 생존과 8명의 사망 사실을 발표한 이후, '납치' 문제는 북일관계를 악화시키는 가장 큰 걸림돌로 작용해 왔다. 정상회담 한 달 후에 피해자 5명이 '납치'된 지 24년 만에 일본에 돌아왔으며 일본정부는 이들을 북한으로 되돌려 보내지 않겠다고 하는 강경한 태도를 보였고 일본사회 전체가 '납치' 문제에 관하여 뜨거운 관심을 보였다. 여기에 북한이 2003년 1월에 NPT 탈퇴를 발표하면서 북한에 대한 일본인들의 반감은 깊어갔다. 4월에는 유엔 인권위원회가 '납치' 문제를 들어 북한을 비난하는 결의를 채택했으며, 일본정부는 6월에 비앙 정상회담에서는 물론 8월 베이징에서 열린 북한 핵문제 관련 6자 회담에서도 '납치' 문제를 제기하여 국제적으로 북한을 압박했다.

2003년 12월에 베이징에서는 '납치' 관련 일본국회의원연맹 사무총장

2002년 9월 김정일 고이즈미 회담   일본에 돌아온 일부 납북 일본인

(平澤勝榮)과의 교섭 과정을 통해 북일수교담당 대사(정태화)는 '납치' 피해자가 평양공항에 마중 나오면 그 가족을 일본으로 돌려보낼 수도 있다는 제안을 내놓았다. 이에 대해 피해자 연락회 등 납치관련 일본인 시민단체는 일본에서 되돌아오지 않는 '납치' 일본인들을 어떻게 해서든지 북한으로 끌어들이려고 하는 북한측의 계략으로 여기고 이에 대한 일본 정치가들의 신중한 대응을 요구했다. 일본 정부가 북한측에 대해 '납치' 문제에 관하여 정부간 공식적인 교섭을 요구하고 있는데 반해 북한측은 일본정부를 믿을 수 없다고 하며 이러한 요구에 응하고 있지 않다.

2004년에 들어서도 '납치' 문제와 관련하여 일본측의 강경한 태도가 두드러지게 나타났다. 1월 23일에 일본의 여당인 자민당과 공명당 그리고 야당인 민주당은 북한에 대한 송금 금지조치를 가능하게 하는 외환관리법 개정안을 국회에 상정하기로 합의했으며 이 법안은 2월 9일에 국회를 통과했다. '납치' 문제와 관련하여 일본이 북한에 대한 경제제재를 단행할 수 있는 법률을 처음으로 도입한 셈이다. 일본에서 북한으로 송금되는 금액은 일본재무성이 공식적으로 파악하고 있는 금액만으로도 2002년도에

40억엔에 달하고 있어 만약 이러한 경제제재 조치가 단행된다면 북한측이 입을 경제적 피해가 매우 클 것으로 보인다.

또한 6월에는 자민당 의원들을 중심으로 만경봉호 등의 북한선박에 대해 일본입항을 금지시킬 수 있는「특정 외국선박 입항금지 법안」을 국회에서 통과시켰다. 법안 심의 과정에서 입항에 관하여 불평등한 취급을 금지하고 있는 일본의 항만법이나 국제적 관례에 이 법안이 저축된다고 하는 반론이 제기되는 가운데 성립되었다. 또한 민주당 의원들을 중심으로 국가안보를 이유로 특정 재일외국인의 재입국을 금지시킬 수 있는「재입국 금지 법안」을 국회에 제출하려는 움직임도 보인 적이 있다. 총련계 재일동포를 겨냥한 반인권적인 움직임이었다. 이러한 반인권적인 법안이 이때 일본 국회의원들 사이에서 논의되었던 것은 '납치' 문제가 일본의 정치가들에게 적지 않은 부담이 되었다는 것을 잘 말해 준다.

일본측이 강경한 자세로 나오는데 반해 북한측은 '납치' 문제에 관하여 상대적으로 약간 유화적인 태도를 보였다. 2004년 1월 초에 미국 상원외교위원이 북한을 방문했을 때 북한 외무성의 부국장(송일호)은 일본에서 되돌아온 '납치' 피해자들이 각각 가족들과 상담하여 북한을 떠나겠다고 한다면 그들의 자유에 맡기겠다고 했으며, 이런 방침에는 예외가 없고 모든 가족에게 적용된다고 발언했다. 비록 일본에 머물고 있는 피해자가 평양에 마중 나오는 것을 전제로 하고 있기는 하지만, '납치' 피해자 가족의 선택 여하에 따라 귀국을 허용하겠다고 하는 '부드러운' 발언이었다. 이것은 '납치' 문제로 인한 북일간 갈등을 약화시키고 국교정상화 교섭을 다시 추진하고자 하는 북한 외교당국의 초조한 자세를 나타낸 것이다.

2005년말 핵문제를 둘러싼 6자회담과는 별도로 북일간 국교교섭을 재개하자는데 양국이 합의했다. 이때에도 일본정부는 '납치' 문제 해결 없이는 국교정상화를 하지 않겠다는 분명한 입장을 밝혔다.

'납치' 문제에 관하여 북한은 이 문제의 해결에 적극적이고 전향적인 태도를 보여야 한다. 일본과의 국교정상화 교섭 재개를 희망하는 만큼 '납치' 문제에 대해서도 정부간 교섭에 적극 임해야 한다. '납치' 피해 일본인들과 그 가족들이 중국과 같은 제3국에서라도 하루 속히 만날 수 있도록 하고 그들이 원하는 대로 출국이 가능하도록 해야 한다.

북한에게 있어서는 핵개발 문제보다도 민간인 '납치' 문제가 국가의 비도덕성을 세계적으로 알리는 부끄러운 문제가 되고 있다. 이 문제로 인하여 총련계 재일동포를 중심으로 순수하게 민족교육을 받아오고 있는 재일동포 학생들이 일본사회로부터 막대한 피해를 받고 있으며, 반면에 일본의 역사왜곡을 주도하는 세력들이 '국민' 운동의 좋은 기회로 삼아 북한에 의해 일본 민족이 피해를 당하고 있는 것처럼 사회적 활동을 전개하고 있다. 북한이 과감하게 '납치' 사실을 시인했던 것처럼 이 문제의 해결에도 과감한 태도를 보여야 한다.

3
북한에 대한 규제 법안을 일본여야가 경쟁적으로 제출

2004년에 들어서자 일본의 정당들이 그해 참의원 선거를 앞두고 경쟁적으로 북한을 압박하는 법안 성립에 몰두하는 움직임을 보였다. 2월에는 북한에 대해 일본이 단독으로 경제제재를 가할 수 있도록 하는 개정외환법을 통과시켰다. 이어 북한선박을 염두에 둔 특정선박입항금지 법안을 국회에 제출하려는 움직임을 보였다. 연립 여당인 자민당과 공명당이 3월 중순에 실무자 협의를 통하여 제출할 법안내용에 관하여 최종적으로 합의했다. 마찬가지로 제1야당인 민주당에서도 나카가와(中川正春) 정조회장 대리를 중심으로 관련법안을 준비해 왔으며 여당에 앞서 관련법안을 국회에 제출할 방침을 표명했다. 여야 모두가 법안의 조기성립을 요구하고 있는 「납치피해자가족연락회」 등 사회단체와 일본사회에서 대북 강경자세를 강하게 보이고 있는 여론의 흐름에 영합하려는 의도를 내보인 것이다.

여당측 일부에서는 북일교섭의 일정에 대해 북한측의 답변을 기다리고

2001년 12월 괴석박을 추격하는 일본 순시선

있는 상황에서 공연히 북한측을 자극할 필요가 없다고 하는 '신중론'이 제기된 바 있다. 그러나 민주당이 앞서서 법안 제출을 시도하게 되면서 여당 내에서도 조기 제출을 주장하는 목소리가 더욱 강해졌다. 다만 이 법안의 심의를 담당할 국토교통위원회가 이미 상정되어 있는 공단(公團)의 민영화 관련법안을 우선적으로 처리하기로 합의해 놓고 있었기 때문에 회기가 끝나갈 시점인 6월에 가서야 입항금지법안을 심의 통과하게 된 것이다.

여야가 제출한 이 법안의 주 내용은 각료회의를 거쳐 특정국가의 선박이나 그 국가에 기항했던 선박을 일정 기간동안 일본에 들어오지 못하도록 한다는 것이다. 우선 특정국가 선박의 일본 입항을 금지하고 필요에 따라서는 특정국가에 기항했던 선박의 입항도 금지하도록 하여 단계적인 대응을 가능하게 하는 법안이다. 심의과정에서 가장 문제가 된 것은 금지조치의 발동요건으로서 "일본의 평화와 안전 유지를 위해 필요가 있다고 정부가 판단할 경우"로 하여 포괄적인 용어로 규정한 점이다. 여당측 실무자협의에서 공명당은 발동요건을 북한에 대해 분명하게 제시할 수 있도록 보다 구체화하자는 의견을 제시했으나 이러한 포괄적인 요건도 북한에 대해 유효한 외교 카드로 사용될 수 있다는데 의견이 모아져 결국 원안대로 결착을 보았다. 또한 여야가 제출한 법안 모두가 부칙에 "국제정세에 비추어 필요가 있으면 법률규정에 검토를 더하여 필요한 조치를 강구하다"고 하는 규정을 넣어 국제정세 변화에 대응하여 법률의 폐지도 검토할 수 있다는 내용을 담았다.

이처럼 일본정계를 주도하는 정당들이 여야 구분 없이 북한에 대한 단호한 대응에 동조하는데 반하여 이에 반대하는 세력은 미미했다. 일본공산당만이 고고하게 반대 주장을 내보였다. 그해 2월 18일 일본공산당의 시이(志位和夫) 위원장은 기자회견을 통하여 자민당이 준비하고 있는 관련법안에 대해 "6자회담 합의내용에 반한다"고 하며 반대 입장을 밝힌 바 있다. 또한 그는 이 법안이 2003년 8월에 6자회담에서 합의된 "각국은 정세를 악화하거나 격화시키는 행동을 취하지 않는다"는 원칙에 위배된다는 것을 들어 반대했다.

반면에 사회민주당은 유사법제 관련법안에 대해서 강렬하게 반대운동을 전개한 것과는 대조적으로 이 법안에 대해서는 미온적인 태도를 취했다. 같은 해 3월 3일 사회민주당의 후쿠시마 (福島瑞穂) 당수는 기자회견에서 여당측의 관련법안 준비상황에 대해 "아직 제출되어 있지 않기 때문에 제출 후에 내용을 상세하게 검토한 후 당의 대응책을 정하겠다"는 유보적인 입장을 밝혔을 뿐이다.

일본정부로서는 관련법안의 통과를 긍정적으로 받아들이고 있으면서도 어디까지나 외교적인 대화에 충실할 것을 거듭 강조하고 있다. 고이즈미 수상은 3월 17일 관련법안의 제출 움직임에 접하여, "납치문제나 핵문제에서 평화적인 해결이 목적이며 이 법안은 수단에 불과하다. 북한에 대해 신중하고 냉정하게 대응해 가겠다"고 기자단에게 말했으며, 당시 후쿠다(福田康夫) 관방장관도 기자회견을 통해 입항금지조치를 필요로 하는 사태가 오지 않도록 하는 것이 중요하다고 하고 어디까지나 대화를 통해 대북문제를 해결해 나가겠다고 말했다. 그러나 이러한 북한 규제 관련법 성립 자체가 일본 정치계의 보수화 경향을 상징적으로 나타낸 일이었으며 그 후 북일관계를 더욱 경직시키는 쪽으로 작용했다.

_4_
북일관계의 악화에 따른 총련의 조직적 위기

2002년 9월 평양에서 열린 북일 정상회담에서 김정일 국방위원장이 일본인 '납치' 사실을 시인한 이후, 일본사회와 정치권에서 북한에 대한 적대적인 분위기가 확산되고 있는 가운데, 북한과 조직적 연계를 갖고 있는 총련과 민족학교에 대해서도 배타적 분위기가 확산되었다. 오늘날 총련은 민족금융기관이 부실운영으로 파산 상태에 이른데다가 일본 지방정부로부터 기존에 받아오던 과세감면 혜택을 중지하겠다는 통보를 받고 있어 재정적으로 중대한 위기를 맞고 있다. 일찍이 2003년 말 총련은 도쿄도청으로부터 고정자산세 등의 과세 통보를 받았으며 이시하라(石原愼太郎) 도지사에게 불복심사를 청구한 일이 있다.

또한 총련의 지방조직과 산하조직 구성원으로부터 조직 개혁을 요구하는 목소리가 높아지고 있는 가운데 총련은 북한의 지령으로부터 벗어나지 못하는 기관으로서 뚜렷한 대안을 내놓지 못하고 있으며 내부적 분규가

증폭되고 있다. 이러한 가운데 2004년 5월 28일과 29일에 제20차 전체대회가 열렸다. 이 대회는 북일정상회담 이후 처음 열린 것으로서 하부기관에서 제기되고 있는 조직적 개혁 요구를 어떠한 형태로 수렴할지 주목되는 대회였다.

전체대회는 총련의 최고의결기관으로서 3년마다 열리고 있으며 중앙위원 혹은 지방본부 집행위원회 3분의 1 이상의 요구가 있을 경우 임시전체대회를 개최할 수 있다. 대회는 의원, 중앙위원, 중앙감사위원으로 구성된다. 전체대회에서는 중앙위원회와 중앙감사위원회의 사업보고에 대한 심의 결정, 기본방침 책정, 주요사항 의결, 회계보고 및 예산안 심의, 주요 임원(의장, 책임부의장, 부의장, 사무총국장, 중앙위원, 중앙감사위원 등) 선출을 행한다. 이때까지 전체대회는 1955년 5월의 결성대회부터 2004년 5월에 열린 제20차 대회까지 총 20차례에 걸쳐 개최되었다.

총련의 중앙조직과 산하조직이 마찰을 빚고 있는 현상은 근래에 재일본조선인인권협회 긴키(近畿)지방본부에서 발생한 일련의 사건에서도 잘 나타나고 있다. 이 협회 회장 홍경의((洪敬義)씨는 2004년 2월에 인터넷 사이트에 익명으로 총련의 개혁을 요구하는 문장을 올렸으며 이것을 아사히신문이 보도했다. 그는 3월에 같은 사이트에 자신의 이름을 밝히고 일본인 '납치' 문제에 관한 사죄와 보상을 촉구하는 한편, 남북화해 움직임에 따른 재일동포사회의 화합을 염원하는 '양심선언' 문장을 게재했다.

이러한 움직임에 대해 총련 중앙본부는 '동포들을 조국과 총련으로부터 떼어내려고 하는' 조직와해 공작으로 규정하고 한국의 국가정보원 조직원과 밀통했다는 이유를 들어 그를 규탄했다. 총련 중앙조직의 지시에 따라 인권협회 중앙본부는 그해 2월 27일에 상임이사회를 개최하고 긴키 지방본부의 조직활동을 정지시키고 회장 직위를 해임시켰다. 그러나 3월 27일에 열린 지방본부 임시총회에서는 중앙본부의 지시에 불복하고 절대다수의결로 활동정지와 회장해임 조치에 반대하는 결정을 내렸다. 다음은 총련의 개혁을 요구하는 사이트 내용을 요약 정리한 것이다. 이를 통해 오늘날 총련의 조직적 위기상황을 잘 이해할 수 있다.

www13.plala.or.jp/forum/teigen.html

자료

21세기 총련의 개혁과 재생을 위한 제언 (요약)

재일동포사회는 전통적인 형태의 재일동포 (국적=민족=혈통)를 중심으로 하는 사회로부터 새로운 형태의 재일동포 (국적≒민족≒혈통), 그리고 한국에서 오는 단기 체재자와 정주자를 포함하는 형태로 변모하는 과도기에 있다. 총련은 다음 네 가지 조직적 위기상황을 맞고 있다.

① **재일동포들의 총련 이반**. 최근 10년간에 학생 수에서 약 6천명, 학교 수에서 30개 학교 이상의 감소 경향을 보이고 있는 민족교육의 쇠퇴와, 외국인 등록에서 '조선' 표시로부터 '한국' 표시로 바꾸는 사람이 2001년에 3,678건, 2002년에 7,580건으로 급속하게 증가하고 있다.

② **총련 내부의 결속력 약화**. 최근 총련 중앙조직의 권위와 위신이 저하되고 있으며 중앙조직의 지시에 따르지 않는 움직임이 표면화되고 있다. 총련 동포들이 가장 관심을 가지고 있는 민족교육문제에 있어서도 학부형들의 자율적인 의사를 반영하여 '초상화'나 '치마저고리제복' '국기국가' 취급 등에서 변화의 모습을 보이고 있다.

③ **총련의 재정난**. 조직의 재정체계와 질서가 붕괴되는 기관들이 속출하고 있고 대부분의 조직이 정기적인 수입인 회비와 출판물 구독료 등에서 활동비나 인건비를 충당하지 못하고 있다. 젊은 조직원들이 조직으로부터 비전과 현실적 보응을 얻지 못하고 있어 긍지와 자부심을 잃어가고 있다.

④ **총련의 대외적 고립**. 김정일 위원장의 '납치시인'(9.17사건)을 계기로 하여 그때까지 총련을 지지하고 연대를 표명해 왔던 일본의 정당, 단체, 인사들로부터 고립되기 시작했다. 이는 '반북한' '반총련' 분위기를 고조시키는 일본의 언론자세에 가장 큰 원인이 있으며 그 결과 일본인들이 총련에 대해 이단시하고 두려워하는 분위기가 확산되었다.

총련의 위기상황은 외적인 요인에 의한 것만은 아니다. 근본적으로 중앙 및 지방조직에서 책임과 권한을 가진 지도층 간부들이 북한의 '지도'와 의향에 저항하지 못하고 재일동포의 특성과 거주지 일본의 지리적 및 객관적 조건을 경시해 왔기 때문이다. 그들의 안일한 현실인식과 권력에 대한 집착이 근본적인 원인이다. 총련 재건을 위하여 다음 세 가지를 제안한다.

첫째, 총련은 정책이나 운동방침 및 인사문제 등에서 독자성을 회복하고 동포들에게 중심을 두는 대중적 조직으로 거듭나야 한다. 총련은 공화국(북한)과의 관계에서 수동적이고 일방적인 관계로부터 쌍방향적인 관계로 전환하는 한편 한국과의 관계에서는 각계각층과의 경제 문화 스포츠 등에서 다방면에 걸친 교류를 적극적으로 추진해야 한다.

둘째, 총련은 동포들의 생활에 밀착된 조직으로서 민주주의를 새롭게 확립하고 실질적으로 보장하는 시스템을 구축해야 한다. 이를 위해서는 정책이나 간부 발탁 및 배치 등에서 동포들의 요구가 충분히 반영되도록 해야 하며 투명성과 공개성이 보장되어야 한다. 인사문제에서 적어도 임기와 연령 제한 및 남녀비율 등이 고려되어야 한다.

　　셋째, 동포들의 민족공동체 강화, 민족교육 권리 및 생활권 향상을 위한 운동을 적극 추진해야 한다. 우선 민족성의 계승과 확립을 위하여 ①새로운 시대에 알맞은 민족교육 이념과 목표, 내용, 운영방식을 창출하는 운동, ②민족교육권에 관한 '특별법'을 제정하게 하는 운동, ③민족교육에 대한 내외적 지원을 적극적으로 유치하는 운동, ④재일동포 100년 역사를 올바르게 기록하는 운동 등이 필요하다. 재일동포들의 생활과 권리 향상을 위해서는 ①북일 국교정상화를 실현하고 그것을 계기로 하여 재일동포의 법적지위를 보장하도록 하는 운동, ②재일동포들의 2중국적 및 참정권 문제를 검토하는 운동, ③고령자 및 장애인에 대한 지원을 조직화하는 운동, ④민족 금융기관을 유지하고 강화하는 운동 등이 필요하다. 또한 조국의 통일에 공헌하기 위해서 ①남북의 화해와 교류협력에 주체적으로 참가하는 운동, ②남북한 조국에 대한 투자와 기업진출 등 경제활동을 개척하는 운동 등이 필요하다.

_5_
재일동포보다는 조국에 치우친 총련 제20차 전체대회

2004년 5월 28일부터 29일까지 도쿄 조선문화회관에서 총련 제20차 전체대회가 개최되었다. 총련 전체대회에서 남승우 부의장이 뒤이어 재개될 북일 수교교섭에서 북한측 대표단 단원으로 내정되었다. 또한 부의장의 보좌역으로 국장급인 김영식 전 감사부위원장과 김명수 전 국제부 부국장도 교섭담당 참사에 임명되었다. 종래에는 북일 교섭에 있어서 총련의 국장급 간부가 자문위원 자격으로 북한측 대표단에게 간접적으로 참여한 바 있으나, 이처럼 고위 간부가 직접 교섭에 참가하기로 결정된 것은 이때가 처음이다. 이것은 북한이 총련 조직을 대일관계에서 정식조직으로 인정하고 조직원들을 포섭하기 위한 방침을 명확히 한 것이다.

앞에서 언급한 바와 같이 이번 전체대회는 총련의 지방조직과 산하조직의 구성원으로부터 조직 개혁을 요구하는 목소리가 높아지고 있는 가운데 개최된 최고의결기구로서 많은 사람들로부터 주목을 받았다. 총련의

총련 제20차 전체대회

개혁을 주장하는 목소리는 한마디로 총련이 재일동포 단체로서 북한 당국에 무조건 추종하지만 말고 주체적으로 동포문제를 해결해 가자고 하는 것이었다. 그런데 이번 전체대회는 전반적으로 개혁의 목소리가 전달되지 않은 채 구태의연한 내용으로 일관하다가 막을 내렸다.

다음은 총련의 구성원으로 이루어진 단체 가운데 총련의 개혁을 주장하는데 앞장서고 있는 '총련재생포럼'이 20차 전체대회를 비판한 글이다.
http://www13.plala.or.jp/forum/topics_sp2.html

총련 제20차 전체대회에 대한 '총련재생포럼'의 코멘트

전체대회 직후인 5월 31일자 '조선신보' 1면에는 "주체적인 재일조선인 운동발전의 새로운 이정표"라고 크게 보도되었습니다. 그런데 대회보고, 운영방식, 강령규약 개정, 인사 어느 것을 보아도 '새로운 이정표'와는 전혀 동떨어진 '낡은 묘지표'를 구태의연하게 제시했다고 하지 않을 수 없습니다. 우선 대회개최 전부터 직언(直言) 인사들은 철저하게 선별되어 배제되었을 뿐 아니라 대회개최 중 임원 인사에 대한 젊은 대의원들의 반대의견도 봉쇄한다고 하는 비민주성 을 노골적으로 드러냈습니다.

대회보고에서 동포사회의 현실을 직시하고 앞으로의 총련을 '민 족단체 동포조직'으로 강화하겠다는 등 구체적인 언급이 있었기는 하지만 스스로 행한 정책적 오류를 반성하고 그 결과 책임을 솔직하 게 인정하려고는 하지 않았습니다. 예를 들면 성과에 대하여 구체적 인 숫자들이 거론된 것과 반대로 문제점에 대해서는 일반적이고 추 상적인 표현으로 일관했으며 그 타개책도 명확하게 제시하지 않았습 니다. 또한 운동을 전망함에 있어서 '북미대결의 총결산'과 '북일관 계의 정상화'에 의해 재일조선인운동에 획기적인 국면이 나타날 것 이라고 하는 비주체적인 관점으로부터 탈피하지 못했습니다.

의결방식에 있어서는 대의원이 의견이나 질문을 개진할 시간과 공간을 설정하지 않았으며 단지 '대의원증'을 높이 들고 '찬성'을 표 시하는 구태의연한 방식을 답습했습니다. 임원 인사에 있어서는 '허 종만 체제'가 더 한층 강화되었으며 대회보고에서는 강조된 '여성동 맹의 역할'과 정비례로 '여성 부의장'이 이번 대회에서부터 없어지 는 등 모순을 드러냈습니다. 그리고 현 집행부를 '만장일치'로 선출 했다고 하지만, 우리가 확인한 것만으로도 적어도 대의원 2명의 선 출 때 분명히 반대의사를 표시했으며 기권한 대의원들도 있습니다. 이것을 '만장일치'라고 하는 총련 중앙집행부의 주장과 조선신보의 보도는 너무도 사실을 왜곡하고 있다고 말하지 않을 수 없습니다.

나아가 강령개정에 관하여는 그 취지 설명이나 동기 등을 구체적 으로 제시하지 않았으며 단순히 개정 전의 강령을 뜯어 붙였다고 할 수 있습니다. 기구개편에 있어서는 통폐합된 부서가 돌연 부활되거 나 없어지거나 했으며 선두 부서로 추켜세워졌던 '동포생활국'이 다시 격하되는 등 '이합집산'과 '우왕좌왕'을 변함없이 반복하고 있습니다.

이처럼 이번 전체대회는 '이념과 정책의 결여'와 '동포부재' 라고 하는 총련 중앙집행부의 구조적 결함과 관료적 체질을 그대로 드러냈으며 고뇌하는 조직 활동가나 동포들의 마지막 희미한 기대조차 저버렸다고 단언하지 않을 수 없습니다.

우리는 지난 4월 홈페이지의 '호소문'에서 "당면한 구체적인 목표를 전체대회와 그 후 속개되는 본부, 지부, 분회, 각 단체의 정기대회에서 정하고 '제언'에서 제시한 내용을 하나라도 실현시키는 일이 '총련의 개혁과 재생'에 매우 중요하다는 합의를 보았다"고 말했습니다. 이번 전체대회에서 젊은 대의원들이 행한 '이의제기'는 그 결과가 어떻든 간에 총련의 조직내부의 민주주의를 실현하려고 한 것으로서 그들의 양심과 행동에 경의를 표하고 싶습니다. 그러나 총련 중앙집행부는 뉘우치는 일도 없이 그들을 '대회파괴분자'라고 매도하는 비판문서 '제강(提綱)'을 조직 내부에 구두로 전달하고 본부나 지부의 대회에서 참가자 선별에 주의하도록 하는 지시를 내렸다고 알려지고 있습니다. 대회 참가자는 방침안과 인사안에 대해 찬성할 권리 뿐 아니라 반대할 권리도 갖고 있습니다. 반대한다고 해서 '인신공격'을 당한다고 하면 본부나 지부의 정기대회에서는 심각한 혼란과 대립이 발생할 것입니다.

우리는 반대를 위한 반대를 주장하고 있는 것이 아니며 어디까지나 보고나 방침에 대해 의문과 질문이 있으면 자유롭게 의논할 수 있고 그래서 스스로의 양심과 판단에 근거하여 의사표시를 할 수 있는 대회운영이야말로 총련 조직의 개혁과 재생, 나아가 동포들의 신뢰회복으로 이어질 것으로 확신하고 있습니다. 우리는 당면과제로 각 지방의 본부와 지부 그리고 산하단체에서 개최될 대회(총회)가 민주적이고 건설적으로 이루어지도록 노력해 갈 것입니다.

2004년 6월 7일 총련재생포럼

_6_
총련 50주년과 재일동포 민족교육

총련은 2005년 5월 25일로 조직 결성 50주년을 맞았다. 이를 기념하여 총련 각 지방조직에서는 결성기념일을 전후하여 동포들을 위한 갖가지 기념행사를 펼쳤다. 총련 중앙본부는 민족학교로서 유서 깊은 도쿄 조선중고급학교에서 5월 29일에 성대한 축제를 열어 다양한 공연과 시합을 가졌다. 그에 앞서 24일 낮에는 중앙 및 지방 조직의 간부 2천 명 가량이 참석한 가운데 50주년 기념 중앙대회를 개최했으며, 저녁에는 일본의 각 정당 간부와 각국 주일대사 등을 내빈으로 초청하여 기념 파티를 열었다.

고이즈미는 2004년 5월의 총련 제20차 전체대회에, 자민당 총재의 자격이기는 하지만 일본 수상으로서는 처음으로 축하메시지를 보낸 바 있다. 그때 그는 두 번째로 평양에 다녀온 직후로 메시지를 통해 북일관계의 개선에 대해 최선을 다하겠다는 의지를 표명할 정도로 우호적인 제스처를 보였다. 그러나 2005년에는 전년에 비하면 험악하다고 표현해야할 만큼

총련 결성 50주년 기념행사

북일관계가 경색되어 있었다. '납치' 일본인의 유골이라고 하며 북한측이
보낸 유골을 일본이 '가짜' 라고 주장한 것을 계기로 북일 교섭이 중단되었
으며, 북한의 핵개발문제로 일본내 여론이 심각하게 악화되어 있었다. 이
런 상황에서 고이즈미가 과연 2004년에 이어 2005년에도 총련에 축하 메
시지를 전달할 것인지 세간의 관심이 쏠렸다.

　결과적으로 그는 파티에 직접 참석하지 않는 대신에 자민당 부간사장
(佐田玄一郎)을 참석시켜 메시지를 대독하게 했다. 보도에 따르면 축하메
시지로는 걸맞지 않는 북한을 추궁하는 표현이 많이 나왔다고 한다. 북한
이 납치문제에 성의 있는 대응을 보이지 않고 있으며 6자회담이 재개되지
않는 사이에 핵무기 보유를 표명하는 등 국제사회 전체에 우려를 낳게 하
고 있다고 비판했으며, 또한 현안 문제를 해결하고 국교정상화를 실현하

기 위해서는 북한이 대화 재개에 적극적인 자세를 보여야 한다고 하며, 총 련에서도 가능한 한 이에 협력해야 한다고 주장했다고 한다.

일본 사회에 북한에 대한 혐오 분위기가 확산되고 재일동포들이 대거 '조선적'에서 이탈하고 있는 가운데 총련은 조직의 생존 유지에 위협을 받 고 있다. 이는 여전히 북한의 폐쇄적인 정치 이념에서 벗어나지 못하는 조 직으로서 근본적인 한계를 지니고 있기 때문이다. 총련이 1959년부터 조 직을 들어 '귀국 사업'이라는 이름으로 9만 명이 넘는 재일동포 가족을 북 한으로 보낸 일은 역사적 오점으로서 오늘날에 이르기까지 후유증을 남기 고 있다.

다만 많은 문제를 안고 있는 가운데에도 총련을 그나마 긍정적으로 평 가할 수 있는 부분은 재일동포의 권익옹호 기관으로 활동하면서 민족교육 을 적극 지원해 온 과거의 업적 정도라고 할 수 있다. 일본사회에 민족차 별이 존재하는 가운데 재일동포 학부모들이 그런대로 민족교육에 대한 욕 구를 충족할 수 있었던 것은 총련과 같은 민족단체가 끊임없이 관심을 가 지고 교육사업을 지원했기 때문이다.

전후 일본으로부터의 사회적 제도적 차별 가운데 민족교육은 재일동포 들의 민족적 아이덴티티를 유지 계승하게 하는데 지대한 역할을 담당해 왔다. 따라서 대부분의 민족단체들은 충분하지 않은 재정 가운데에도 동 포들의 민족적 재산이라는 사명감으로 민족학교를 세우고 유지 운영해 오 고 있는 것이다. 오늘날 재일동포 3세 이하의 어린이와 청소년들이 전반적 인 출산율 저하와 함께 자연 감소하고 있는데다가 대다수가 일본 국적을 선택하면서 민족적인 정체성을 상실해 가고 있는 상황에서도 재일동포 민족교육 기관들은 가까스로 그 명맥을 유지하고 있다.

총련계 민족학교가 현실의 어려움을 극복하고 생존해 가기 위해서는 시대의 변화를 직시하고 민단계 민족학교의 노력을 본받아 스스로 국제화 교육기관으로 거듭나는 일이 무엇보다 중요하다. 또한 오늘날 지역단위 레벨에서 총련계 동포들이 문화행사에 있어서 민단계 동포들과 합동으로 행사를 주최하는 경우가 일반화되고 있는 것과 관련하여, 동포들 간에 확산되고 있는 정치이념을 초월한 화합 움직임을 민족교육의 생존 및 활성화를 위한 에너지로 승화시켜가야 한다.

한국의 정부와 교육계 시민단체도 재일동포 민족교육의 생존을 위해 적극적인 관심을 가져야 한다. 단기적으로 한국의 청소년들을 선발하여 재일동포 민족학교의 교사로 봉사하도록 지원하는 프로그램을 제안하고 싶다. 장기적으로는 남북한의 정부와 재일동포 민족단체가 공동으로 민족교육의 발전을 위한 청사진을 마련해야 한다. 오늘날 총련계 민족학교 어린이들이 한국을 방문하여 한국의 어린이나 교사들과 친숙한 관계를 맺고 있는 실정에 비추어, 한국의 학교들이 재일동포 민족학교들과 적극적인 교류를 실시해 나가는 것도 바람직하다고 본다.

<h1>_7_
총련이 민족교육에 끼친 공헌과 한계</h1>

1949년 9월에 조련 해산 후 그 후계 단체인 민전(재일조선통일민주전선)이 1951년 1월에 결성되어 조련의 민족교육사업을 이어받았다. 이 단체는 비록 공산당 이념에 경도된 조직 활동의 모습을 보이기는 했지만 일본의 중앙 및 지방정부를 상대로 민족교육을 수호가기 위한 운동을 지속해 갔다. 여기에 1954년 8월에는 북한의 남일 외상이 '일본정부의 불법적인 박해'에 항의하는 성명을 발표하고 민전의 교육투쟁을 지지했다. 이를 계기로 민족교육에 대한 북한정부와 좌파 재일동포 조직원들과의 교감이 증폭되어 갔다.

1955년 5월에는 민전이 발전적으로 해체되고 대신에 총련이 도쿄에서 결성되었다. 총련은 대내외적으로 북한정부를 추종하는 단체임을 분명히 했다. 결성대회에서 조직 이념으로 "장래 우리 재일 60만 동포를 영광스런 우리 조국 조선민주주의인민공화국 정부와 경애하는 수령 김일성 원수

도쿄 조선대학교

도쿄 조선 중고급학교

님 주위에 한층 굳게 결속시키고 우리 조국의 평화적 통일 독립을 달성하기 위하여 미제의 조선침략과 이승만 매국 역도들을 반대하며 단호하게 투쟁할 것"을 내걸었다.

이렇게 북한의 재일공민단체로서 출발한 총련도 조련과 민전의 활동을 이어받아 민족교육에 적극적인 자세를 보였다. 결성대회에서 8개 행동강령 가운데 하나로 "우리는 재일조선동포 자제들에게 모국의 언어와 문자로 민주민족교육을 실시하고 일반 성인 가운데 남아있는 식민지적 노예사상과 봉건적 유습을 타파하며 문맹을 없애고 민족문화의 발전에 노력한다"고 하는 슬로건을 내걸었다. 그리고 중앙상임위원 포스트 가운데 교육부를 두어 민족교육 재건에 주력하게 했다.

총련 결성 직후 8월에 총련 간부로 구성된 '조국해방 10주년 축하 재일동포대표단'이 북한을 방문하여 김일성 수상에게 쇠퇴해 가는 재일동포 민족교육문제를 거론하고 지원을 호소했다. 북한 정부는 이들의 요구를 받아들여 1957년 4월에 1억 2,109만엔 상당의 막대한 금액을 교육지원금으로서 일시금으로 총련에 전달했으며, 6개월 후에도 재차 같은 규모의 지원금을 내놓았다. 당시 한결같이 생활형편이 어려웠던 재일동포들에게 있어서 북한의 파격적인 교육비 지원은 감격스러운 것이었으며, 많은 동포들이 북한을 추종하는 중요한 계기가 되었다.

실제로 교육지원금은 민족학교의 운영비와 교원급료 등으로 사용되어 민족교육기관의 재정적 안정과 경영 기반을 강화하는데 결정적인 역할을 수행했다. 가장 많은 지원으로 1975년 한 해에 37억엔 가량을 지원한 것을 비롯하여 주로 70년대에 대대적인 지원이 이루어졌다. 총련의 발표로는 북한의 교육지원금이 현재까지 계속되고 있는 것으로 되어 있으며 2002년까지 총 448억 6천만엔에 달하는 막대한 지원이 이루어진 것으로 알려지고 있다.

북한의 교육지원에 힘입어 도쿄에 조선대학교가 설립된 것은 재일동포 민족교육의 역사에 있어서 괄목할 만한 일이다. 조선대학교는 1956년 4월에 사범전문학교를 개편하여 2년제 단기대학으로 출발했으며 1958년 4월에 4년제 대학으로 승격되었다. 그 해 6월에 북한이 지원하는 3억엔 가량의 기금을 건설자금으로 하여 오늘날에 이르는 근대식 대학 건물을 짓게 되었다. 이렇게 하여 민족교육에 있어서 초등교육으로부터 대학교육에 이르기까지 일단 교육체계가 이루어졌으며 민족학교에서 수업을 받은 재일동포 자녀들의 대학진학 문제도 어느 정도 해소되었다.

그러나 80년대에 들어서부터는 북한에서 송금해 오는 지원금 액수가 현격하게 줄어드는 한편, 역으로 총련계 사업가들이 북한에 대한 '헌금'을 우선시하며 동포들의 민족교육 지원에 소홀히 하면서부터 민족교육은 전반적으로 사양길에 접어들기 시작했다. 90년대에 들어서 재정 궁핍에 직면한 총련이 자금 마련을 위해 민족학교 시설과 부지를 담보로 하여 융자를 받기까지 하면서 민족교육의 장래를 어둡게 하기 시작했다. 1980년에 3만명이 넘던 민족학교 학생수가 1993에는 18,000명 정도로 떨어졌으며 이러한 감소세는 오늘날까지 계속되고 있다. 민족학교는 일본의 학교에 비해 교육설비 조건에서 현격하게 뒤떨어지는데다가 공립학교가 아니어서 학부모의 경제적인 부담이 크기 때문에 학생들을 유치하는데 어려움을 겪고 있다. 여기에다가 일본사회와는 걸맞지 않은 북한식 국가주의적 사상교육은 동포 자제들을 민족학교에서 멀어지게 하는 가장 큰 요인이 되었다.

_8_
재일동포 민족교육의 어려운 현실

재일동포 3세 이하의 어린이와 청소년들이 전반적인 출산율 저하와 함께 자연 감소하고 있는데다가 대다수가 일본 국적을 선택하면서 민족적인 정체성을 상실해 가고 있는 가운데, 일본의 민족교육 기관은 그 명맥을 유지하기 위해 안간힘을 쓰고 있다. 근래 들어 졸업과 입학 시즌을 맞게 되면, 일부 학교에서는 졸업생들의 사회 및 상급학교 진출 결과를 내보이거나 개선된 교육내용을 소개함으로써 학생 유치를 위한 홍보에 노력하는 모습을 볼 수 있다.

교육의 침체를 만회하기 위해서 오사카의 금강(金剛)학원은 교직원 전원이 2004년 초부터 지역 내 하급 학교를 방문하여 새롭게 바뀐 국제화 교육 내용을 설명하며 학생 모집에 노력한 결과, 2005년에는 입학 정원을 거의 채울 수 있을 만큼의 성과를 거두었다. 또한 교토 국제학원의 고등학교는 외국어를 보강한 국제화 교육과 함께 학생들이 선호하는 야구부 육

큐슈 조선학교의 여학생들　　　　　　도쿠야마 조선학교의 무용반

성을 특성화하여 지난 90년대 이래 침체 일로에 빠져 있던 등록률을 2005
년에 대폭적으로 끌어올렸다. 일본에서 불고 있는 한류 열풍도 이들 민족
교육 기관의 회생에 좋은 조건으로 작용한 듯하다. 이들 민단계 교육기관
이 거두고 있는 성과를 유지하고 확대하기 위해서는 공통적으로 내세우고
있는 국제화 교육이 그 성과를 낼 수 있도록 인내를 가지고 끊임없이 자구
노력을 쏟아야 한다.

　　그런데 재일동포 민족기관 가운데 총련계 민족교육 기관은 상상을 초
월할 정도로 어려운 현실에 봉착하고 있다. 오늘날 총련측이 실상을 알리
고 있지 않아서 정확하게 파악하기는 곤란하지만 민족학교의 학생 수가
점차 감소하고 있어서 학교 운영이 파행화 되어가고 있으며 학교가 통폐
합되는 일이 많은 것으로 알려지고 있다. 북한에 대한 일본사회의 적대적
인 분위기가 학생 모집을 어렵게 하고 있는 가운데, 민족교육기관들이 북
한식 교육에서 탈피하려고 안간힘을 쓰고 있다. 그러나 현실적으로 총련
의 지시로부터 자유롭지 않은 상황에서 교육기관으로서는 내외적인 어려
움을 겪지 않을 수 없으며, 자녀들에게 민족교육을 시키고자 하는 학부모
로서도 학교 선택에 고민하지 않을 수 없다.

　　다음은 민족교육의 현실과 장래에 관하여 활발한 논의가 이루어지고 있는 사이트에, 고민 끝에 민족학교에 자녀를 입학시킨 학부모의 심경과 그에 대한 다른 교육자의 반응이 잘 나타나 있어 이를 소개하고자 한다. '韓○○'라는 닉네임을 사용하는 학부모가 '고뇌에 찬 선택'이라는 타이틀로 올린 글과 '學父OB'라는 닉네임을 사용하는 옛 민족교사가 답글로 올린 것 가운데 그 일부를 인용한다.

〈韓〉(2005년 2월 19일) 며칠 전 막판까지 고민하던 끝에 무거운 몸을 이끌고 우리학교 신입생 설명회에 막내 아이와 다녀왔습니다. 솔직히 말해 1학년 신입생이 되는 우리 아이의 진로에 대해 이 정도로 고민할 줄은 생각도 하지 않았습니다. 위 아이들 때에는 망설이기는커녕 당연하다는듯이 우리학교에 입학시켰습니다. 그때는 아직 납치사건 이전이었고 부모로서는 우리학교가 배척을 당하는 가운데에서도 아이들에게 당당하게 말할 수 있는 신념이 있어서 희미하게나마 미래에 대한 희망을 가지고 있었습니다.

솔직히 눈이 뒤집힌 총련 중앙조직의 영향으로부터 빠져나오기 힘든 우리학교의 실태를 보면 아이를 보내기 싫습니다. 그렇지만 우리학교가 1세 어른들의 피와 땀의 결정체이며 동포들의 갖가지 생각들이 담긴 재일코리안의 보물이라는 점이 아무래도 저의 뇌리에서 떨쳐지지 않았습니다. 제가 여러 가지 선택지 가운데 마이너스 측면도 모두 고려하면서 굳이 우리학교를 선택한 것은 우선 우리말을 배우기 원했기 때문입니다.

막내 아이가 어제 TV에 방영되는 김정일 탄생 축하 퍼레이드 모습과 핵무기에 대한 폭탄발언에 대해 어린아이 나름대로 소박한 의문을 던졌습니다. 어떻게 대답해야 좋을지 조마조마하고 두근두근했습니다만 사실은 사실대로 대답하려고 합니다. 점점 더 복잡해질 질문에 대해 학교에서의 교육과 위화감이 생기지 않도록 노력하며 대답하려고 합니다. 아무튼 이제부터 어떻게 될지 지켜보려고 합니다.

우리학교에 아이들을 보내고 계신 여러분은 어떻게 대처하시고 계신
지요.

　〈學〉(2005년 2월 20일) 당신의 고민을 충분히 이해할 수 있습니
다. 그러나 민족학교를 선택한 이상 아이에게는 나이에 맞추어서 진
실을 전달해야 한다고 생각합니다. 어떠한 학교에서도 가르치고 있
는 것이 모두 올바른 것은 아닙니다. 불충분한 부분을 가정교육에서
보충해 주어야 한다고 생각합니다. 저의 아이들은 이미 졸업을 했습
니다만 지금도 기회 있을 때마다 논의합니다.

　저는 예전에 교사 일을 했습니다. 당시는 너무나도 정보가 없어
서 판단 재료가 부족했습니다. 또한 미디어에서도 지금처럼 실시간
으로 공화국(북한)의 모습을 취급하지 않았습니다. 그 때문에 모순이
없지는 않았습니다만 공화국 문제는 학생들과의 사이에서 애매한 상
태로 넘길 수 있었습니다. 그러나 시대의 흐름은 그러한 애매함을
씻고 교사로서도 눈을 감거나 귀를 닫기에 곤란한 상황이 되었습
니다. 교사로서는 선택을 강요받게 된 것입니다.

　교육자로서의 신념은 각각 다르기 때문에 현 재직자들을 비난하
는 것은 아닙니다. 조선대학교를 정년퇴임한 은사님께서 대학 동창
회에서 양심을 가지고 '사죄'하는 광경도 있었고 초중등 교사와 졸업
생과의 사이에서도 같은 일이 일어나고 있습니다. 저는 그런 경험을
하고 싶지 않습니다. 교육자로서의 양심이 있는 사람이 있는 반면,
퇴직하고 나서 손바닥을 뒤엎는 것처럼 反공화국 反총련으로 바뀌는
교사나 총련 임원들이 수 없이 많습니다. 왠지 충실성이 강한 사람일
수록 이와 같이 되었습니다. 현직에서 진실을 가르치라고 요구하는
일은 가혹한 이야기이며 불가능하기도 합니다.

　아이들이 느끼는 모순은 부모로서 분명하게 풀어주어야 한다고

생각합니다. 유감스럽게도 민족학교를 동포의 피와 땀의 결정체, 재
일코리안의 보물이라고 생각하고 있는 것은, 학교를 지키기 위해 최
선을 다한 경험을 가진 동포뿐인지도 모르겠군요.

9
재일동포 민족학교 초등부의 입학식 풍경

필자는 2005년 4월에 인터넷을 통해 민족학교의 초등학교 입학식 풍
경을 살펴보았다. 일본에서는 4월부터 새로운 학년도가 시작되기 때문에
각종 학교가 이 시기에 입학식을 거행하고 있다. 일본에 있어서 입학식 시
즌은 한창 봄꽃들이 피어있는 시기로 대부분의 초등학교들이 새로 맞이하
는 신입생들로 활기에 넘치게 된다. 그러나 재일동포 민족학교의 경우에
는 전반적으로 그다지 활기찬 모습을 찾아보기 어려웠다.

민족교육의 관점에서 볼 때, 교육기관 중에서 초등학교는 그 존재의 의
미가 가장 크다고 할 수 있다. 교육의 이념과 내용에 있어서 공교육의 출
발점으로 어린 학생들에게 민족적 정체성을 심어주기 시작하는 기관이기
때문이다. 또한 민족교육의 기초가 되는 과정이라는 점에서 장기적으로
민족교육 전체의 사활을 좌우할 기관이기도 하다. 따라서 각종 재일동포
사회에서는 초등학교의 학생을 유치하고 초등교육기관의 명맥을 유지하

고자 백방으로 노력하고 있는 것이다. 학교측의 학생유치 노력 결과에 따라 입학식 분위기가 달라진다. 입학식 풍경을 통하여 어느 정도 민족교육의 미래를 내다볼 수 있게 한다.

먼저 민단계 교육기관을 살펴보았다. 도쿄 新宿區에 소재한 도쿄한국학교는 민족학교 가운데 가장 많은 신입생을 확보했다. 총 80명을 받아들여 4월 6일에 입학식을 거행했으며 40명씩 2반을 편성하여 수업을 시작했다. 오사카 西成區에 소재한 금강학원 초등학교는 모집정원 40명 가운데 36명을 채우고 4월 7일에 입학식을 거행했다. 이 정도면 예년에 없는 비교적 양호한 학생 유치 성적을 거둔 경우다. 이에 반하여 오사카 住吉區에 있는 백두학원 건국초등학교는 16명의 신입생을 가지고 4월 7일에 입학식을 올렸다. 이들 학교에는 한국국적과 일본국적의 어린이들이 입학했으며 필자가 해당 학교에 직접 문의하거나 학교 홈페이지를 조사한 결과 조선적(朝鮮籍) 어린이는 전혀 입학하지 않은 것으로 알려졌다.

이들 민단계 민족학교에 비하면 일본 전국에 널리 퍼져있는 총련계 민족학교에서는 대체로 암담한 분위기를 느낄 수 있다. 총련 기관지 조선신

도쿠야마 조선초중급 학교

도쿠야마 조선초급학교의 음악 수업

보(朝鮮新報)가 예전과는 달리 2005년 민족학교의 입학식 소식을 전하고 있지 않았기 때문에 개별 학교에서 운영하는 홈페이지를 통해 알아보기로 했다. 일본전국에 산재하는 총련계 학교의 네트워크를 소개하는 사이트에 의하면 2005년 3월 1일 현재 전체 75개 학교 가운데 37개 학교가 WEB을 가동하는 것으로 알려졌다. 이 가운데 필자가 확인한 바로는 16개 초등학교가 홈페이지를 운영하고 있었으며 다음 두 학교만이 올해 입학식 풍경을 전하고 있었다.

삿포로 淸田區에 소재한 홋카이도 조선학교의 홈페이지에 의하면, 2005년 입학식이 4월 5일 학교체육관에서 '성대하게' 거행되었다고 했다. 그러나 신입생 숫자를 밝히지는 않았다. 홈페이지에 올려진 입학식 사진을 보면 초등부 신입생 모습이 9명을 넘지 않으며 중등부과 고등부를 합쳐도 30명이 채 되지 않았다. 야마구치현 周南市 遠石에 있는 도쿠야마 조선학교의 경우는 이보다 더욱 심각했다. 4월 2일에 실시한 입학식에 초등부에서 단 2명 (중등부에서도 2명)만이 참석했다. 이 어린이들은 고운 한복을 단정하게 입고 참석하여 "희망을 가슴에 품고 결의를 다졌다"고 한다. 이러한 순진무구한 동포 학생들의 모습을 상상할 때, 민족학교가 처한 현실은 가혹하게만 느껴진다.

_10_
재일동포 민족교육기관이 변하고 있다

일본 사회에서 전반적으로 출산율이 낮아지고 있는 가운데 재일동포 어린이들도 줄어가고 있다. 재일동포 젊은이들이 동포와의 결혼보다는 일본인과의 결혼을 많이 하고 있고 자녀들의 국적에서 일본국적을 선호하고 있는 까닭에 이러한 동포 어린이 감소 현상은 더욱 심화되어가고 있다. 민족의식면에서도 재일동포가 3세 이하로 내려가면서 점차 한민족으로서의 귀속의식이 약화되어 가고 있다. 이렇듯 재일동포 어린이들의 실질적인 감소 경향은 곧바로 입학자원의 부족으로 이어지고 있으며 이는 일본에 있는 각종 민족교육기관의 생존을 위협하는 가장 중요한 요인이 되고 있다.

대부분의 민족기관들은 충분하지 않은 교육재정 가운데에도 재일동포의 민족적 재산이라는 사명감으로 기관을 유지 운영해 오고 있으며 전후 일본으로부터의 사회적 차별 가운데 재일동포들의 민족적 아이덴티티를 유지 계승하게 하는데 지대한 역할을 담당해 왔다. 오늘날 이러한 민족교육기관이 학생수의 감소로 인하여 존폐의 위협에 직면하면서 각양각색으로 스스로의 변화를 통해 생존전략을 모색하고 있다. 최근 일어나고 있는 민족교육기관의 변화 양상을 대략적으로 살펴보면 다음과 같다.

　한국계 민족교육기관으로는 도쿄 오사카 교토에 모두 4개의 학교가 있다. 이 가운데 주변 상황에 가장 발 빠르게 적응하고 유연하게 변화하고 있는 학교로는 교토 한국학원을 들 수 있다. 이 학교는 1958년 4월에 설립하여 교토 한국중학교로서 일본문부성으로부터 학교법인 인가를 받았으며 1963년에는 고등학교 과정을 증설했다. 그리고 2003년 12월에 교토 지방정부로부터 여타 일본인을 위한 교육기관과 동등한 "학교교육법 제1조 학교"로 인가를 획득했다. 또한 이 학교는 한국어와 일본어뿐 아니라 중국어로도 교육할 수 있도록 교육내용을 전면적으로 개편했으며, 나아가 2004년 4월부터는 교토 국제학원이라는 명칭으로 바꾸고 국제학교로서의 이미지로 새롭게 출발했다.

2004년 4월 기타큐슈 조선학교 신축 준공식

도쿄의 한국학교 역시 능동적인 변화의 움직임을 보이고 있다. 2004년에 개교 50주년을 맞은 이 학교는 국제사회에서 활약할 수 있는 동포인재 육성을 교육목표로 하여 한국어와 일본어에 영어를 사용하여 교육하고 있으며 2004년 4월 신학기부터는 정보통신(IT) 교육 설비를 갖추고 재일동포 자제들을 위한 특별교육과정을 시작했다. 이 학교에는 일본사회에 뿌리를 내리고 살고 있는 재일동포의 자제들보다는 업무상 일본에 체재하고 있는 한국인의 자제들이 상대적으로 많은 수를 차지하고 있다. 이에 따라 2004년부터 재일동포 자제들만을 위한 별도반을 편성했으며 한국의 대학에 특례 입학할 수 있는 호조건을 살려 재일동포 학생들에게 한국어와 영어교육을 중점적으로 실시해 오고 있다.

이렇듯 한국계 민족교육기관이 국제화 교육을 통해 그런대로 사회적 변화에 맞추어 변화를 시도하며 생존을 유지해 가고 있는데 비하면 총련계 민족교육기관들은 내외적인 조건의 악화로 인하여 훨씬 더 심각한 생존위협에 직면해 있다고 할 수 있다. 총련 자료에 의하면 총련계 민족학교로는 2005년말 현재 조선대학교를 포함하여 70여개 학교가 있다. 일본과 북한과의 순조롭지 못한 외교관계로 인하여 일본사회가 민족학교를 바라보는 시선이 곱지 않으며 북한의 경제적 어려움으로 인하여 재일동포 교육사업에 대한 지원을 할 수 없게 되면서 총련계 민족학교는 사면초가의 곤란한 궁지에 몰려있다. 근래에 들어 민족학교 대부분이 김일성과 김정일의 초상화를 제거하고 북한의 국기와 국가를 사용하지 않는 등, '북한식 교육'의 이미지를 벗기 위해 안간힘을 쓰고 있다.

2004년 4월에 준공되어 새로운 건물에서 수업을 하게 된 큐슈의 조선 중고급학교와 기타큐슈(北九州) 조선 초급학교는 기타큐슈 지방행정 당국

과의 상호협력을 통해 기존의 학교 건물과 대지를 대신하여 새로운 부지
에 통합된 교육시설을 현대식으로 건설하고 학생들을 맞아들였다. 이 지
역에는 민족교육을 지원하는 모임이 결성되어 교육재정 확보를 위한 노력
의 일환으로 민족교육 운영을 위한 모금운동을 전개하고 있으며 일본정부
에 대해서 교육조성금의 증액, 기부금에 대한 세제상 우대 조치, 건물 개
보수에 대한 보조금 지급, 각종 국가시험자격 인정 등을 요구하는 등, 활
발한 대외활동을 보이고 있다.

　　재일민족교육기관의 변화 움직임을 크게 보면, 탈(脫)이념화, 초(超)민
족화 움직임으로 요약할 수 있다. 시대의 변화에 따라 남북한 정치상황에
따른 정치이념이 점차 민족교육의 장에서 퇴색되고 있으며 재일동포 사회
의 교육적 수요에 맞추어 점차 인터내셔널스쿨 형태로의 변화를 통해 민
족교육의 생존을 모색하고 있는 것이다. 일부 총련계 인사 가운데에서조
차 민족학교의 유지를 위해 한국이나 해외 동포와의 적극적인 교류, 영어
와 중국어 등의 외국어 교육 특성화를 공공연하게 주장하고 있는 것은 이
러한 변화의 실태와 필요성을 잘 말해 주고 있다.

_11_
민단의 회원자격 확대의 움직임

민단은 2005년 2월 24일 중앙회관에서 제48회 임시 중앙대회를 열고 중앙위원회의 권한을 강화하고 선거인 제도를 도입하는 등, 시대 변화에 따른 규약 개정을 단행했다. 규약 개정과정에서 구성원들에게 가장 관심의 표적이 된 것은, 민단 구성원의 자격요건에서 기존에 국적에 기초하여 대한민국 국적자로 한정하던 것을, 일본국적 및 조선적 동포를 포함한 재일동포 전체로 확대하여 적용하는 문제였다.

1993년에 민단은 종래에 조직 명칭으로 사용해 오던 '거류민단'을 '민단'으로 바꾸면서 언젠가는 조국으로 돌아갈 '거류민(居留民)'이 아니라 앞으로도 일본사회에 뿌리를 내리고 살아갈 '정주민(定住民)'으로서의 재일동포를 대표하는 조직임을 대내외적으로 표방하기 시작했다. 이와 함께 지방참정권의 획득운동을 적극 추진하고 '우호 단원'이라는 별도의 틀을 만들어 일본국적 취득 동포들에 대해서도 회원의 자격을 부여해 왔다. 이

민단의 광복 60주년 기념식

번 규약 개정에서는 일본 국적 동포들을 보다 더욱 적극적으로 민족 커뮤니티에 유인하고자 하는 민단의 의도가 반영되었다. 이것은 재일동포의 일본 정주화가 심화되고 일본 국적 취득이 현저해 지고 있는 현실에 대한 조직적인 적응의 움직임이라고 평가할 수 있다.

임시 중앙대회에서는 조남부(趙南富) 의장대행이 의사진행을 담당하는 가운데 규약 개정안에 대한 축조심의가 이루어졌으며 대체로 개정안이 원안대로 가결되었다. 논의가 집중된 구성원 문제에서는 일본국적 동포를 대상으로 한 기존의 '우호 단원' 항목을 삭제하고 그 대신 '한반도 출신자와 그 자손'을 수용한다는 항목을 신설했다. 이로써 민단의 회원 자격을 기존의 대한민국 및 일본 국적 뿐 아니라 조선적 동포에게까지 확대하게 되었다. 다만 조선적 동포의 수용 방침에 대해서는, "본국정세와 재일동포 사회의 현실에 맞추어 지속적으로 검토해 나간다" 라고 하는 결의를 채택했다. *民團新聞 (2005. 3. 2)*

그런데 조선적 동포를 포함하는 이러한 규약 개정 움직임에 대해, 재일동포 신문인 통일일보는 사설을 통해 민단의 기본 이념을 해치는 움직임이라고 하며 이를 비판하고 나섰다. 민단이 강령 제1항에서 "우리는 대한민국의 국시를 준수 한다" 라고 하고 있는 것은 대한민국 헌법의 기본 정신에 따라 자유민주적 기본질서에 입각한 평화적 통일정책을 수립하고 추진하는데 동참하겠다는 이념을 내세웠다는 것이다. 그런데 이런 강령에 비추어 "민주주의를 부정하고 재일동포의 생활을 위협하는 북한의 김정일 군사독재 체제"에 대해 민단이 선두에 서서 대항하지 않고 지나치게 동포애를 내세워 이를 방조하고 있다는 것이다. 그러면서 동포애 관점에서 민단의 확대를 원한다면 조선적 동포보다는 대한민국 국적의 뉴카머(New Comer)를 어떻게 수용할 것인가를 논했어야 하며, 만약 민단이 범민족적인 단체로 탈바꿈하려 한다면 먼저 조직 강령에 관한 개정 논의를 했어야 하는 것이 아닌가 하는 문제를 던진 것이다. *統一日報 (2005. 3. 9)*

그러나 통일일보에서도 지적하고 있듯이, 현실적으로 조선적을 포기하지 않으면서까지 민단 회원으로 가입함으로써 사실상 조직 강령을 승인하는 행위를 선택할 재일동포는 거의 없을 것으로 보인다. 또한 총련에서 조직원이 자유롭게 민단에 가입하는 것을 허용할 것으로 보이지도 않으며 따라서 조선적 동포가 만약 민단에 회원으로 가입할 의사를 갖게 되면 먼저 대한민국 국적을 선택할 것으로 보인다. 즉 현 시점에서는 민단이 조직 이념으로서 대한민국 국시를 내세우면서 조직 회원으로 조선적 동포를 포섭하겠다고 논의를 전개하는 것은 탁상공론에 불과하다고 본다. 따라서 민단의 규약 개정에 대해서 총련이 조직적으로 아무런 반응을 보이지 않고 있는 것이다. 만에 하나 총련 조직이 '통일전선전략'의 일환으로 조직원을 민단에 보내어 활동하게 할 수 있지 않겠는가 하는 문제를 제기할 수도 있다. 그러나 이러한 의견도 마찬가지로 점차 재일동포 사회가 전반적으로 정치적 이념보다는 경제적 이익이나 문화적 정체성에 관심을 쏟고 있으며, 민단에 비해 상대적으로 현저하게 조직력이 쇠약해지고 있는 총련의 현실에 비추어 볼 때, 탁상공론에 의한 문제제기 혹은 기우(杞憂)에 불과한 것으로 보인다.

_12_
교토 메아리 축제에 갈채를 보내며

 2004년 9월 교토시에 있는 국제교류문화회관에서는 「메아리」축제가 열렸다. 이는 2003년 5월부터 교토시의 국제교류협회와 총련지방본부, 민단지방본부가 공동으로 운영해 오고 있는 문화사업 「코리안 살롱 메아리」의 1주년 기념행사로 열린 것이다. 일본과 남북한을 조국으로 여기는 3개 단체가 공동으로 개최한 이 행사는 재일동포와 일본인들이 공통의 '일본 주민' 으로서 다문화 공생의 창조와 실현을 위해 상호 친목을 심화시켜 가는 것을 목적으로 하여 기획되었다. 한국의 전통음식 포장마차와 저고리 의상 전시회, 재일동포 민족학교 학생들의 민속예술 공연, 바자와 자선경매 등, 다채로운 내용으로 엮어진 이 행사에는 교토 내외로부터 8천명이 넘는 참가자들로 성황을 이루었다고 한다. 축제의 마지막 프로그램으로는 동포들의 감성적 화합을 위하여 어깨춤을 도입했는데, 모든 참가자들이 한데 어울려 흥겨움을 맛보는 감격을 체험했다고 한다.

「코리안 살롱 메아리」는 일본과 남북한 사이의 정치적 관계에 여러 가지 갈등 요소가 존재하지만 이를 초월하여 재일동포 사이의 남북화합을 이루고자 시작한 뜻 깊은 문화사업이다. 특히 민단과 총련이 화합하여 지속적인 문화사업으로 유지해 오고 있는 것은 남북한과 일본 각지를 포함하여 처음으로 시도되고 있는 유일한 일로 그 의의가 크다고 할 수 있다. 이제까지 「메아리」에서 제공해 오고 있는 프로그램으로서는 초급에서 상급에 이르는 한글강좌, 한반도의 유적지 탐방, 민족교육과 재일동포 생활문제와 관련한 다양한 이벤트가 있다.

조국 분단의 영향으로 재일동포 사회에는 여전히 이념과 국가관을 둘러싸고 단체와 개인에서 대립 양상이 보이는 가운데 민족단체 민단과 총련이 그 대립구도를 주도해 오고 있다. 그러나 또 한편으로는 탈냉전의 시대적 변화와 함께 민족화합의 움직임이 확대되고 있는 것도 사실이다. 지

2005년 오사카 민단과 총련이 공동 주최한 '하나마쯔리'

91년 치바 세계탁구대회에서 민단과 총련이 코리아팀을 공동 응원

난 1991년 치바(千葉)에서 열린 세계탁구선수권 대회에서 분단 후 처음으로 남북 단일의 「코리아」팀이 결성되고 이때 민단과 총련이 조직을 들어 「코리아」팀을 공동 응원했던 일은 재일동포 민족단체의 화합을 알리는 신호탄이었다. 그 후 민족단체의 지방조직 사이에 있어서는 상호 교류와 화합 움직임이 활발하게 전개되었다. 「메아리」사업은 이러한 지방 차원의 민족화합이 확대되어가는 과정에서 결실을 맺은 것이며 「코리안 살롱」에서 보이는 「코리아」는 민족화해를 상징하는 단어로서 사용되고 있는 것이다.

다만 지방조직과는 달리 민단과 총련의 중앙조직 사이에 있어서는 민족화합의 움직임이 여전히 이루어지고 있지 않다. 2000년 6월 김대중 대통령이 평양을 방문하여 김정일 국방위원장을 만난 직후, 민단과 총련이 각각 성명을 발표하여 서로 대화할 용의가 있다고 표명한 일이 있다. 그때는 조직 임원들을 상대 단체에 방문시키는 등 화해의 움직임을 보였으나 그 후로는 이렇다 할 움직임을 보이고 있지 않다. 게다가 남북한의 정상이 만나서 화해하는 모습을 보인 것과는 달리 민단과 총련 사이에서는 조직의 대표자가 공식적으로 만나는 모습을 보이지 않고 있다.

2005년 말 현재 민단의 단장은 김재숙(金宰淑)씨, 총련의 의장은 서만술(徐萬述)씨가 담당하고 있다. 이 두 사람은 2000년 11월에 조선장학회 창립 100주년 기념식에서 만나서 악수를 나눈 적이 있다. 그러나 그때 서만술씨는 부의장 직을 맡고 있었으며 당시 의장직을 맡고 있던 한덕수(韓德銖)씨는 민단과의 화합 움직임에 대해 지극히 소극적인 태도를 취했다. 남북 화해 움직임에 부응하여 민단은 총련에 대해 대표단을 공동 구성하여 서울과 평양을 방문할 것과 중앙기구에 의한 상설협의기구를 설치하여 재일동포 문제를 협의해 나갈 것을 제안했지만 총련의 반응은 냉담했다.

민단과 총련은 한반도 정세에 따라 핵문제나 납치문제 등에 있어서 어느 정도 서로 다른 조직적 입장을 취할 수밖에 없다. 그러나 두 단체는 재일동포 사회라고 하는 공통의 기반 위에 존립하는 까닭에 함께 풀어나가야 하는 공통 과제에 대해서 적극적인 태도를 취해야 한다. 일본의 정치권과 사회 일각에서 나타나는 과거 식민지 역사의 왜곡 문제나 재일동포에 대한 제도적 사회적 차별 문제, 재정적인 곤경에 빠져 있는 민족교육 문제 등에 대해서 민단과 총련 중앙조직이 공동으로 대처하고 있지 않는 것은 실로 부끄러운 일이 아닐 수 없다.

이렇듯 중앙조직 내에 분단의 현실이 엄연히 존재하고 있는 가운데에서 단순한 퍼포먼스를 벗어나 지속적인 문화사업을 통해 민족단체의 화합을 실천하고 있는 교토의 「코리안」에게 성원의 박수를 보낸다. 광복 60주년을 맞는 2005년에도 일본의 각 지방에서는 민단과 총련의 동포들이 수많은 문화행사에 공동으로 참여했다. 앞으로 민단과 총련이 조직적으로 화해의 움직임을 보이기를 바라며, 두 단체가 주최하는 공동 행사에 많은 재일동포들이 이념의 장벽을 넘어 함께 어울려 참가하는 감격적인 광경을 소망한다.

VI
한일간 외교적 마찰의 움직임

_1_ 고이즈미 야스쿠니 참배와 2004년 한일외교의 시작

고이즈미 준이치로 수상이 2004년 새해 아침에 전격적으로 야스쿠니 신사를 참배했다. 그는 수상 취임 이래 2001년부터 매년 한 차례씩 야스쿠니 신사에 참배해 왔다. 2004년에 들어서는 그가 8월 15일에 참배할지도 모른다는 예측이 나돌기도 했다. 그런데 정치적 퍼포먼스에 능한 고이즈미는 이때 새해 첫날에 '깜짝쇼'를 연출했다. 왜 그는 하필 새해 첫날을 택한 것일까.

연례적인 행사로서 1월 2일에는 일왕(天皇) 가족이 왕궁에서 일본 국민들을 향하여 신년 하례를 행하는 예식이 예정되어 있다. 매년 수만 명에 달하는 군중이 운집한 가운데 열리고 있다. 이러한 공식 일정에 앞서 수상이 야스쿠니를 찾은 것은 국가의 '충성스러운' 종복(從僕)으로서 '성실함'을 일본 국민들에게 보이고 국가 총수로서의 지도력을 과시하기 위한 것이었다고 해석된다. 2001년부터 세 차례에 걸친 야스쿠니 참배가 참배 그 자체에 의미를 두었다고 한다면 2004년에는 일본의 전통과 관습에 비추어 '의미 있는' 날짜를 선택한 것으로 보인다.

2003년 말 중의원 선거에서 자민당은 과반수를 획득하지 못하고 야당 민주당에게 대약진을 허용했으며 결과적으로 고이즈미의 '개혁' 노선과 리더십에서 상처를 입은 바 있다. 일본 경제가 쉽사리 회복되지 않는 상황에서는 2004년에 예정된 참의원 선거에서 고전을 면치 못할 것이라는 전망이 많았다. 여기에다가 자위대의 이라크 파병을 바로 앞두고 일본의 국론이 분열되어 있었던 것도 고이즈미의 국정 수행에 부담을 주는 것이었다. 이러한 상황 가운데 자민당 총수로서 그리고 내각 수반으로서는 그는 보수적인 성향을 가진 국민들을 결집시키는 일을 정치적 과제로 여기고 있었다. 따라서 고이즈미의 야스쿠니 행보는 그의 정치적 과제를 실현하기 위한 방편으로 취해진 것이다.

그러나 그의 참배는 비교적 평온한 분위기 가운데 유지되고 호의적으로 확대되어 가고 있는 한일관계에 돌을 던져 파문을 일으키는 결과를 가져왔다. 중국에 이어 한국의 외교당국이 서둘러 '참배 중단'을 요구하며 참배를 비난하는 성명을 발표했으며 전후보상을 요구하는 한국과 일본의

고이즈미의 2004년 야스쿠니 참배

사회단체들이 참배에 항의하는 운동을 전개했다.

고이즈미의 참배는 특히 한국의 외교당국을 당혹스럽게 했다. 전면적인 일본문화개방 검토, 북한 핵개발문제를 둘러싼 6자회담, 한일간의 자유무역협정 교섭 등, 2004년에 일본과의 외교관계에서 풀어나가야 할 현실적인 문제를 안고 있는 가운데, 한국측은 기본적으로 호의적인 한일관계의 기조를 깨뜨리지 않으면서 일본에 대해 역사인식을 주장해야 하는 부담을 안고 2004년을 시작해야 했다.

야스쿠니 참배를 둘러싼 전후 일본의 정치적 동향

1945. 12 GHQ가 국가와 神社神道의 분리를 지령
1946. 09 야스쿠니 신사가 종교법인으로 등록
1964. 08 정부주최로 최초로 패전기념일에 야스쿠니에서
          전몰자 추도식 거행
1975. 08 三木武夫 수상이 현직 수상으로 최초로
          패전일에 야스쿠니에 참배
1977. 07 최고재판소, 津地鎭祭 소송에서 신사에 대한
          공급지출을 '합헌'으로 판결
1978. 08 福田赴夫 수상이 패전일에 야스쿠니 참배
1978. 10 東條英機 등 A급전범을 야스쿠니 신사에 합사
1980. 08 鈴木善幸 수상이 패전일에 야스쿠니 참배
          (81년, 82년에도 참배)
1983. 08 中曾根康弘 수상이 '내각총리대신' 직함을
          사용하며 야스쿠니 참배 (84년에도 참배)
1985. 08 中曾根康弘 수상이 전후 최초로 패전일에 '공식 참배'
1985. 09 중국정부가 '공식 참배'에 대해 유감을 표명

1985. 10 自民黨이 A급전범 합사 취소를 요청했으나
          야스쿠니 신사측이 이를 거부
1986. 08 중국과 한국 등의 반발로 中曾根康弘 수상이
          야스쿠니 참배를 중단
1991. 01 岩手소송에서 仙台고법, 수상 등의 공식참배와
          玉串料 공금지출에 대한 '위헌' 판결
1996. 07 橋本龍太郎 수상이 11년 만에 현직 수상으로서
          야스쿠니 참배
1997. 04 최고대법원, 愛媛현이 지출한 야스쿠니 신사
          玉串料에 대해 '위헌' 판결
2001. 08 小泉純一郎 수상이 5년 만에 현직 수상으로
          야스쿠니 참배
2004. 04 福岡지방법원, 수상의 야스쿠니 참배에 대한
          위헌성 판결

_2_
고이즈미의 독도 발언에 대한 한국의 대응

고이즈미 일본 총리는 2004년에 들어 새해 첫날 야스쿠니 신사를 참배하여 한국과 중국에 외교적인 부담을 던진데 이어, 같은 해 새해 벽두부터 독도가 일본의 영토라고 하는 발언을 하여 한국측에 파문을 확산시켰다. 고질적인 영토 영유권 주장문제가 이때 다시 제기된 것은 한국의 체신당국이 독도를 소재로 하여 기념우표를 발행할 계획을 발표하자, 이에 대해 일본측이 불쾌한 심기를 드러내면서부터이다.

2003년에 "일제의 창씨개명이 조선인에 의해 자발적으로 이루어졌다"고 주장하여 한국에 널리 알려진 당시 총무상이던 아소타로(麻生太郎)가 2004년 1월 9일의 각료회의에서 한국측에 대항하여 독도 사진 우표를 발행하자고 제안했다. 이때 고이즈미가 다케시마(竹島)는 일본 고유의 영토라는 입장을 표명한 것이다. 다만 그는 일본측이 독도 사진 우표로 맞대응하는 것에 대해서는 "파문을 확대시키거나 복잡하게 만드는 움직임으로 취하지 않는 것이 좋다"고 말하여 일단 부정적인 견해를 밝혔다. 그는 독도에 대한 영유권을 주장하면 되는 것을 맞대응으로 양국 국민의 감정까지 상하게 할 필요는 없다는 태도를 보인 것이다.

그러나 고이즈미의 발언을 계기로 하여 일본 국내에서 독도의 영유권을 주장하는 목소리들이 다시 커졌다. 결과적으로 그가 원하든 원하지 않든 독도문제가 한일양국에서 다시 외교 마찰을 일으키는 쟁점으로 부상하게 된 것이다. 지난 1954년에 일본정부가 한국 발행의 독도 우표 부착 우편물에 대해서 반송하기로 결의했던 예가 있는데, 이번에도 일각에서 그러한 조치를 요구하는 주장들이 일본에서 나왔다.

국제관계 일반에 비추어 볼 때, 영토 영유권 문제는 국민국가 사이에서 감정적인 대립을 가져오는 가장 중요한 요인이 되고 있으며 따라서 국가 간 분쟁의 가장 큰 원인이 되고 있다. 이러한 이유로 상호의존 관계가 밀접한 국가 사이에서는 가능한 영토 문제를 외교적 쟁점으로 하는 데는 국민감정이 격앙되는 일이 없도록 신중하게 접근하고 있다.

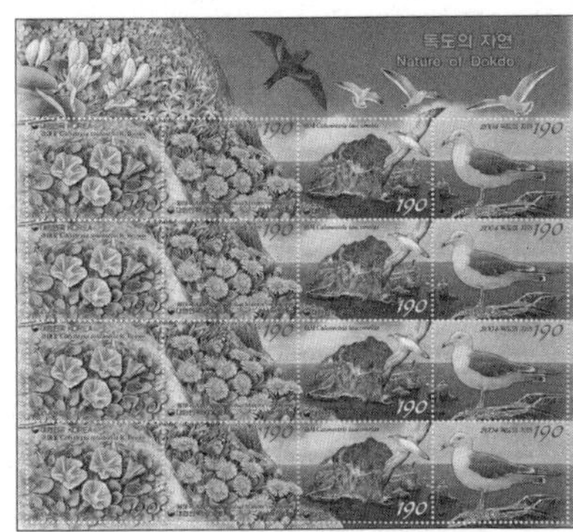

한국이 발행한 독도 사진 우표

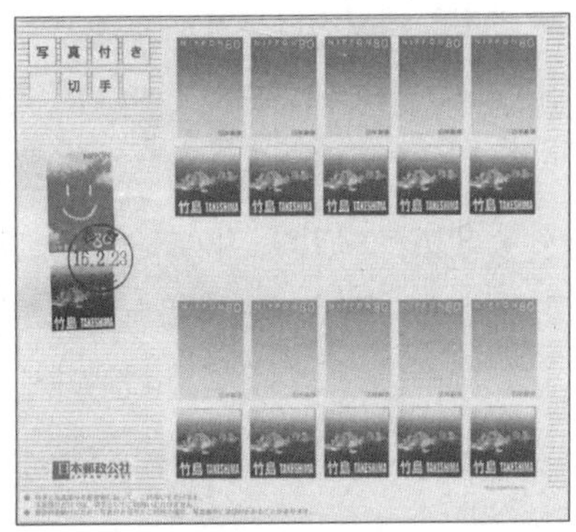

일본이 발행한 다케시마 사진 우표

이러한 관점으로 볼 때, 독도의 영유권 문제를 둘러싸고 한국과 일본의 네티즌들이 펼치는 상호 비방이나 우리 국민들의 감정을 자극하는 한국측의 과도한 언론보도는 적절하지 않다고 판단된다. 이는 일본측의 주장이 옳다는 것이나 그에 동조하자는 견해가 아니다. 실질적으로 한국이 점유하고 있는 한국의 영토에 대해서 의연하게 대처하는 것이 바람직하며 일본측의 움직임에 맞대응하거나 좌우되어서는 곤란하다는 것이다. 한국의 외교통상부는 비교적 적절하게 독도문제에 대해 대응해 오고 있다고 볼 수 있다.

2004년 고이즈미의 영유권 발언 직후, 외교통상부 대변인은 발표를 통하여 "일본측이 독도에 관해 어떤 발언을 하든지 독도는 역사적, 지리적, 국제법상으로 우리 고유의 영토이며 이는 움직일 수 없는 사실"이라는 원칙적인 입장을 밝혔다. 그리고 일본측의 영유권 주장에 대해 과민하게 대응하지는 않겠다고 밝혔다. 이는 실질적으로 독도를 우리가 점유하고 있는 마당에서 일본으로 하여금 독도를 국제문제화 시켜 한일 양국 사이의 분쟁거리 혹은 협상거리로 만들지는 않겠다는 기존의 입장을 거듭 나타낸 것이다.

따라서 야당 일각에서 제기한 바와 같이 독도에 대한 보다 강력한 외교적 대응을 주문한다든지 네티즌들이 일본의 주요 사이트를 집중 공격하여 접속 불능상태로 만드는 등의 감정적인 대응은 우리 국민감정을 고조시킬 뿐이며 오히려 일본측이 의도하는 대로 사태를 진전시킬 수 있는 소지가 많은 행위였다. 다만 우리 정부에게는 일본 외교당국이 한국에 대해 독도 우표 발행에 대한 문제제기를 넘어서 영유권에 대해서까지 문제를 제기할 경우를 대비하여 그 대응책을 차분하게 모색해야 한다는 주문을 해야 했다.

_3_
후쿠오카 지방법원의 야스쿠니 위헌 판결

고이즈미 수상이 2001년 8월에 야스쿠니 참배를 단행한 이후, 참배 행위가 헌법을 위반한 것인지 그렇지 않은지에 관한 사법부의 판단을 요구하는 움직임이 일어났다. 이것은 동시에 공무원의 행위로 인한 개인의 정신적 고통을 호소하고 손해배상을 청구하는 소송 움직임으로 전개되었다. 이러한 소송이 도쿄, 치바, 마츠야마, 후쿠오카, 오키나와 등 6개 지방법원에 제기되었으며 재판을 진행시켜 왔다.

2년간 이상의 심리를 거쳐 2004년에 들어 판결이 이루어진 가운데, 그해 2월 27일과 3월 16일에 오사카와 마츠야마에서 해당 지방법원이 위헌 여부에 관한 판단을 내리지 않고 소송을 기각하는 결정을 내린 바 있다. 오사카 지방법원은 위헌판단에는 이르지 않으면서 수상의 참배에 대해 '공적인 성격'을 인정하는데 그쳤으며, 마츠야마 지방법원은 '개인의 행위'였다고 하며 위헌성을 부인하는 해석을 내놓았다.

고이즈미 총리의 야스쿠니 참배에 대한 법원 판결

재판일	재판소	참배성격	위헌여부	위자료 청구
2004·2·27	오사카지법(제1)	공적	–	기각
3·16	마쓰야마지법	–	–	기각
4·7	후쿠오카지법	공적	위헌	기각(확정)
5·13	오사카지법(제2)	사적	–	기각
11·25	지바지법	공적	–	기각
2005·1·28	나하지법	–	–	기각
4·26	도쿄지법	–	–	기각
7·26	오사카고법(제1)	–	–	기각(상고)
9·29	도쿄고법	사적	–	기각
9·30	오사카고법(제2)	공적	위헌	기각

그런데 같은 해 4월 7일에 후쿠오카 지방법원은 앞선 재판과는 달리 야스쿠니 참배의 위헌성을 지적하는 판단을 내렸다. 후쿠오카 지방법원의 가메가와(龜川淸長) 재판장은 고이즈미의 야스쿠니 참배행위가 공무원의 직무에 해당한다고 보고, 헌법이 금지하고 있는 국가기관의 종교활동 금지규정을 위반하는 행동으로 판단한 것이다. 여기서는 후쿠오카 판결의 중요한 내용과 그 의의를 검토하고자 한다.

우선, 수상의 참배행위가 일본의 국가배상법에서 규정하는 '공무원의 직무'에 해당하는가에 관하여 재판장은 다음과 같이 해석했다. 수상은 야스쿠니에 참배할 때 공용차를 이용, 비서관을 수행토록 했으며 '내각 총리대신'이라고 기재하고 '헌화 내각총리대신'이라는 팻말을 붙인 헌화를 했다. 참배 후에는 내각총리대신인 고이즈미가 참배했다는 뜻을 밝혔다. 이렇게 고이즈미의 참배는 외형상 내각총리대신의 직무집행으로 인정할 수 있기 때문에 국가배상법 1조 1항의 **'공무원의 직무'에 해당한다**고 밝힌 것이다.

참고로 국가배상법 1조 1항에는 "국가 또는 공공단체의 공권력 행사를 담당하는 공무원이 그 직무를 행함에 있어서 고의나 과실에 의해 위법으로 타인에게 손해를 가했을 때는 국가 또는 공공단체가 이를 배상할 책임을 가진다"라고 되어 있다. 다만 참배행위가 배상의 대상이 될 만큼 법적 이익을 침해하는 것은 아니기 때문에 불법행위가 성립되지 않는다고 하여 **배상청구는 기각**하는 판시를 내렸다.

또한 수상의 참배행위가 헌법의 종교활동 금지조항을 위반하는 것인가에 관하여 후쿠오카 지방법원은 다음과 같이 해석했다. 참배는 신도의 교의를 넓히고 춘추대제와 합사제 등의 의식행사를 행하는 예배시설을 갖추고 있는 종교법인인 야스쿠니 신사에서 '내각총리대신'에 의해 행해진 것으로, 행위가 이뤄진 장소와 행위에 대한 일반인의 종교적 평가, 행위자의 의도, 목적, 행위가 일반인에게 미치는 효과, 영향 등 제반 사정을 고려하고 사회통념에 따라 객관적으로 판단할 때, **헌법 20조 3항에서 금지하고 있는 종교적 활동에 해당**하며 이 조항에 위반된다고 했다.

참고로 일본국 헌법 20조 3항에는 "국가 및 국가기관은 종교교육 기타 어떠한 종교적 활동도 해서는 안 된다"라고 되어 있다. 다만 수상의 참배행위가 원고들에 대해서 신앙을 이유로 하여 불이익을 초래할 행위는 되지 못하며, 심리적인 강제를 포함하여 종교상 강제나 제지를 행한 것은 아닌 까닭에, **원고들의 신앙 자유를 침해한 것은 아니다**라고 판시하고 배상청구 대상으로서의 불법행위는 성립하지 않는다고 했다.

한국이나 중국과 외교적 관계에 지장을 초래하면서도 매년 야스쿠니 참배를 계속해 오고 있는 고이즈미에게 있어서 후쿠오카 지방법원의 위헌

판결은 사법부로부터의 분명한 경고신호가 되었다는 점에서 의의를 찾을 수 있다. 비록 사법부의 '위헌' 해석 부분이 판결내용의 주문(主文)은 아닌 만큼 법적 구속력은 없다. 그렇다고 하더라도 이는 참배를 반대하는 시민운동에게 결정적인 법적 논리의 근거를 제공했으며 이는 고이즈미의 정치적 행보에 어떠한 형태로든 영향을 끼치지 않을 수 없게 되었다.

그러나 후쿠오카 '위헌' 판결 직후, 고이즈미는 판결 결과에 불만을 토로하고 앞으로도 참배를 계속하겠다는 의사를 밝혔다. 고이즈미는 자신이 공직자이면서 일반인이기도 하다는 이유를 들어 야스쿠니 참배는 '수상으로서의 사적인 행위'라고 주장해 왔다. 그러나 사법부의 '위헌' 판단이 내려진 이상, 이를 전적으로 무시하고 종전과 같은 참배행태를 거듭할 경우에는 참배를 반대하는 세력 뿐 아니라 중립적인 입장을 취하고 있는 세력으로부터도 정치적 압력을 받기 쉽다.

다만 후쿠오카 판결은 '고이즈미의 참배'에 대해 처음으로 위헌이라는 판단을 내렸다는데 의의가 있는 것이며 '수상의 참배'를 위헌으로 인정한 첫 번째 판결은 아니다. 80년대에 들어 일본국 헌법이 규정하는 정교 분리 원칙을 둘러싸고 수상이나 공직자의 야스쿠니 공식참배 또는 야스쿠니 신사에 대한 공적 비용지출 문제를 둘러싼 일련의 소송이 제기되어 왔으며, 그 가운데 비록 원고측의 청구가 기각되기는 했지만 헌법상 '위헌' 혹은 '위헌의 소지'가 있다고 하는 판결이 나왔기 때문이다.

특히 주목해야 하는 재판으로 1991년의 '이와테(岩手) 소송'을 들 수 있다. 이 소송은 1979년 12월에 이와테현 의회가 중앙정부에 대해 '야스쿠니 공식참배 실현'을 요청하는 서한을 제출한 것을 계기로 재판이 시작되어 1987년 3월에 모리오카(盛岡) 지방법원이 '합헌' 판결을 내렸다. 그러나 이에 대한 항소심에서 1991년 1월에 센다이(仙台) 고등법원이 수상 등의 공식참배는 야스쿠니 신사 제신(祭神)에 대한 외경숭배의 뜻을 표시하는 종교적 행위이며 국가가 야스쿠니 신사에 우월적 지위를 인정하는 듯한 인상을 사회 일반에 부여하고 있다고 보았다. 그리고 참배행위는 정교분리 원칙에 비추어 상당한 한도를 벗어나고 있다고 하며 '위헌' 판단을 내린 바 있다. 그러나 이때에도 원고의 손해배상 청구에 대해서는 배상의 대상이 될 만큼 법적이익을 침해하는 것은 아니라는 이유로 이를 기각했다. 사실상 승소했음에도 불구하고 이러한 '위헌' 판결 내용에 불복하는 이와테현 의회가 최고재판소에 상고를 제기했으나 1991년 9월에 '항고의 이유가 없다'고 기각됨으로써 결과적으로 센다이 고등법원의 '위헌' 판결이 확정되기에 이르렀다.

이러한 '위헌 인정'과 '배상청구 기각'이라고 하는 사법적 판단이 후쿠오카 재판에서도 그대로 적용되었으며 앞으로의 관련 재판에서도 계속 적용될 가능성이 높은 것으로 보인다. 궁극적으로 배상보다는 '위헌' 판단을 희망하는 원고측으로서는 비록 배상청구가 기각되어 패소한다고 하더라도 사실상 승소와 다름없는 실리와 명분을 얻게 된다. 후쿠오카 재판 판결 직후에 원고단 단장이었던 기미지마(郡島恒昭)씨는 "분명히 위헌으로 인정한 판결이기 때문에 완전승리라고 생각한다"고 하며 항소하지 않을 방침을 밝힌 것은 이러한 이유 때문이다.

그러나 정작 고이즈미 수상은 이러한 사법부의 '위헌' 판단을 전혀 수용하지 않았으며, 자신의 정치적 신조에 따라 주변국으로부터 외교적 요청을 거부하면서까지 야스쿠니 참배 행보를 지속했다.

_4_
고이즈미 야스쿠니 참배에 대한 후진타오의 비판

근래에 들어 일본과 중국간 외교관계가 경색국면에서 벗어나지 못하고 있는 가운데, 가장 중요한 외교적 갈등의 원인으로 고이즈미 수상의 야스쿠니 참배가 거론되고 있다. 후진타오 주석이 고이즈미의 야스쿠니 참배에 대해 공식적으로 가장 강렬한 비판을 제기한 것은 2004년 11월 칠레 APEC에서였다.

APEC 참석차 칠레를 방문중인 일본과 중국 양국 정상은 11월 21일 산티애고 시내 호텔에서 만나 1시간 정도 회담을 가졌다. 양국의 정상이 만난 것은 2003년 10월의 방콕 APEC 이후 1년 만의 일이었다. 후진타오는 2004년 9월에 중국공산당 중앙군사위원회 주석에 취임하게 되어 당총서기와 국가주석을 포함하여 3대 권력을 장악하게 되었으며, 그 후로는 처음으로 일본 수상을 만나는 자리였다.

이 자리에서 양국은 현안문제가 되고 있던 동중국해의 가스유전 개발 문제, 중국해군 원자력 잠수함의 일본 영해 침범문제 등을 간략하게 논의한 것으로 알려지고 있다. 그 가운데 중국측은 정상회담 자리에서는 처음으로 고이즈미의 야스쿠니 참배문제에 관하여 직접적으로 비판하고 역사인식 문제를 제기했다. 중국 외교당국의 발표에 의하면 후 주석이 "양국의 정치관계를 곤란하게 하고 있는 최대 원인이 일본 지도자가 야스쿠니 신사에 참배하고 있는 것이다. 역사를 거울로 하여 미래를 지향하는 정신으로 잘 처신하기를 바란다"고 말했다고 한다. 일본측의 설명에 의하면 후 주석은 야스쿠니 문제와 관련하여 "역사를 피해서는 나갈 수 없다. 적절히 대처하기 바란다. 특히 내년 2005년은 반파시스트 승리 60주년을 맞는 민감한 해이다"라고 말했다고 한다.

이에 대해 고이즈미는 "역사를 소중하게 여기는 것은 중요하다"라고 하면서도 "야스쿠니 참배는 본의 아니게 전쟁터에 나가 돌아가신 분들에게 애도의 뜻을 전하고 다시는 전쟁을 하지 않겠다는 서약을 하기 위해 한 것"이라고 야스쿠니 참배를 정당화하는 발언으로 대응한 것으로 알려지고

2005 ASEAN+3 회의에서 한중일 정상회담

부산 APEC의 고이즈미

있다. 고이즈미는 앞으로도 참배를 계속해 나갈지에 대해서 분명한 언급을 회피하기는 했지만 적어도 지속적인 참배를 단념할 의지가 없다는 것을 간접적으로 밝힌 것이다. 2001년 가을 이후로 중국측이 일본 수상의 야스쿠니 참배를 문제 삼아 양국 정상의 상호 방문을 중단하고 있는 상황에서, 양국의 경색된 관계를 해소하는 실마리를 찾지 못한 채 정상회담을 마치게 되었다.

양국 정상회의를 앞두고 그해 11월 17일에 일본의 야마자키(山崎拓) 수상 보좌관이 중국을 방문하여 탕쟈쉔(唐家璇) 국무위원과 회담하는 가운데에도 야스쿠니 참배문제가 거론된 것으로 알려졌다. 탕 국무위원은 A급 전범이 합사되어 있는 야스쿠니 신사에 일본의 수상이 공식적으로 참배하는 것을 문제시하고 "위패를 분사(分祀)하게 되면 문제가 훨씬 축소될 것"이라고 지적했다고 한다. 이에 대해 야마자키 보좌관은 "A급 전범 문제와 전몰자 추도시설 설치문제에 대해 검토해 오긴 했으나 중국측이 평가할 만한 해결책은 찾지 못하고 있다"고 하면서 그 이유를 일본 국내사회에서 나오는 반발 때문이라고 말했다고 한다. A급 전범을 분사하는 문제는 나카소네(中曾根康弘) 수상 이래 일본 정부 안에서 몇 차례에 걸쳐 검토한 바 있으나 유족과 야스쿠니 신사측의 반대 때문에 실행에 옮기지 못하고 있다.

후진타오가 오랜만에 만난 일본 수상에 대해 직접적인 표현을 사용하여 야스쿠니 신사참배를 비판한 것은 일본에 대해서는 이 역사인식 문제가 외교적인 수사로 대충 넘길 일이 아니라는 점을 분명히 한 것이다. 아울러 중국 정치권에 대해서는 자신이 장쩌민(江澤民) 전 주석이 취했던 역사인식에 관한 강경한 대일외교 노선을 계승하고 있다는 것을 나타내는 행위였다. 그는 칠레 정상회담 한 달 전에도 하노이에서 열린 아시아 유럽 정상회의ASEM에서 일본과의 정상회의를 거부한 바 있다.

2005년에도 중국은 고이즈미의 야스쿠니 참배문제에 대해 단호한 자세를 누그러뜨리지 않았다. 여기에 일본의 역사왜곡과 영토분쟁 등이 겹쳐 중국에서 반일 폭력사태가 발생하는 등, 양국관계는 1972년 수교 이후 최대 위기를 맞았다. 2005년 11월 부산에서 열린 APEC 정상회의에서 중국은 일본과의 정상회담 일정을 취소했으며, 그 후 ASEAN+3 정상회의에서도 중국은 철저히 일본을 외면했다.

_5_

2005년 고이즈미 야스쿠니 참배 강행

고이즈미 수상이 2005년 10월 17일 아침 10시경에 야스쿠니 신사에 참배했다. 2004년 정월 초하루 참배 이후 1년 9개월만의 일이다. 이번에는 야스쿠니 신사가 가을마다 치르는 대제사 행사의 첫날에 참배함으로써 신사측이 중요시 하는 참배 절기를 지켰다. 이렇게 그는 수상에 취임하여 매년 한 차례씩 해오던 참배를 5년째 이어서 단행했다.

주변국의 비판을 의식해서인지 그는 예년과 달리 간소하게 참배 의식을 마쳤다. 이번에는 예복을 입지 않았으며 회색 일반 양복에 옥색 넥타이 차림으로 참배했다. 또한 신사 본전(本殿)에 올라가지 않고 본전 앞에 있는 배전(拜殿)에서 새전(賽錢), 합장(合掌), 배례(拜禮)를 간단히 끝냈다. 신사 참배객 방명록에 기입하는 일도 하지 않았다.

2005년 9월 중의원 선거에서 자민당이 압승을 거둔 후 많은 사람들이

고이즈미의 2005년 야스쿠니 참배

우려했던 바가 현실로 나타났다. 우편행정 민영화를 지지하여 고이즈미에게 전폭적으로 힘을 실어준 것이 결과적으로 이러한 비역사적, 반외교적 행태를 수월하게 하는 배경이 되고만 것이다. 일본 국민들이 중의원 선거에서 고이즈미를 지지한 것이 그의 아시아 외교나 야스쿠니 참배에 대한 전적인 지지를 의미하는 것이 아니었다. 예를 들어 2004년 11월 하순에 아사히신문이 실시한 여론조사에 따르면 수상의 야스쿠니 참배에 대해 찬성이 38%, 반대가 39%였다. 그러면서도 찬성하는 사람들 가운데 60% 가까이가 한국과 중국에 대한 배려가 필요하다고 하여 수상에게 신중한 대응을 요구했던 것이다. *朝日新聞 (2004. 11. 30)*

야스쿠니에 합사된 A급전범의 유족들이 대부분 수상의 공식 참배를 주장하는 가운데 일부 유족들 중에는 신중한 자세를 요구하는 목소리도 있다. 예를 들어 패전 시 육군대장으로 A급 전범으로 체포되어 옥중 병사한 우메즈(梅津美治郎)의 손자는 이제까지 야스쿠니에 참배한 일이 없으며 성묘하는 것으로 그치고 있다. 그는 오늘 수상의 참배에 대해 "보통 일본인의 감각에서 생각할 때 국제적인 혼란을 야기할 가능성이 있기 때문

에 적절하지 않다"고 말했다고 한다. *每日新聞* (2005. 10. 17)

이미 2004년 4월에 후쿠오카 지방법원의 1심 판결에 이어, 2005년 9월 오사카 고등법원에서도 수상의 야스쿠니 참배에 대해 위헌 판단이 내려진 상태였다. 특히 2005년 6월에는 고노(河野洋平) 중의원 의장이 역대 수상 5명과 함께 고이즈미에게 신중에 신중을 기해 달라고 주문한 일도 있다. 고이즈미가 그러한 주문을 받아들여 참배하는 형식을 간소화함으로써 '신중'을 기했는지 모른다. 그러나 결국 그의 행위는 한국과 중국의 참배 중지 요구를 묵살하는 것으로, 그의 정치적 선배들이 우려하는 결과를 초래하게 되었다.

한국정부는 즉각적인 반발로 대응했다. 외교통상부는 주한 일본대사를 불러 항의했으며 청와대는 "과거 침략전쟁을 미화하는 신사를 또 다시 참배하는 것은 지역평화 협력을 저해하고 일본에 전혀 도움이 안 되며 국제적 고립을 자초할 수 있다"고 논평하고 정례적인 양국 정상회담과 APEC에서의 개별적인 정상회담까지도 취소를 검토하겠다고 했다. 이로써 2005년 '우정의 해'의 한일관계는 독도 문제로 경직된 분위기에서 시작하여 역사교과서 문제로 석연치 않은 분위기를 유지해 오다가 고이즈미의 야스쿠니 참배로 더욱 경직된 분위기 가운데 마치게 되었다.

_6_
한일 정치권에 보이는 역사인식의 간격

2004년 9월 1일 일본의 공동여당 자민당과 공명당 간사장들이 노무현 대통령을 예방했다. 청와대 브리핑에 의하면 대통령은 이 자리에서 한일 양국 사이에는 아직도 몇 가지 조심스럽게 다루어야 하는 문제들이 있다고 하고, 과거사 문제가 미래지향적으로 해결되도록 양국 정치 지도자들의 지혜와 사려 깊은 대처가 필요하다는 것을 강조했다고 한다. 이것은 그해 7월의 제주도 한일 정상회담에서 대통령이 자신의 임기 중에 역사문제를 공식적으로 제기하지 않겠다고 표명한 이후, 처음으로 일본의 정치가에게 과거사 문제에 대해 언급한 것으로서 주목해야할 일이다.

대통령의 발언에서는 과거사에 관한 구체적인 문제제기는 없었으며 추상적이고 포괄적인 표현을 사용했다. 이러한 발언의 형태로서는 국내의 과거사 청산문제와 관련하여 대통령의 공식적인 언급에서 자주 사용되었다. 그렇지만 이러한 발언들은 10년 전에 김영삼 대통령이 그랬듯이 정권

초기에는 한일간 미래지향적 관계를 강조한 나머지 역사문제에 대해 공식적으로 언급하지 않겠다고 하고, 막상 역사인식 문제가 외교적 마찰을 빚게 되자 '버르장머리 없는' 일본을 비판했던 일이 재현되는 것이 아닐까 하는 우려를 갖게 하기에 충분한 것이었다.

왜냐하면 한일 양국민간에 상호이해와 우호 분위기가 심화되고 있는 가운데에도 역사인식 문제에 있어서는 그 간격이 매우 크기 때문이다. 대통령이 일본의 정치가들을 만나는 날, 반기문 외교통상부 장관은 정례 기자회견을 통하여 도쿄의 교육위원회가 2005년 봄에 개교하는 중고등학교 일관 교육의 중학과정에서 역사교과서로 문제가 많은 '새로운 역사교과서를 만드는 모임' 의 교과서를 채택하여 사용하기로 한데 대해 유감을 표명했다. 이 문제에 대해서는 한나라당 박근혜 대표도 일본 공동여당 간사장을 접견하는 자리에서 유감을 표명함으로써 한국의 정치가들이 역사인식 문제에 대해 민감하다는 것을 여실히 보여주었다.

공식적인 문제제기를 하지 않겠다는 입장에서 절제된 표현을 통해 유감을 표현할 수 밖에 없는 대통령의 입장에 대해 정작 이를 받아들이는 일본측의 반응이 심각하지 않다는데 문제가 컸다. 한국과 일본의 언론 보도를 보면 대통령의 과거사 언급에 대해 일본 정치가의 반응에서 '반성' 은 커녕 '양해' 자세조차도 보이지 않았기 때문이다.

요미우리신문의 보도에 의하면 자민당 간사장 아베(安倍晋三)는 노대통령의 "국민의 감정을 좌우하는 최대의 요인은 상대국이 평화를 지키는 세력인가 아닌가에 달려 있다"라고 한 발언에 대해, "일본이 평화를 지키는 세력인 것은 전후 역사를 보면 알 수 있다"라고 '반론' 한 것으로 되어

2003년 12월의
한일의원연맹 합동 총회

있다. 그는 한나라당 대표의 발언에 대해서도 "교과서는 검정을 통하게 되어 있으며 표현도 온당하게 되어 있다"고 '지적' 한 것으로 알려지고 있다. 한편 아사히신문은 노대통령이 역사문제에 관하여 깊숙한 언급을 하지 않았다고 보도했으며, 역사교과서에 관한 박근혜 대표의 발언에 대해 아베 간사장이 "일본은 국정교과서가 아니며 교육위원회의 채택에 정치적으로 간여할 수 없다"고 받아친 것으로 보도하고 있다.

또한 일본의 언론보도에 의하면 한일간 현안문제가 되고 있는 재일한국인의 지방참정권 부여에 관하여 노대통령은 적극적인 검토를 요청한 것으로 되어 있다. 비록 민단의 요청에 의한 것이기는 하지만 한일 정상회담에서 다년간 현안으로 제기되고 있는 이 문제에 관하여 청와대 브리핑이나 한국의 언론보도에서는 아무런 언급이 없었다. 일본 언론의 보도를 통하여 이 문제가 간사장 접견에서 논의되었는지 살펴볼 수 있을 뿐이다.

공명당 간사장 후유시바는 일본의 국회의원 중에서 재일외국인 참정권 문제의 입법화를 위해 가장 활발한 움직임을 보이고 있는 당사자로서 자신이 다음 국회에서 법률안 제출자로서 답변할 것(아사히신문)이며, "빠른 시일 안에 실현하고 싶다"(요미우리신문)라고 말했다고 한다. 이에 대해 아베 간사장은 "당내에서 헌법위반이라는 의견이 다수"(아사히신문/요미우리신문)이며, "더욱 의논해 나가겠다"(日本經濟新聞)라고 한 것으로 보도되었다. 결과적으로 이 보도내용을 종합적으로 해석하면, 한국의 대통령 앞에서 일본의 공동 여당 내부 의견이 상충하고 있는 모습을 그대로 드러낸 것이다.

왕성한 정치적 행보와 매스컴 활동을 통하여 일본의 정치권과 일본 국민들에게 지대한 영향력을 미치고 있던 아베는 "일본과 한국의 참된 관계를 쌓기 위해서는 주장해야 할 일은 주장하여 오해를 풀어가는 것이 필요하다"는 지론을 방한 기간에도 꾸준하게 전개한 것으로 보도되고 있다(요미우리). 일본 제1당 리더가 한국의 대통령을 예방한 자리에서조차 이렇게 일관된 주장을 펼친 반면, 우리의 정치권 리더는 일본측에 대해 역사인식 문제를 적극적으로 주장하고 오해를 풀어가는 일에 소홀히 했던 것으로 보인다.

고이즈미 수상은 변함없이 2차대전 전범의 위패가 합사되어 있는 야스쿠니 신사에 계속 참배하겠다는 의지를 표명하고 있는데 대해, 한국의 정치권에서는 이때 우리가 내세워야 할 주장을 적극적으로 제기하지 않았다. 같은 시기에 고이즈미 수상을 예방한 한일의원연맹 회장 문희상 의원은 시종 문화와 스포츠의 교류만을 화제로 삼아 화기애애한 시간을 보냈다고 전해지고 있다.

_7_
한국의 17대 총선결과와 한일관계의 전망

2004년 4월에 치른 17대 국회의원 선거 결과, 의원들의 세대교체가 이루어졌다는 점과 '개혁'을 지향하는 정당이 대거 국민들의 지지를 얻어냈다는 점이 드러났다. 17대 국회에서 초선의원이 차지하는 비율이 무려 63%에 이르는 반면에 16대 국회의원의 재선률은 27.3%에 그쳤다. 특히 50대 이하의 의원이 전체 당선자의 84%에 달한 것은 대폭적인 세대교체가 이루어졌음을 잘 말해주는 것이었다. 또한 '개혁'을 표방하고 있는 열린우리당이 과반수의 의석을 확보했을 뿐 아니라 민주노동당이 10석을 차지하여 원내 제3당으로 진출하게 되었다.이것은 '변화'와 '개혁'에 대한 국민들의 요구가 컸으며 이러한 요구들이 선거를 통해 표출되었음을 단적으로 나타낸 것이다.

이러한 선거 결과는 한국사회의 변화를 여실히 나타내는 것으로 국내정치에서의 변화는 물론 대외정책에 있어서도 변화를 예고하는 것이었다.

17대 총선으로 제3당이 된 민주노동당

2004년 초반 시점에서 볼 때 한국의 대일외교에 있어서 원만한 관계가 지속되고 있는 시기였다. 또한 참여정부가 출범한지 1년 남짓 되는 시점에서 여당이 안정의석을 확보하게 됨에 따라 국정안정이 원활해진 까닭에 대일외교노선에 있어서 전반적으로 큰 변화는 없을 것으로 보였다. 일본대중문화의 개방이나 자유무역협정 추진에 있어서도 참여정부가 기본적으로 점진적인 대외개방을 통해 국가경쟁력을 신장시키겠다는 자세로 접근하고 있기 때문에 기존의 정책방향을 그대로 유지할 것으로 보였다.

다만 한국의 정권 성격의 변화에 따라 다음 세 가지 측면에서 약간의 변화를 전망했다. 당시 필자의 평론을 그대로 인용한다. 한일시평 15호 (2004. 4. 18)

첫째 변화로서, 일본과의 현안문제 해결에 있어서 정책실무자 중심의 개별적 문제해결방식이 더욱 강화될 것으로 보인다. 현대 한일관계의 역사를 돌이켜볼 때 60년대 한일기본조약 체결을 전후하여 특정 정치가 혹은 인맥을 통한 포괄적인 문제해결방식이 그때그때 효력을 발휘해 왔으며 90년대에 들어서부터는 정책실무자 본위의 교섭과 해결방식이 자리를 잡기 시작했다. 이러한 움직임이 정치가들의 세대교체와 함께 더욱 가속화되고 있는 것이다. 이와 관련하여 이번 총선에서 김종필 자민련 총재가 낙선한 것은 한일관계의 변화 양상을 상징적으로 보여주는 사건이다. 그는 이제까지 한일간 정치적 갈등이 있을 때마다 막후접촉 등 비공식적인 채널을 통해서 뿐만 아니라 한일의원연맹의 회장으로서 공식적인 채널을 통해 문제해결에 일정한 역할을 담당해 왔다. 이제는 한일수교에 관여했던 정치가들이 일선에서 물러나 원로의 입장에서 자문역을 담당하는데 그치는 시대가 된 것이다.

둘째 변화로서는, 대북정책에 있어서 한일간 정책의견 차이의 폭이 넓어질 것으로 보인다. 참여정부는 대외정책에 있어서 '자주' 외교의 자세를 내보이고 있는데 이번 총선의 결과로 이러한 자세에 힘을 얻을 것으로 보인다. 이와 관련하여 앞으로 더욱 미국과 일본의 대북강경정책에 대해 우리의 외교당국이 이를 추종하지 않고 나름대로의 목소리를 낼 것으로 보인다. 일본은 북한에 대해 외교무대에서 핵문제와 납치문제를 들어 강경한 입장을 견지하고 있으며 나아가서 국내적으로 대북송금을 제재할 수 있도록 외환관리법을 개정하거나 북한선박의 입항을 금지시킬 수 있도록 특정선박입항금지법을 제정함으로서 다각적으로 북한을 압박하고 있다. 이러한 일본의 대북 강경자세에 대해 참여정부는 기본적으로 국제공조를 통하여 북한의 핵개발을 억제하도록 하는데 주력하면서도 지나치게 북한을 자극하는 정책에 대해서는 다른 목소리를 낼 것으로 보인다.

셋째 변화로서는, 일본의 전후보상과 관련하여 강제동원의 진상을 규명하는 움직임에 대한 국가적 지원이 보다 강화될 것으로 보인다. 지난 16대 국회에서 우여곡절 끝에 정당의 당리당략을 초월하여

일제강점기 강제동원피해에 관한 진상을 규명하도록 하는 특별법을
제정한 바 있다. 2004년 2월 관련 법률안의 국회통과 이후 추진위원
회에서 기획단을 구성했으며 기획단을 중심으로 기존의 추진위원회
를 강제동원진상규명시민연대로 확대 개편했으며 현재는 진상조사
위원회를 조직하고 있는 가운데 '밑으로부터의' 준비를 담당하고 있
다. 이러한 움직임에 대한 국회로부터의 지원과 관련하여 특별법 제
정을 주도했던 김원웅 김희선 의원 등이 재선된 것을 비롯하여 열린
우리당이 전반적으로 특별법 제정에 호의적인 태도를 보였던 것에
비추어 볼 때, 이번 총선 결과로 적어도 특별법 통과 당시보다는 진
상규명을 위한 지원에 있어서 호의적인 분위기가 마련되었으며, 이
런 분위기는 행정부 담당 공무원의 지원을 이끌어내는 데에도 긍정
적으로 작용할 것으로 보인다.

_8_
노무현 대통령의 2005년 삼일절 기념사

2005년 3월 1일에 노무현 대통령은 삼일절 기념사에서 역사인식에 대한 일본의 지성과 도덕적 자세를 거론했다. 당시 독도 문제와 관련하여 한일 양국의 국민감정이 석연치 않은 가운데 발표된 것으로 한일양국에 있어서 국내 정치적인 측면은 물론 양국의 외교적인 측면에서도 큰 파장을 일으켰다. 그러나 역사인식 문제는 한국의 굴곡된 현대사를 바로잡기 위해서도 또는 바람직한 한일관계를 정립하기 위해서도 반드시 짚고 넘어가야 하는 문제임에 틀림없다.

2005년 3월의 시점으로 돌아가 보면 한일양국이 '우정의 해'를 맞아 다방면에 걸쳐 문화적인 교류를 예정하고 있었으며 이에 따라 여느 때보다 한일간에 활발한 인적 교류가 이루어지고 있었다. 한일회담 관련 외교 자료를 공개하고 일제시기 강제동원의 진상을 규명하고 있는 가운데, 이러한 움직임이 자칫 우호적인 한일관계의 분위기에 찬물을 끼얹을 수도 있다는 지적이 나오고 있었다.

삼일절 기념사를 통해 나온 노대통령의 생각은 기본적으로 한국이 정부 차원에서 원만한 외교관계를 유지하는데 주력할 것이지만 이러한 우호적인 분위기는 일본의 정치권에서 과거 식민지 지배에 관한 경거망동하는 발언이나 행태가 없을 때 유지될 수 있다고 본 것이다. 그리고 한국에서 시작한 피해자 진상 규명에 일본이 협조하고 피해자 보상에 대해 적극적인 자세를 보일 때 한일 양국의 돈독한 관계가 정립될 수 있다고 보았다.

자료

노무현 대통령 2005년 삼일절 기념사 중에서 (부분 인용)

국민 여러분,
올해는 한국과 일본의 국교정상화 40주년이 되는 특별한 해입니다. 한편으로는, 한일협정 문서가 공개되면서 아직 해결되지 못한 과거문제가 되살아나 또 다른 어려움이 제기되고 있기도 합니다.

그동안 한일관계는 법적으로나 정치적으로 상당한 진전을 이뤄왔습니다. '95년 무라야마 일본 총리는 '통절한 반성과 사죄'를 했고 '98년에는 김대중 대통령과 오부치 총리가 신한일관계 파트너십을 선언했습니다. 2003년에는 나와 고이즈미 총리가 '평화와 번영의 동북아시대를 위한 공동성명'을 발표했습니다.

한일 두 나라는 동북아시아의 미래를 함께 열어가야 할 공동운명체입니다. 서로 협력해서 평화정착과 공동번영의 길로 나아가지 않고서는 국민들의 안전과 행복을 보장할 수 없는 조건 위에 서 있습니다. 법적, 정치적 관계의 진전만으로 양국의 미래를 보장할 수는 없을 것입니다. 만일 그렇다면, 할 일을 다 했다고 할 수 없습니다. 그 이상의 실질적인 화해와 협력의 노력이 필요합니다.

진실과 성의로써 양국 국민들 사이를 가로막고 있는 마음의 장벽을 허물고 진정한 이웃으로 거듭나야 합니다. 프랑스는 반국가행위를 한 자국민에 대해서는 준엄한 심판을 내렸지만, 독일에 대해서는 관대하게 손을 잡고 유럽연합의 질서를 만들어왔습니다. 지난해 시라크 대통령은 노르망디 상륙작전 60주년 기념식에 처음으로 독일 총리를 초대해서 "프랑스인들은 당신을 친구로 환영한다"며 우정을 표했습니다.

우리 국민도 프랑스처럼 너그러운 이웃으로 일본과 함께 하고 싶은 소망이 있습니다. 그동안 우리 정부는 국민의 분노와 증오를 부추기지 않도록 절제하고, 일본과의 화해 협력을 위해서 적극적인 노력을 해왔습니다. 실제로 우리 국민은 잘 자제하고 사리를 따져서 분별 있게 대응하고 있다고 생각합니다.

저는 그동안의 양국관계 진전을 존중해서 과거사 문제를 외교적 쟁점으로 삼지 않겠다고 공언한 바 있습니다. 그리고 이 생각은 지금도 변함이 없습니다. 과거사 문제가 제기될 때마다 교류와 협력의 관계가 다시 멈추고 양국간 갈등이 고조되는 것이 미래를 위해서 도움이 되지 않는다고 생각했기 때문입니다.

그러나 우리의 일방적인 노력만으로 해결될 수 있는 일이 아닙니다. 두 나라 관계 발전에는 일본 정부와 국민의 진지한 노력이 필요합니다. 과거의 진실을 규명해서 진심으로 사과하고 배상할 일이 있으면 배상하고, 그리고 화해해야 합니다. 그것이 전 세계가 하고 있는 과거사 청산의 보편적인 방식입니다.

저는 납치문제로 인한 일본 국민의 분노를 충분히 이해합니다. 마찬가지로 일본도 역지사지해야 합니다. 강제징용에서 일본군위안부 문제에 이르기까지 일제 36년 동안 수천, 수만 배의 고통을 당한 우리 국민의 분노를 이해해야 할 것입니다.

일본의 지성에 다시 한번 호소합니다. 진실한 자기반성의 토대 위에서 한일간의 감정적 앙금을 걷어내고 상처를 아물게 하는 데 앞장서 주어야 합니다. 그것이야말로 선진국임을 자부하는 일본의 지성다운 모습일 것입니다. 그렇지 않고는 과거의 굴레를 벗어날 수 없습니다. 아무리 경제력이 강하고 군비를 강화해도 이웃의 신뢰를 얻고 국제사회의 지도적 국가가 되기는 어려울 것입니다. 독일은 그렇게 했습니다. 그리고 그만한 대접을 받고 있습니다. 그들 스스로 진실을 밝히고 사과하고 보상하는 도덕적 결단을 통해서 유럽통합의 주역으로 나설 수 있었습니다.

존경하는 국민 여러분,
한일협정과 피해보상 문제에 관해서는 정부도 부족함이 있었다고 봅니다. 국교정상화 자체는 부득이한 일이었다고 생각합니다. 언제까지 국교를 단절하고 지낼 수도 없고, 우리의 요구를 모두 관철시킬 수 없었던 사정도 있었을 것입니다. 그러나 피해자들로서는 국가가 국민 개개인의 청구권을 일방적으로 처분한 것을 납득하기 어려울 것입니다.

늦었지만 지금부터라도 정부는 이 문제를 해결하는 데 적극 노력할 것입니다. 국민 여러분의 의견을 모으고 국회와 협의해서 합당한 해결책을 모색해 나갈 것입니다. 이미 총리실에 민관공동위원회를 구성해서 여러 방안을 검토하고 있고, 좀 더 포괄적인 해결을 위해서 국민자문위원회 구성을 준비하고 있습니다.

아울러 청구권 문제 외에도 아직 묻혀있는 진실을 밝혀내고, 유해를 봉환하는 일 등에 적극 나설 것입니다. 일본도 법적인 문제 이전에 인류사회의 보편적 윤리, 그리고 이웃간 신뢰의 문제라는 인식을 가지고 적극적인 자세를 보여주어야 할 것입니다.

9

대일정책 관련 노대통령 담화

2005년 3월 23일에 발표된 노무현 대통령의 "한일관계 관련 국민에게 드리는 글"을 읽고 필자를 포함하여 많은 사람들이 대통령까지 나서서 이렇게 강성 발언을 할 필요가 있는가 하고 느꼈을 것이다. 전반적인 논조에서 대통령 서신은 6일전에 NSC가 발표한 독트린에서 크게 벗어나 있지 않으면서도 '노여움' '답답한' '걱정스러운' 등의 감정적인 용어를 많이 사용하고 있다는 점에서 큰 특징을 이루고 있다. 이는 대통령으로서 격앙된 국민감정을 위로하고 대일 외교에서 기존의 방침에서 방향을 선회하여 과거사 문제를 거론하지 않을 수 없게 된 이유를 설명하면서 생긴 특징이다.

그러나 아무리 우리 국민을 향한 메시지라고 하더라도 대외정책에 관한 메시지인 만큼 대외적인 파급 효과가 발생하지 않을 수 없다. 대통령은 국민의 지도자이기도 하지만 국가 외교정책의 수장이기도 하다. 따라서

대외 관계에 영향을 끼칠 수 있는 발언은 외교 실무자들의 견해를 충분히
참고한 후에 절제된 표현을 통해 견해를 밝히는 것이 옳았을 것이다. 대통
령의 전반적인 의도와는 달리 국내외 언론들이 서신 가운데 '외교 전쟁' 과
같은 일부 강렬한 문구만을 부각시켜 보도했으며, 이것은 우리 국민들의
감정을 다시 부추기고 외교 관계를 더욱 경색시키는 결과를 가져왔다.

일본의 우경화 현상은 어제 오늘 일이 아니며 역사인식문제는 현대 한
일관계에서 근본적인 갈등 요인이 되고 있는 것으로 외교교섭을 통해 단
기간에 해결할 수 있는 문제가 아니다. 이러한 근본적인 문제에 대해 대통
령까지 나서서 성토를 하는 것처럼 보이는 것은 한국이나 일본에 있어서
외교 당국에게 운신의 폭을 좁히는 결과를 초래하게 된다. 대통령도 지적
한 바와 같이 기본적으로 한일간 우호적인 관계를 중시하는 가운데 우리
의 외교 채널을 통해 역사인식문제와 영토 문제를 제기해야 하는 어려움
을 갖고 있는데, 대통령 담화를 통해 혹시라도 우리 국민들이 쉽사리 일본
정치권의 자세가 근본적으로 변화할 것으로 낙관하지 않을까 우려되었다.
이렇게 되면 만일 일본의 근본적인 변화가 없을 경우 우리 국민들은 강성
발언의 효력이 없게 됨에 따라 도리어 허탈감을 느끼게 되지 않을까 우려
되었던 것이다. 이는 과거 역대 정부에서도 있었던 일이며 가까이는 지난
2001년에도 경험한 바 있다.

한 주 전에 일본에 대해 단호한 정책을 세워가겠다고 하는 새로운 한일
관계의 방향을 외교통상부가 아닌 NSC가 천명한 것은 절적한 조치였다고
본다. 외교통상부의 역할은 가능한 양국간 분쟁이 최소화하도록 노력하는
모습을 보이고 우리의 불편한 심기를 적절한 용어를 통해 나타내면서도
일본과는 다양한 채널을 통해 끊임없는 대화를 시도하는 일이다. 우리의

강한 주장은 외교당국보다는 사안에 따라 관련 부처가 담당하는 것이 바람직하다. 요는 각 부처가 일본에 대한 단호한 우리의 입장을 천명하고 외교당국이나 대통령은 절제된 표현으로 불편한 심기를 적절하게 내보이는 것이 중요하다고 보는 것이다. 일본의 과거사 인식 문제에 대해 가능하면 대통령의 직접적인 발언은 삼가고 외교당국을 통해 적절하게 불편한 심기를 나타내는 것으로도 충분히 일본측에 대해 대통령의 의지가 전달될 수 있었다고 본다.

참여 정부는 국내적 요인 뿐 아니라 국제적인 변화에 따라서 기존 정부의 대외 정책에서 분명히 변화한 모습을 보여야 하는 과제를 안고 있다. 그렇다고 하더라도 지나치게 국내적 요인에 치우쳐서 대외 정책이 이루어지는 것은 위험하며 국제 상황에 맞춘 균형 감각 위에서 점진적인 변화를 시도해야 한다. 그런데 노대통령의 2005년 담화는 국내외 언론을 통해 한국 정부의 대외정책이 신중하지 못한 것으로 내비쳐졌다.

자료

한일관계 관련 국민에게 드리는 글 (부분 인용)

존경하는 국민 여러분,
보도를 통하여 국민 여러분의 분노를 생생하게 지켜보고 있습니다. 아울러 저는 침묵하고 있는 많은 분들의 가슴 속에 담겨 있는 답답함도 공감하고 있습니다. 여러분이 느끼는 노여움과 답답함을 조금이라도 풀어 드리고자 이 글을 씁니다. 국민 여러분의 답답함은 많은 분노와 항의에도 불구하고 희망적인 결말을 예측하기 어렵다는 점일 것입니다. 그 동안 우리 국민들은 정부가 미온적으로 대응할 때에도, 또는 강경한 대응을 해 놓고 이렇다 할 결과 없이 유야무야한다 싶을 때에도 우리의 의지를 관철할

만한 마땅한 수단이 없다는 상황을 이해하여 크게 탓하지 않고 마음을 삭여왔습니다. 이번 정부의 대응에 대해서도 마찬가지일 것입니다. 그나마 시원하다 하시면서도, 역시 마땅한 결과를 기대하기가 어려워서 답답해하실 것입니다.

그러나 국민 여러분,
이번에는 다르게 할 것입니다. 올바르게 대응해 나갈 것입니다. 물론 감정적으로 강경대응을 하지는 않겠습니다. 전략을 가지고 신중하게, 그러나 적극적으로 대응해 나갈 것입니다. 가다가 유야무야하지도 않을 것입니다. 멀리 내다보고 꾸준히 대응해 나가겠습니다.

궁극적으로 문제가 풀리려면 일본 국민들이 역사를 바로 알고, 한일 두 나라와 동북아시아의 미래를 위하여 일본이 해야 할 일이 무엇인지를 올바로 이해해야 합니다. 그래야 일본 정부의 정책이 올바른 방향을 잡을 수 있습니다. 이 일들이 결코 쉬운 일은 아닐 것입니다. 남의 잘못을 들추어 지적한다는 것은 힘든 일일 뿐만 아니라 거북한 일입니다. 서로 얼굴을 붉히고 대립하는 일도 많아질 것입니다. 다른 나라 사람들 앞에서 헐뜯고 싸우는 모습으로 비치는 것은 매우 민망한 일이기도 합니다. 각박한 외교 전쟁도 있을 수 있을 것입니다. 그러다가 경제, 사회, 문화 기타 여러 분야의 교류가 위축되고 그것이 우리 경제를 어렵게 하지는 않을까 하는 우려도 생겨날 수 있습니다. 그러나 이 문제에 관해서는 크게 걱정하지 않아도 좋을 것입니다. 이제 우리도 어지간한 어려움은 충분히 감당할만한 역량을 가지고 있다고 생각합니다. 그리고 국가적으로 반드시 해결해야할 일을 위해서 꼭 감당해야할 부담이라면 의연하게 감당해야 할 것입니다. 그러나 한편으로는 감당하기 어려운 부담이 생기지 않도록 상황을 슬기롭게 관리해 나가도록 하겠습니다.

국민 여러분,
어떤 어려움이 있더라도 물러서거나 유야무야하지 않고 우리 국민들이 수용할만한 결과가 나올 때까지 꾸준히 대처해 나가겠습니다. 이번에는 반드시 뿌리를 뽑도록 하겠습니다. 어려울 때는 국민 여러분에게 도움을 청하겠습니다. 새로운 일이 벌어질 때마다 국민 여러분의 의견을 듣겠습니다. 이제 이 일을 결심하고 국민 여러분에게 보고 드리면서 몇 가지 당부를 드립니다.

첫째는, 일부 국수주의자들의 침략적 의도를 결코 용납해서도 안 되지만 그렇다고 일본 국민 전체를 불신하고 적대해서는 안 된다는 것입니다. 일본과 우리는 숙명적으로 피할 수 없는 이웃입니다. 두 나라 국민 사이에 불신과 증오의 감정을 키우면 또 다시 엄청난 불행을 피할 수 없게 됩니다.

둘째는, 냉정을 잃지 말고 차분하게 대응해 나가야 한다는 것입니다. 단호하게 대응하되 이성으로 설득하고 품위를 잃지 않아야 합니다. 어느 정도의 감정표현이 없을 수는 없겠지만 절제를 잃지 말아야 합니다. 힘으로 하는 싸움이 아닙니다. 명분을 잃으면 되잡히게 됩니다. 지나치게 감정을 자극하거나 모욕을 주는 행위는 특히 자제해야 할 것입니다.

셋째는, 끈기와 인내심을 가지고 대응해 나가야 합니다. 싸움이라고 한다면 이 싸움은 하루 이틀에 끝날 싸움이 아닙니다. 지구전입니다. 어떤 어려움이라도 감수하겠다는 비장한 각오로 임하되 체력소모를 최대한 줄일 줄 아는 지혜와 여유를 가지고 끈기 있게 해나가야 합니다.

넷째는, 멀리 내다보고 전략적으로 대응해 나가야 합니다. 신중하게 판단하고 느리다 싶게 말하고 행동해야 합니다. 일희일비해서도 안 되고 중구난방해서도 안됩니다. 그 동안 너무 많은 말과 행동이 쏟아져 나온 것은 아닌가 하는 불안이 없지 않습니다.

존경하는 국민 여러분,
우리 국민들의 요구는 역사의 대의에 기초하고 있습니다. 우리는 무리한 것을 요구하지도 않았습니다. 새로이 사과를 요구하지도 않았습니다. 부실한 사과마저 백지화하는 일을 바로잡도록 요구하고 있을 뿐입니다. 그리고 아직도 처리되지 않고 남은 문제들에 관하여는 사실을 시인하고 적절한 조치를 할 것을 촉구하고 있을 뿐입니다. 저는 사필귀정이라는 말을 믿습니다. 저에게는 이 일을 올바르게 처리할 소신과 전략이 있습니다. 결코 국민 여러분을 실망시키지 않을 것입니다. 믿음을 가지고 도와주시기 바랍니다. 그리고 용기와 자신감을 가져 주시기 바랍니다. 우리의 요구는 반드시 역사의 응답을 받을 것입니다.

2005년 3월 23일 대통령 노무현

_10_
2005년 한국인의 대일 의식 악화

한일 양국은 1965년의 국교 수립 이후 양적인 면에서나 질적인 면에서 꾸준히 교류와 협력을 확대해 왔다. 그 대표적인 예로 1965년에 2억 달러에 지나지 않던 양국의 무역규모가 40년이 지난 오늘날에는 연간 600억 달러를 넘어서고 있으며 이제는 양국 시장통합의 개시를 의미하는 자유무역협정을 공식적으로 협의하는 단계에 이르렀다는 것을 들 수 있다. 또한 수교 이후 처음으로 1968년 10월에 울산시가 하기(萩)시와 자매결연을 체결했으며 그 후 지방차원의 교류가 점차 확대되어 오늘날에는 80개가 넘는 한국의 지방자치단체가 일본의 단체들과 결연관계를 맺고 있다.

이와 함께 인적인 교류도 점차 활발해져 1965년의 수교 당시에는 연간 1만 명 정도에 지나지 않았지만, 오늘날에는 하루에 1만 명 이상이 양국을 왕래하고 있다. 나아가 오늘날 일일이 헤아릴 수 없을 만큼 다양한 문화교류행사가 양국에서 전개되고 있다. 이렇듯 양국간 상호의존관계의 심화는

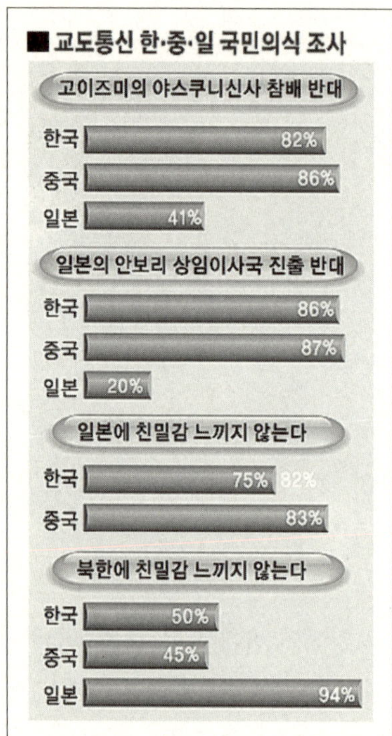

2005년 6월 교도통신의 한중일 국민의식
조사 결과

전반적으로 양국민간 인식 차이를 좁히는데 긍정적으로 기능하고 있다. 2002년 월드컵 공동개최를 전후하여 한일양국 국민간의 우호적 분위기가 고조된 것이라든지 일본에서 「겨울연가」를 비롯한 한류 열풍이 일어난 것은 그 좋은 예가 될 수 있다.

그러나 2005년에 들어서 한일관계가 급격히 악화되면서 양국 국민간의 상호의식에도 영향을 끼치고 있다. 일본 시마네현이 '다케시마의 날'에 관한 조례를 제정하고 문제의 역사교과서가 검정안에서 식민지 지배의 역사를 심각하게 왜곡하는 문안을 담고 있는 것이 알려지면서, 한일관계는

'우정의 해'를 무색하게 할 만큼 경색 국면에 접어들었다. 급거 한국정부는 NSC상임위원회를 통하여 한일관계에 관한 4대 기조와 5개 대응방향을 결정하고 "독도 및 과거사 관련 일련의 행태를 과거 식민지 침탈을 정당화하려는 의식이 내재해 있는 엄중한 사안으로 보고 단호하게 대처해 나가겠다"고 하는 강경한 의지를 국내외에 선언했다. 곧 이어 노무현 대통령은 취임 후 일본에 대해 과거사 문제를 언급하지 않겠다는 입장에서 선회하여 일본의 역사인식 재고를 추궁하는 담화를 발표하기에 이르렀다.

이러한 영토문제와 역사인식 문제는 한국인들의 대일 감정을 악화시켰다. 2005년 5월에 한국일보와 요미우리신문이 양국에서 공동으로 실시한 여론조사 결과를 보면 잘 알 수 있다. 이 조사에서 한국인들은 현재의 한일관계에 대해 11.0%만 긍정적으로 평가했을 뿐, 88.5%가 부정적인 입장을 보였다. 또 일본에 대한 신뢰도도 겨우 9.2%에 불과하여 극도의 불신감을 나타냈다. 이에 반하여 일본인들에 대한 조사에서는 과거에 비해 우호적인 것으로 나타났다. 한일관계에 대한 긍정적인 평가가 59.8%, 한국에 대한 신뢰도 59.4%로 나타났다. 이것은 같은 방식으로 조사했던 2002년에 비해 두 항목 모두 10% 이상 높아진 결과였다. 이와 같은 대조적인 인식 변화는 한국인들에게는 외교적인 갈등이 영향을 크게 끼친 반면, 일본인은 한류열풍으로 대표되는 다양한 한국문화에 보다 더 많이 접하게 되면서 점차 한국을 친근하게 인식하게 된데 따른 것으로 보인다. *한국일보 (2005. 8. 14)*

또한 2005년 8월에 광복절을 앞두고 MBC 방송이 실시한 의식조사 결과에서도 대일감정의 악화 현상이 여실히 드러났다. 일본인에 대한 친밀감을 묻는 질문에 대해 「그다지 친밀하게 느끼지 않는다」(53.8%), 「전혀 친밀하게 느끼지 않는다」(25.5%) 등, 79.3%가 부정적인 의견을 나타냈다. 이에 반해 긍정적인 대답은 17.9%에 불과했다. 이러한 수치는 최근 10년 사이에 최악인 것으로 알려졌다. 한일관계에 대한 평가에서도 「어느 정도 나쁜 편이다」(47.6%), 「매우 나쁘다」(7.9%) 등, 부정적 견해가 55.5%로 나타난 반면 긍정적인 답변은 8.7%, 중립적인 답변은 34.7%로 나타났다. 그리고 일본에 대해 친밀감을 느끼지 않는 이유에 대해서는, 「독도 등 영토문제」(87.4%), 「양국의 역사 인식 차이」(78.2%), 「일본의 반한감정」(66.4%)이라고 답했다. 연합뉴스 (2005. 8. 4)

_11_
대일외교 단호하고 차분하게

현재 일본 국민 대다수가 고이즈미 수상에 대해 전폭적인 지지를 보내고 있는 가운데, 2006년을 맞은 고이즈미 3차 내각에 대해서도 개혁성과 실무 전문성을 들어 전반적으로 호의적인 평가를 하고 있다. 그런데 이번 내각의 문제점은 역사인식 문제로 주변국에 물의를 일으켜 온 인물들이 외교 정책을 좌우하게 되었다는 점이다. '포스트 고이즈미' 후보 가운데 유일하게 온건파로 알려진 후쿠다 야스오 전 관방장관은 이번 내각에서 제외됐다. 고이즈미 총리와 아베 신조 관방장관, 아소 다로 외무성장관이 앞으로 역사 인식 문제에 대해 어떠한 태도를 보일지 우리는 주목하지 않을 수 없다.

이들 매파 각료들은 주변국과의 외교 관계에 결정적인 영향을 미칠 수 있는 직책을 맡게 된 이상 당분간 주변국을 의식한 신중한 언행을 할 것으로 기대한다. 하지만 자칫 이들이 이제까지의 자세를 그대로 밀고 나간다

2005 APEC에서 만난 한일 외교장관

면 내각의 핵심 포스트 모두가 야스쿠니 신사를 참배하는 초유의 사태가 발생할 수도 있다. 이러한 조짐은 신임 외무장관이 취임 기자회견에서 야스쿠니 신사 참배에 대해 고이즈미와 같은 행동을 취하겠다는 뉘앙스의 의견을 피력함으로써 이미 나타났다.

이렇듯 일본의 정계와 사회가 우경화로 치닫고 있는 상황은 우리 외교 당국에 하나의 시련이 되고 있으며 그만큼 지혜롭고 신중하게 대일 외교를 이끌어가야 하는 과제를 부여하고 있다. 풀기 어려운 과제가 닥쳤을 때 가장 현명한 자세는 기본을 지키며 성실하게 임하는 것이다. 외교의 기본 목표가 국가 이익을 추구하는 일이라는 것은 상식이다. 외교적 대응에서 성실함이란 전문성에 입각한 신중한 접근과 다양한 채널 구사라고 할 수 있다. 이러한 관점에서 우리 외교 당국에 다음 네 가지를 요구하고 싶다.

첫째, 절제된 언어와 함께 조용하게 움직이는 모습을 보여야 한다. 일본의 우경화에 대해 큰 소리를 내어 성토하는 일은 언론을 비롯해 민간단체나 지식인들이 담당해야 할 몫이다. 외교 당국은 이러한 분위기를 일본 정부에 전달하면서 "과거를 직시하고 역사를 바르게 인식하여 아시아 국가들과의 상호 이해와 신뢰에 기초한 미래지향적 협력관계를 구축해 가겠다"는 약속을 적절한 언행을 통해 확인시키는 일이 중요하다.

둘째, 일본과의 적극적인 외교 교섭이 중요하다. 고이즈미의 야스쿠니 참배와 관련하여 우리 정부는 앞으로 필수적인 외교 교섭은 해 나가되, 선택적인 외교 행위는 하지 않겠다고 하는 지침을 밝힌 바 있다. 이는 선택적으로 교섭을 해나가겠다는 의지를 천명한 것으로 보이지만 자칫 소극적인 자세로 임하지 않을까 우려된다. 국익을 위한 교섭이라면 그것은 '선택적'이 될 수가 없다. 만나서 껄끄러운 분위기가 조성된다고 하더라도 교섭 기회를 확대해 가야만 한다.

셋째, 한일 관계에 비중 있는 인사들을 적극 활용해야 한다. 아무리 양국의 정치권에서 세대교체가 이루어지고 외교 관계가 제도화되고 있다고 하지만 여전히 한일 관계에는 양국의 원만한 관계를 유지시켜온 원로들의 역할이 크다고 본다. 또한 일본 국민에게 역사 인식의 중요성을 알리기 위해서는 그들에게 호감이 갈 수 있는 인물들이 움직여야 한다. 외교 당국은 이들이 활동하기 편한 분위기를 조성하기 위해 지원하는 일을 소홀히 해서는 안 된다.

넷째, 실무 차원에서 역사 인식 외교를 위한 매뉴얼을 마련해야 한다. 차분하면서도 단호한 대응이 되기 위해서는 언어와 전달 형식에서 세련함을 유지해야 하며 이는 상대방에 대한 부단한 연구와 전략 개발이 있어야 한다. 일본에 대해서는 명확하게 역사 문제를 제기하면서 동시에 우리 국민의 격앙되기 쉬운 감정을 제어할 수 있는 방책이 항상 준비되어 있어야 한다.

_12_
한일관계의 현재와 미래

2005년은 광복 60주년이자, 한국과 일본이 수교를 맺은 지 40주년이 되는 해로, 한국인과 일본인에게 한일관계의 현재를 점검하고 바람직한 미래를 위한 과제를 생각하게 하는 해였다. 인접한 국가 사이에서 일반적으로 나타나는 바와 같이 한국과 일본은 역사적으로 갈등과 협력을 거듭하며 관계를 유지해 왔다. 두 나라 모두 긴 역사를 가지고 있는 만큼 양국간 갈등과 협력의 역사도 유구하다.

그런데 근대 국민국가의 성립 시기에 일본이 조선의 독립적인 지위를 박탈하면서 양국간 역사인식에 메우기 어려운 골을 파놓았다. 메이지 유신 이후 일본 제국은 아시아 내부로부터의 내재적 가능성에 의문을 품고 탈아입구(脫亞入歐)를 통해 근대화를 추구했다. 이와 함께 서구열강에 의한 침략의 위기에 직면하여 주변국 인민들이 겪는 고통의 책임을 제국주의적 침략에서 찾지 않고 오히려 침략 당한 지역의 낙후된 문명과 무지한

민중에서 찾았다. 그 결과 일본은 주변 국가들과의 연대가 아니라 제국주의에 편승한 주변국 침략을 통해 자국의 위기를 타개하려 했다.

반면에 근대화에 뒤진 조선은 국제정세의 변화를 스스로 타개하지 못하고 주변 강대국의 국력에 밀려 국권을 상실했다. 그러나 식민지 지배 하에서도 한민족은 고유의 민족적 정체성을 잃지 않고 민족 고유의 역사와 전통을 지켰다. 이러한 민족적 저력은 지난날 식민지 해방의 밑거름이 되었으며 비록 국가의 남북분단 상황을 극복하지 못했으나 오늘날 경제적으로 '한강의 기적'과 같은 성장을 이루어내는데 그 원동력이 되었다.

신생국 한국은 1951년부터 14년간에 걸친 긴 회담을 거쳐 일본과 기본조약을 맺고 국교를 수립했다. 한일 수교로 양국은 정상적인 외교관계를 시작하고 한미일 동맹관계를 결속시켰으며 경제적 교류를 확대시키게 되었다. 수교 이후 청구권 자금의 명목으로 일본의 상품과 기술이 대량으로 한국에 유입된 것은 양적으로 한국의 경제성장을 도왔다고 하는 긍정적인 효과와 함께, 질적으로 오늘날에 이르는 고질적인 무역불균형 문제를 초래했다고 하는 부정적인 효과를 가져왔다.

수교 당시와 비교하여 현재 양국간에는 경제적으로나 인적 문화적으로 엄청난 교류가 이루어지고 있다. 정부간에 자유무역협정이 논의되고 있으며 한 해에 3백만 명 이상이 양국을 상호 방문하는 시대가 되었다. 여기에 한국의 어린이들이 일본 애니메이션 문화에 익숙해지고 일본의 장년층이 한류 문화에 환호하는 등, 양국간 문화교류도 날로 활발해지고 있다. 이렇듯 양국간 교류가 확대되면서 전반적으로 상대방 국가나 국민에 대한 인식에서 생기기 쉬운 편견과 오해가 줄어들고 있는 것이 사실이다.

지리적으로 인접한 한국과 일본

그러나 여전히 역사인식의 차이는 양국의 외교 관계를 때때로 경색시키고 있을 뿐 아니라 양국민간 상호 인식에도 부정적인 영향을 끼치고 있다. 아직도 일본은 주변 국가들로부터 침략전쟁을 일으킨 '가해자' 로서의 책임을 회피하고 전쟁과 식민지배 피해 당사자들의 이해와 납득을 얻을 만한 사죄와 보상을 하고 있지 않다는 비판을 듣고 있다. 더욱이 일본은 국내 사정을 원인으로 역사 교과서 왜곡문제라든가 야스쿠니 신사참배 문제 그리고 독도 영유권 문제 등을 발생시켜 주변국 국민의 감정을 악화시키고 있다.

일본의 역사인식 문제에 대해서 한국정부는 수교회담 과정에서부터 끊임없이 이의를 제기해 왔다. 반일(反日)을 전면에 내세웠던 이승만 정부뿐 만 아니라 박정희 정부조차도 일본에 대해 식민지 지배의 불법성과 무효성을 주장했다. 그러나 경제개발을 위한 자금을 긴급하게 필요로 하면서 수교타결을 서둘렀고 이 과정에서 일본의 역사인식 문제를 끝까지 관철시키지 못하고 외교적으로 일시 봉합하는 형태로 기본조약을 맺고 말았다. 오늘날에도 한일간에 역사인식 문제는 마치 뫼비우스의 띠처럼 해결의 실마리를 찾기 힘든 문제가 되고 있다. 이것은 식민지 지배의 피해자와 가해자가 갖는 근본적인 현실 인식의 차이에서 비롯된 것이며, 명분과 도덕을 강조하는 한국문화와 승부와 질서를 수긍하는 일본문화의 차이에서 발생하는 문제이기도 하다.

최근 일본에서는 한류의 영향으로 한국과 한국인에 대한 대중들의 이미지가 과거에 비해 나아지고 있다. 반면에 한국에서는 독도 문제나 역사교과서 문제 등으로 일본에 대한 이미지가 크게 나빠지고 있다. 이러한 상황에서 바람직한 관계를 위해 한일양국이 해야 할 일은 무엇일까?

원론적인 대답에 불과하겠으나, 궁극적인 목표로 일본에서는 모든 구성원이 과거 식민지 지배에 관한 반성과 사죄의 마음을 갖는 것이며, 한국에서는 각 방면에서 일본에 대한 경쟁력을 길러 모든 구성원이 역사의 콤플렉스에서 자유로워져야 한다. 관점에 따라 이 목표는 멀리 느껴질 수도 있고 가깝게 느껴질 수도 있다. 적어도 양국간 우호와 협력을 원하는 관점에서 보면 개별적인 과제가 분명하게 떠오를 것이다. 교류와 대화를 확대하고 심화해 감으로써 상호 학습과 이해의 폭을 넓히는 일이 양국의 공통과제라고 할 수 있다.

한일관계의 이상적인 미래 목표에 이르기 위해서는 단기적으로 양국정부가 해야 할 과제가 있다. 무엇보다 양국정부는 외교적인 배려에 힘을 기울여야 한다. 이미 일본정부는 1995년 8월의 무라야마 담화와 2005년 8월의 고이즈미 담화를 통해 "식민지 지배와 침략의 역사적 사실을 받아들이고 통절한 반성으로 사죄"한다고 밝혔다. 이러한 역사인식의 기조를 뒤엎는 정치가들의 경거망동에 대해서는 자정(自淨)이 이루어져야 하며 이와 함께 주변국을 자극하는 역사인식 관련 발언에 정치가들이 신중해야 한다.

한편 한국정부는 대일 역사인식 외교에 있어서 일관되게 단호한 자세를 보이는 것이 중요하다. 그렇다고 해서 이 문제가 쟁점으로 떠올랐을 때 외교라인에서 감정적인 대응을 하는 것은 바람직하지 않다. 외교적 언어로는 강렬하면서도 절제된 표현을 사용해야 하며 다각적인 접촉을 통해 한국측의 입장을 전달하는 한편 일본측의 진의를 파악하고 설득하는 노력이 필요하다. 경제적으로나 문화적으로 한일 양국에 복합적인 상호의존이 심화되고 있는 현실에 비추어 볼 때, 양국 국민간의 감정적인 마찰을 최소화하고 교류의 흐름을 순조롭게 하는 일이야말로 양국정부가 해야 할 가장 중요한 임무라고 할 수 있다.

┃ 역대 주일 대한민국 대사 (부임기간)

① 김동조 (1965. 12 ~ 1967. 10)
② 엄민영 (1967. 10 ~ 1969. 12)
③ 이후락 (1970. 1 ~ 1971. 1)
④ 이호　 (1971. 1 ~ 1974. 1)
⑤ 김영선 (1974. 1 ~ 1979. 2)
⑥ 김정렴 (1979. 2 ~ 1980. 9)
⑦ 최경록 (1980. 9 ~ 1985. 10)
⑧ 이규호 (1985. 11 ~ 1988. 4)
⑨ 이원경 (1988. 4 ~ 1991. 3)
⑩ 오재희 (1991. 3 ~ 1993. 4)
⑪ 공노명 (1993. 4 ~ 1994. 12)
⑫ 김태지 (1995. 2 ~ 1998. 4)
⑬ 김석규 (1998. 5 ~ 2000. 3)
⑭ 최상용 (2000. 3 ~ 2002. 2)
⑮ 조세형 (2002. 2 ~ 2004. 3)
⑯ 나종일 (2004. 3 ~　　　　)

II 주일 대한민국 공관 현황

주일 대한민국 대사관

http://www.mofat.go.kr/ek/ek_a001/ek_jpjp/ek_02.jsp

① 주오사카 대한민국 총영사관
② 주후쿠오카 대한민국 총영사관
③ 주요코하마 대한민국 총영사관
④ 주나고야 대한민국 총영사관
⑤ 주삿포로 대한민국 총영사관
⑥ 주센다이 대한민국 총영사관
⑦ 주니가타 대한민국 총영사관
⑧ 주히로시마 대한민국 총영사관
⑨ 주고베 대한민국 출장소
⑩ 주가고시마 대한민국 출장소

III. 역대 주한 일본국 대사 (부임기간)

① 前田利一　　(1965. 12 ～ 1965. 12)
② 吉田健三　　(1965. 12 ～ 1966. 3)
③ 木村四郎七　(1966. 3 ～ 1968. 5)
④ 上川洋　　　(1968. 5 ～ 1968. 7)
⑤ 金山政英　　(1968. 7 ～ 1972. 1)
⑥ 前田正裕　　(1972. 1 ～ 1972. 2)
⑦ 後宮虎郎　　(1972. 2 ～ 1975. 2)
⑧ 前田利一　　(1975. 2 ～ 1975. 3)
⑨ 西山昭　　　(1975. 3 ～ 1977. 7)
⑩ 前田利一　　(1977. 7 ～ 1977. 7)
⑪ 須之部量三　(1977. 7 ～ 1981. 4)
⑫ 村岡邦男　　(1981. 5 ～ 1981. 5)
⑬ 前田利一　　(1981. 5 ～ 1984. 12)

⑭ 谷野作太郎 (1984. 12 ～ 1984. 12)
⑮ 御巫淸尙　(1984. 12 ～ 1987. 3)
⑯ 太田博　　(1987. 3 ～ 1987. 4)
⑰ 梁井新一　(1987. 4 ～ 1990. 3)
⑱ 川島純　　(1990. 3 ～ 1990. 4)
⑲ 柳健一　　(1990. 4 ～ 1992. 6)
⑳ 川島純　　(1992. 6 ～ 1992. 8)
㉑ 後藤利雄　(1992. 9 ～ 1994. 8)
㉒ 茂田宏　　(1994. 8 ～ 1994. 8)
㉓ 山下新太郎 (1994. 8 ～ 1997. 10)
㉔ 小田野展丈 (1997. 10 ～ 1997. 10)
㉕ 小倉和夫　(1997. 10 ～ 2000. 2)
㉖ 寺田輝介　(2000. 2 ～ 2003. 1)
㉗ 高野紀元　(2003. 1 ～ 2005. 8)
㉘ 大島正太郎 (2005. 8 ～　　　　)

Ⅳ. 주한 일본국 공관 현황

주대한민국일본국대사관
http://www.mofat.go.kr/ek/ek_a001/ek_jpjp/ek_02.jsp

① 재부산일본국총영사관
② 재제주일본국총영사관

V. 한일간 무역현황

《단위:억불, ( )는 증감률》

	1998년	1999년	2000년	2001년	2002년	2003년	2004년
대일수출	122.4 (△17.1)	158.6 (29.6)	204.7 (29.0)	165.1 (△19.3)	151.4 (△8.3)	172.8 (14.1)	217.5 (25.9)
대일수입	168.4 (△34.2)	241.4 (43.4)	318.3 (31.8)	266.3 (△16.3)	298.6 (12.1)	363.1 (21.6)	461.5 (27.1)
대일수지	△46.0	△82.8	△113.6	△101.3	△147.1	△190.4	△244.0
총교역액	290.8	400.0	523.0	431.4	450.0	535.9	678.9

《출처: 한국무역협회》

VI. 한일간 투자현황

《단위:억불, ( )는 비중/건수》

	1998년	1999년	2000년	2001년	2002년	2003년	2004년
일 본 의 대한투자	5.0 (5.7/330)	17.5 (11.3/391)	24.5 (16.1/614)	7.7 (6.8/591)	14.0 (15.4/474)	5.4 (8.4/495)	22.5 (17.6/552)
한 국 의 대일투자	0.2 (0.4/20)	1.1 (2.1/38)	1.4 (2.3/138)	1.0 (1.5/119)	0.9 (1.5/84)	0.5 (0.9/67)	3.3 (4.1/114)

《출처:산업자원부 · 한국수출입은행》

VII. 한일간 출입국 현황

《단위:만명, ( )는 비중(%)》

	1998년	1999년	2000년	2001년	2002년	2003년	2004년
방 한 일본인 -	195.4 (46.0)	218.4 (46.9)	247.2 (46.5)	237.7 (46.2)	232.2 (43.4)	180.2 (37.9)	244.3 (42.0)
방 일 한국인	82.2 (26.8)	105.4 (24.3)	110.1 (20.0)	117.0 (19.2)	126.6 (17.8)	143.6 (20.3)	156.9 (17.8)

《출처:한국관광공사 · 일본법무성》

2004년

1. 1 고이즈미 총리가 야스쿠니 신사를 참배

1. 9 아소 총무상이 각료회의에서 한국에 맞서 '다케시마' 우표를 발행하자고 제안

1. 15 한국정부가 독도 우표 발행을 강행

1. 23 일본 우정공사가 우표 수집상의 신청을 받아들여 '다케시마' 우표를 발행

1. 30 자위대 이라크 파병 동의안이 중의원을 통과

1. 29 외국인 주민에게 투표권을 부여하는 주민투표법이 한국 국회를 통과

2. 15 일제강제동원 피해진상규명 특별법이 한국 국회를 통과

3. 6 일본문화청이 도쿄 시부야에서 '한국 인디영화 2004'를 개최하고 한국영화 소개

4. 7 후쿠오카 지방법원이 고이즈미 총리의 야스쿠니 참배에 관한 위헌성을 지적

4. 15 제17대 국회의원 선거에서 열린우리당이 단독으로 과반수 의석을 확보

5. 20 유사법제 관련 7개 법안이 일본 중의원을 통과

5. 22 평양에서 두 번째 북일간 정상회담이 열림

5. 28 도쿄 조선문화회관에서 총련 제20차 전체대회가 열림

6. 30 고이즈미 총리가 2006년 9월까지 북한과의 국교정상화를 추진하겠다고 발표

7. 11 참의원 선거에서 집권 자민당이 패배

7. 21 제주도에서 만난 한일 정상은 이후 연 2회 정례적으로 정상회담을 갖기로 합의

8. 15 일본의 각료 3명과 여야 의원 58명이 각각 야스쿠니 신사를 참배

9. 1 아베 자민당 간사장 대리와 후유시바 공명당 간사장이 노무현 대통령을 예방

9. 21 고이즈미 총리가 유엔총회 연설에서 일본의 안보리 상임이사국 진출 의지를 표명

10.23 니이가타현에 진도6 이상의 대규모 지진이 발생

2005년

8. 15 마치무라 외상이 NHK 프로그램에서 "일본에 군국주의를 찬미하는 역사교과
서는 하나도 없다"고 발언

8. 26 외교통상부가 한일수교 관련 외교문서를 전면적으로 일반에 공개

8. 31 도쿄에서 한일 치안관련회의가 개최되어 양국간 수사공조문제 등을 논의

9. 11 일본 중의원 선거에서 집권 자민당이 압승

9. 16 뉴욕에서 열린 한일 외교장관 회담에서 일본정부가 한국인에 대한 비자면제
조치를 2006년 2월말까지 연장한다고 발표

10. 3 야스쿠니 신사측이 북관대첩비를 한국에 반환하기로 결정

10. 5 일본 문부과학성이 일본 중학교 교과서의 채택 결과를 공식 발표

10. 17 고이즈미 총리가 야스쿠니 신사를 참배

11. 18 부산 APEC 정상회의 기간 중에 한일 정상회담을 개최

11. 24 재일한인역사자료관 개관

11. 26 아소 외상이 지방 강연에서 "고이즈미 총리의 야스쿠니 참배문제를 거론하는
국가는 세계에서 한국과 중국뿐"이라고 발언

12. 10 쿠알라룸푸르에서 ASEAN+3 각료회의 때 한일 외교장관 회담

12. 12 ASEAN+3 정상회의가 개최되어 동아시아공동체 실현을 위한 정상 차원의
공동 의지를 재차 확인

12. 18 한일기본관계조약 발효 40주년을 기념하여 일본외무성이 담화를 발표

12. 27 서울에서 개최된 '한·일 청소년 대화의 광장' 행사를 끝으로 '한·일 우정의
해 2005' 사업이 종료.

ㄱ

ㄴ

기타